晚清海关

杨智友 著

江苏人民出版社

序

1949年前的中国，过去被称作是半殖民地半封建“双半”性质的社会。何为“双半社会”？也就是说，它既有殖民地社会的基本特征，也有封建社会的基本特性，无论其政治架构是皇权还是共和民国，其社会性质并没有质的改变。

近代以来，中国人民受尽了封建统治和帝国主义带来的灾难，经过无数流血牺牲和艰苦卓绝的努力，终于迎来了站立起来的一天。但是，我们决不能忘记过去所受过的屈辱和苦痛，不能忘记100多年前，在这片土地上，帝国主义列强曾经怎样趾高气扬地欺辱过我们。

于是，我们自然就会想起1949年前的中国海关。在中国最落后的年代里，它曾经是当时中国土地上最洋化最先进的地方之一：西式的建筑、高大的钟楼、金发碧眼的洋员，在低矮晦暗的中国口岸城市里，分外惹人注目。但是，细加思索，它们就像是长在腐败旧社会躯体上的一块“痈疽”，是半殖民地半封建社会特征之集中体现。

维系千年的中国封建社会制度，到了清代中后期，衰败颓废之象已昭显，西方列强仰仗工业革命的成果以及他们闯出的环球航线，不请自来，敲开了闭关锁国的大清国门。然而，仍然沉睡在天朝大国迷梦中的中国统治者，对外部世界翻天覆地的变化一无所知。他们揉揉惺忪的双眼，好奇地打量着那些穿着奇装异服、装备奇技淫巧的洋人，第一反应居然是，呵呵，又来进贡的了！

很可惜，这次来的可不是什么进贡的番国使者，而是来自西方“文明世界”的道貌岸然的外交官及其身后拥有坚船利炮的军队。他们不是来做客的，而是要夺你的财产、资源，要你的主权、土地，用害你的毒品换你手中的白银。

不该发生的一切就这样发生了。在经历了无数的交涉、战争和妥协、退让后，中国的亿万两白银流向了西方列强和东瀛海盗的囊中，成为他们富国强兵和经济起飞的资本；中国的土地一块又一块地被割让，成了强盗们的战利品；中国城市中出现了一片又一片洋人的租界，号称“国中之国”。而作为国家主权象征的国门——海关，也在近百年的历史长河中，被外国人反客为主地把持，成为中国半殖民地社会最显著的标志之一。

从1854年中国近代海关建立之日起，直到1949年新中国成立前，洋员不仅负责征收关税，主管贸易，还利用所居有的特殊地位和所掌管的中国财力，干涉中国的内政外交，插手中国的军事经济，涉足中国的文化教育，染指中国的卫生检疫，等等。这种现象形成了中国近代史上所特有的、世界史上也极为罕见的一种特殊制度——外籍海关税务司制度。在这一制度架构下，得益的不仅仅是以英国籍税务司为主的老牌英帝国主义，而是在各地各级海关机构中工作的洋员群体以及列强各国。

当然，事物都是一分为二的。用唯物史观来看“海关”现象亦是如此。中国旧海关虽是列强在华侵略势力的工具和代表，严重损害了中国的主权和利益，给中国人留下了百年耻辱的回忆，但在客观上，它在中国历史上所产生的影响并不完全是负面的。

新型海关是旧中国通向世界的一扇窗口，海关洋员的在华活动，给处于封建落后状态下的中国人，带来了近代西方先进的科学技术和崭新的生活方式，而在他们插手中国事务的过程中，也曾经为了西方的利益，为了把中国培育成列强的成熟市场和原料供应地，引进和采取了多方面的改革措施，客观上促进了当时中国经济的发展和商品市场的形成。在保证西方列强对华债贷掠夺的基础上，他们也用部分关税收入致力于中国的教育发展和卫生检疫事业的开创。但是，对于中国人来说，这些局部改善都是以丧失主权的重大代价换来的，未免得不偿失。

对于近代中国海关的历史作用及其影响的分析研究，是中国近代史研究中的一项重大课题。近些年来，国内外学者在此领域的研究已经取得许多成果，学者们认为海关是研究近代中国的一个理想的“抓手”，由此可以涉及当时中国社会的方方面面。因此，通过对中国近代海关史的考察研究，不仅可以丰富相关学科的内容，还可以充实、扩大整个中国近现代史研究，可以对原有观点和框架进行突破，加深对中国近现代社会性质的认识。

中国第二历史档案馆是典藏民国档案的中央级国家档案馆，在其全部馆藏231万卷档案中，海关档案大约占其三十分之一，比例不大，但内容却具有无可比拟的珍贵性，堪称镇馆之宝。为开发这一档案资源，我馆在组织专门力量整理出版海关档案资料的同时，也着力加强海关史方面的人才培养。2003年，中国近代海关史的研究重镇厦门大学招收海关史研究生，经过考核选拔，智友有幸回到母校攻读在职硕士研究生。

之所以说“有幸”，一是智友再续与母校厦大的缘分；二是他以此为契机，明确了专业方向。

这以后，智友一直都从事海关历史档案的整理研究和利用发掘工作，即使后来转岗行政部门，依然在完成本职工作之余，勤勉有加，笔耕不辍，出版、发表了大量作品，逐渐成长为我馆民国档案和民国史研究的中青年业务骨干。尤其在2011年，他被确定为江苏省第四期“333工程”专业人才培养对象后，更是快马加鞭，不仅在我馆档案业务协调和管理中发挥专长，还在民国档案编研工作中起到学术带头人作用。

《晚清海关》是智友在海关史方面的第四本专著。

作为海关题材的历史普及读本，该书通过对以赫德为主的海关洋员参与一系列历史事件的记录与梳理，在全景展现晚清海关风云变幻的同时，也折射出海关视野里波诡云谲的历史镜像。可谓“一部海关档案，半卷晚清通史”。作者长期在海关档案及海关史领域耕耘，在本书写作创作中，融入展现了自己的研究心得，除在有关章节里首次披露许多鲜为人知的海关事件，如“‘马厘亚老士’号事件”“梅生走私军火案”等之外，还结合新材料、新方法的运用，就老题材写出了新意，如“寻找戈登”“马嘉理事件”等。全书从立意到形式皆新颖不俗，既有较高的学术价值，又有很强的可读性，给历史爱好者带来良好的阅读体验。

通读全书，我以为有如下风格：一是论从史出，观点均有翔实的材料支撑。作者利用馆藏第一手档案史料，从细节入手，去丰富若干历史事件内容，从全新的海关视角来解读晚清历史。二是人物鲜活，重视历史的现场感。作者运用隽永的文字，细腻、生动再现历史情境，给读者以深刻的代入感，作品很具可读性。

值得一提的是，智友在最近几年的个人创作中，谋篇布局日益精进，史料运用愈加纯熟，文笔驾驭越发老到，发表的诸多作品均赢得好评。但他并不满足于此，而是围绕当下热点和时代主题，多头出击。就拿本书中的第六章“唐阿七案件”来说，其核心内容作为先期成果发表在名牌文史期刊《看历史》上。这篇紧扣时代脉搏的反腐题材文章，深受该刊主编青睐。智友立刻抓住机会，以此为选题向名家组稿，策划了一组反腐倡廉的系列文章，作为《看历史》的一期“封面故事”。刊出后各大纸媒、网络空间大量转载，取得了较好的社会反响。我想，正如智友在本书的“引子”部分提到的，这也是一个历史档案工作者的责任担当。

在祝贺智友新著即将付梓的同时，还要感谢本书的出版单位。江苏人民出版社自建社以来，一直重视档案资料和历史类图书的出版，曾与我馆合作，推出了多部精品佳作。早在上世纪七八十年代，由我馆编辑的《中华民国史档案资料汇编》《中华民国史档案资料丛刊》便陆续在该社出版，可见双方合作的历史渊源。如今，《晚清海关》一书的面世，为我们多年以来的良好合作再添新篇。

最后，希望智友继续为广大读者贡献更多更好的作品。

马振犊

（研究馆员、中国第二历史档案馆馆长）

2016年11月20日

目录

引子

钟声里的海关记忆

"当——当一当",每逢整点,上海外滩海关大楼顶部的自鸣钟都会准时响起,雄浑而悠长。这座昔日被称作江海关的气派大楼,于 1927 年 12 月 19 日落成,共耗费白银 400 多万两,建造历时两年有余,为当时上海最高的地标式建筑。而在此之前的 80 年中,就在其原址上,曾伫立过三座不同建筑风格的海关关署。

江海关大楼

江海关大楼共有八层,加上塔楼,总高度约 260 英尺,外墙以花岗岩饰面,大门为希腊多立克柱式廊,其美轮美奂的造型与设计,成为上海滩引人注目的中心。仅仅前门大厅就使人眼前一亮:天花板上环嵌着九幅绘有西洋帆船的油画,地面饰有乳白色马赛克,中间为汉白玉石柱,石柱基部南北向各雕塑一名

水手，顶部缀有水晶灯，既是航海桅灯的象征，又将油画映衬得栩栩如生。

海关大楼的顶部为钟楼，四面墙壁即东西南北四个钟面，由100多块错落有致的白玻组成。每个钟面的直径都长达5米，用紫铜铸造的时针长3米，将近100斤重。这座庞然大钟的所有零部件都从英国运来，其孪生姊姊便是伦敦国会大厦上那座著名的大本钟。

海关大钟于1928年的元旦正式鸣响，从此，雄浑悠长的钟声每天都在黄浦江畔的上空回荡。它不仅报时，还能报刻，每隔15分钟，便奏响英国古典名曲《威斯敏斯特》。或许在十里洋场的冒险家耳里，悠扬的钟声仿佛天籁般动听，而在这萦回的钟声背后，却是中国海关主权拱手出让的耻辱历史。

上海设关的历史最早要追溯到宋神宗熙宁七年(1074)，而正式对外开埠却是在清道光二十三年(1843)，是年，清政府先后在英美法等国列强的胁迫下签定了《海关税则》，江海关在洋泾浜北岸设置的盘验所，赫然成为上海这个鸦片战争后逐渐成为全国最为重要的通商口岸对外开埠的正式标志。

早在清初，上海已是繁华港口。鸦片战争后，更是变为“冒险家的乐园”，成为全国的外贸中心。江海关也成长为当时全国最大的海关，光是征收的税款，就占到了全国海关的四分之一强。

西方列强对“肥得流油”的江海关早已垂涎，他们时刻准备着，企图攫夺江海关的管理权，并终于等到了实施阴谋的契机。

1853年的秋天，太平天国席卷江南，上海小刀会起事，义军迅速占领了上海县城和江海关。上海道台兼江海关监督吴健彰狼狈逃入租界寻求庇护，海关工作陷于停顿。英国驻上海领事阿礼国见夺取海关管理权的时机到来，便串通美国领事策划了所谓的“领事代征”制度，只要外商出具一份付税保证书，船货便可得到放行，离港出口。如此一来，原来借口战事拒付关税的外商便披上了“合法”的外衣。

清政府不愿因此失去江海关的巨额关税，为此吴健彰先后在浦东陆家嘴、苏州河北岸和闵行镇等地设立临时海关，却遭到外国领事们以及外商的联合抵制，他们借口“租界中立”,不允许海关人员到设于租界内的海关验货所执行任务,使临时海关形同虚设。同时,英美公使趁机给腐败懦弱的清廷施压,要求改组海关。

在清政府地方当局的首肯下,被逼得走投无路的吴健彰只能接受“海关引用外人负责办税务”的方案。清咸丰四年(1854),吴健彰与英、美、法三国领事达成了《江海关组织协定》,规定海关引用外籍人员作为道台征税的“助手”,从此,江海关行政管理权旁落,成为第一个被西方侵略者夺去管理权的海关。

1859 年 5 月,南洋通商大臣何桂清任命英人李泰国为中国海关第一任总税务司,并在上海设立总税务司署,外籍税务司制度即洋关制度正式在上海建立,以此为模式,逐渐推广至全国各口岸。由于海关管理权的丧失,中国的门户訇然洞开,西方列强以海关为据点,控制中国财政,干涉内政外交,攫夺经济文化诸多超越海关管辖范围的特权,从而加速了中国社会半殖民地化的进程。及至民国,海关外籍税务司制度依然尾大不掉,继续渗透到民国社会的方方面面……

38 年弹指一挥,直至“文革”,海关大钟一直以这首英国古曲来报刻。1966 年“文化大革命”开始后,即用《东方红》的乐曲取而代之。1987 年,英国伊丽莎白女王访问上海,海关钟楼又奏响了《威斯敏斯特》曲,尽管是家乡名曲,但女王闻来只会徒添怅然,因为曲终人散的结局已经注定:1997 年 7 月 1 日香港回归祖国,英人打道回府。从 6 月 30 日零时起,海关大钟的报刻乐曲便奏响了最后一个音符,而报时的钟声却永久地回荡在外滩,被赋予和平的象征意义。

“当——当—当”,伴随着苍凉的钟声,时间在流逝,关税在流失,还有比那关税更加宝贵的国家尊严。

在今天的上海海关大楼 401 房间的窗户玻璃上,仍然可以清晰地发现一个用英文镌刻的名字:F. W. Maze,这个英文缩写名的主人便是中国近代海关的第四任总税务司 Frederick Willism Maze，他的中文名字为梅乐和。1927 年 12 月 19 日，时任江海关税务司梅乐和搬进刚落成的江海关大楼 401 室，洋洋得意地用钻戒在窗玻璃上刻下了自己的名字。这个带有孩童心理的不经意间的举动，却成为了洋人把持中国海关近百年历史的最为形象的见证。

梅乐和是有理由志得意满的。当时的总税务司署就设在上海，而江海关又是首屈一指的大关。无论是第三任总税务司安格联，还是最后一任总税务司李度，都曾经出任江海关税务司。他现在的职务预示着即将上位，果不其然，一年后，梅乐和便如愿以偿地坐上了总税务司的宝座。

1927 年 7 月，南京国民政府成立伊始，即顺应时代潮流和民意，开展了一系列关税自主活动，对海关行政进行了整顿和改革，设立了统辖全国海关关务行政的关务署。

为限制总税务司的权力，财政部明令宣布："海关将只应恪遵政府命令，掌管征税工作。"梅乐和正是在南京政府逐步加强海关控制权的背景下走马上任的。面对中国人民收回海关主权这一不可抗拒的历史潮流，梅乐和采取了顺势而为的应对策略，这是他的高明之处。因为梅乐和深知，外籍税务司洋关制度在经过长达近 70 年的运行后，已逐步式微。他只有绝对服从政府命令，"所有海关行政无论巨细，悉秉承财政部及关务署命令办理，在事务上务使海关成为纯粹中国机关，一洗以前假外力以自重之积习"。唯其如此，他才有可能维护外籍税务司制度和英国在中国海关的优势地位。

聪明如梅乐和者，在就职典礼上用的是中文。伴随着鼓乐声大作，江海关的钟声也遥相呼应，在这丝竹缭绕、琴瑟和谐的美妙时刻，不知攀上权力顶峰的梅氏，是否想起了他那个酷爱音乐、自组铜管乐队的舅舅——赫德？

英人赫德是中国近代海关史上举足轻重的人物。他于 1863 年受命担任处于初创时期的中国近代海关首脑——总税务司时，年仅 28 岁，比他外甥梅乐和担任这一职位时整整年轻了 30 岁！从此开始了他把持中国海关长达近半个世纪的"赫德时代”。客观说来,赫德并不是外籍税务司洋关制度的始作俑者,但正是在其精心擘画下,起源于江海关的半殖民地性质的洋关制度得以推广、巩固和壮大。

在赫德执掌大权的近半个世纪里,中国近代海关发展成一个号称“国际官厅”的独立王国,而赫德则成了这个王国的最高主宰,旧中国的海关完全被赫氏及其外戚集团所控制。不仅在广大洋员眼里,就是在外甥梅乐和看来,这个瘦小严酷的独裁者都是那么高深莫测,宛如神一般的存在。

其实这个北爱尔兰老头与普通人也没有什么两样,年轻时难免孟浪,与一个叫阿瑶的中国女子有了三个非婚生子女。这可与维多利亚时代的道德标准格格不入。不过聪明的洋员们很快就为他们的海关首长想好了说辞:为了更好地融入中国社会,赫德入乡随俗。在阿瑶死后,他还勇敢地承担起孩子们的护养责任,倒也显得有情有义。

1908 年 4 月 13 日,在中国整整客居达 54 年之久的赫德,在办公室留下一张韵味无穷的便条后离开中国,一去不返。1911 年 9 月 20 日,他病死于英国白金汉郡。这时距辛亥革命爆发仅有 20 天。

为纪念赫德,海关洋员们决定为其铸一铜像。1914 年,盛大的赫德铜像揭幕仪式在江海关港务科办公处前举行。登上塔基的赫德爵士背负着双手,似乎对铜像铭文上“立中华不朽之功,膺世界非常之誉”的溢美之辞备感欣慰。

赫德铜像

尽管赫德的所作所为从根本上说是为了保障列强对华贸易的利益，同时也确保他对中国海关的绝对控制，但公允地说，赫德在任总税务司期间，引进了一整套西方海关先进的管理制度和技术，对中国海关也进行了一些有益的改革，将其打造成天朝唯一没有贪腐的衙门。而且，在中国的近代化进程中，赫德领导下的海关也有一定的功劳。但最让人不得不佩服的，是这位“海关首长”在100年前所公布的惊人历史预见，他在1900年一组关于中国问题的论文里声称：“中国必定会变得异常强大，公元2000年的中国将大大不同于1900年的中国！”

“当——当一当”，钟声在岁月里流淌，不动声色。似乎在转眼间，时针已指向1949年4月23日。百万雄师过大江，人民解放军以摧枯拉朽之势解放南京，将红旗插到了总统府上。5月25日凌晨4时30分，解放军的先头马队驰过了外白渡桥。江海关大楼挂出了巨幅标语“欢迎中国人民解放军解放大上海”，江海关的大钟楼上，升起了黄浦江畔第一面红旗。

伴随着隆隆的炮声，江海关钟声长鸣，荡气回肠！在仓皇逃离的旧海关最后一任总税务司美国人李度的耳里，它不啻是外籍税务司洋关制度的丧钟！在上海人民和广大海关工作人员的拥护与支持下，人民解放军军管会代表会同地下党组织，接管了总税务司署和全国海关机构中最为庞大的江海关，失落90多年的国门钥匙，重新回到了中国人民手里。

总税务司署跟着国民党政府一路南逃，最后，李度率领残余洋员在台北落脚。

江海关从此易名——中华人民共和国上海海关。

光阴荏苒，钟声荡漾，不觉又是半个世纪过去了。2003年9月，“赫德与旧中国海关理论研讨会”在美丽的海滨城市厦门举行。这是海关史学界的一次盛会，笔者有幸与会并得以访见上个世纪30年代就进入江海关工作的“老海关”、87岁高龄的姚寿山老先生。如果说江海关这座百年建筑经典是上海滩历史的凭证，那么年近九旬的姚老就是江海关的活档案。长期从事海关工作使姚老对赫德非常熟悉，离休后，他更是把赫德作为一个课题来研究。姚老告诉笔者，现在上海的常德路在解放前叫作赫德路，现在的警备区就是过去的海关总税务司署官邸。外滩汉口路海关大楼前还曾有过赫德的全身铜像，日本人占领上海后才拆掉。

赫德死后，清政府追认他为太子太保，这是一个外国人在中国获得的最高荣誉。

在和姚老的交谈中，我还惊喜地发现了一个秘密。原来，他就是江海关大钟楼上那面红旗的主人！在精神矍铄的姚老先生的娓娓叙述中，江海关地下党迎接解放、百年国耻一朝洗雪的那一幕穿越时空隧道，那么清晰地呈现在眼前：

1949 年初，全国解放的大局已不可逆转，上海江海关虽然仍在洋员的控制之下，但是江海关的地下党已开始悄然行动，成立了迎接解放的接管小组和党团小组。姚寿山当时担任党团小组的副书记，在三四月份就准备做红旗了。姚老是 1948 年底办婚事的，索性把家里别人送的红喜帐献出来，几幅拼接起来用缝纫机匝了以后，做了一面大大的红旗。和那幅写着“欢迎中国人民解放军解放大上海”的标语一起，拿到海务科的办公室里边放好。5 月 25 日凌晨，外滩这一带都开始解放了，于是江海关的地下党员们就把红旗和标语都挂了出来。苏州河北面、外滩公园那边还有残存的国民党部队呢，看见这边挂条幅了，他们就从那边打枪过来。所幸大家没有受伤，终于还是挂好了！

沉浸在回忆中的姚老，不仅对江海关的往事如数家珍，说起近代中国海关的掌故，亦是头头是道。而对于本次研讨会的主题，他既颇有心得，又不无遗憾。的确，尽管中国近代海关史的研究已有时日，但至今为止，大量海关历史档案尚未发掘利用，许多重要课题尚待进一步深入研究。尤其是海关史的普及工作也不尽如人意，普通民众对“赫德与旧中国海关”，几乎是一无所知。

是啊，距离赫德出长海关，已经整整 140 年了！在一座座近代开埠口岸，依然可以触摸到晚清海关留下的历史印迹。不仅是上海“江海关”的钟声在回响，广州“粤海关”、武汉“江汉关”、汕头“潮海关”……包括伫立在鼓浪屿轮渡旁的“厦门关”，钟声依旧每日荡漾；题有李鸿章“津海新关”匾额的津海关小洋楼，仍然在聆听海河吟唱；数不清的有着典型海关印迹的地名，镌刻在大小城市的标牌上……

厦门海关钟楼的自鸣钟，恰到好处地响起。沐浴在这钟声里，一个念头油然而生，作为一个海关史研究生，能不能利用馆藏海关档案，创作出诸如《晚清海关》这样的历史普及读本呢？如此，通过对赫德及其他海关洋员参与一系列晚清重大历史事件的梳理，勾勒出晚清海关历史的发展概貌，既给历史爱好者带来良好的阅读体验，也使他们领略到海关历史文化的深厚底蕴。

钟声掠过，肃穆庄严，我仿佛感受到一个历史档案工作者的责任担当。

钟声激荡，振聋发聩，似乎在提醒前事不忘、后世之师，不忘百年屈辱。

钟声悦耳，沁人心脾，好像要跨越万水千山，将这和平的福音永世传播。

……

I

李泰国和他的传奇姓氏

1847 年 7 月 29 日，当稚气未脱的 Horatio Nelson Lay 带着弟弟抵达香港，他的第 15 个生日仅仅过了两天。那时的香港，已是英国管理下的殖民地，这个“不甚开发而美丽的地方，对外国人来说，生活并非十分舒适”。但小 Nelson 显然既无力抱怨，也无暇观光，因为他的中国之行只有唯一一个目的——谋生。

一年多前，他们的父亲，英国驻厦门领事馆领事 George Tradescant 去世。噩耗传到伦敦，这个家庭随着顶梁柱的倒塌陷入窘境，“贫困如洗”。为了体恤雇员遗族，英国外交部提供了一个在香港商务监督处寄读学习的机会。于是，他们的母亲，一个负担着四个孩子并有孕在身的女人，不得不将她的两个年长的儿子送来中国。

谁又能想到，这个被迫辍学的少年郎，在 12 年之后因缘际会，居然当上了大清王朝的第一任海关总税务司。

总税务司是中国近代海关的行政首长，这个职位，大约相当于现在的海关总署署长，风光显赫，权倾一时。在外籍税务司制度存在的近百年历史中，一共只产生了五位总税务司，H. N. Lay 的任期最短，但作为开先河者，他的名字成为中英关系史和中国海关史上无法抹去的记忆。

母凭子贵，最有资格骄傲的当属 H. N. Lay 的母亲，这个英国海军统帅纳尔逊的后裔，一定陶醉于自己坚持给儿子取名 Horatio Nelson。

Horatio Nelson，一个充满传奇的姓氏。

还是在 1805 年的 10 月，英法大战的弥漫硝烟仍然笼罩在欧洲大陆。在西班牙海域，两支庞大的舰队迎来了决一死战的时刻。经过多天的追踪，英国地中海舰队终于盯上了死敌——法国、西班牙联合舰队。只见英国海军“胜利”号旗舰的尾楼甲板上，一位独臂独眼将军跃上桅杆，一声令下，英国军舰排列为两路纵队，犹如双峰贯耳，同时击向法、西联合舰队。双独将军镇定自若，指挥战舰酣战在血与火的海洋上。最终，英国人笑到了最后，取得了这场风帆战舰时代空前规模海战的辉煌胜利，自此奠定了日不落帝国的地位。

“胜利”号上带领英国人大获全胜的这位将军，却不幸被法舰“敬畏”号上的步枪手击中。最伟大的海战天才、身经百战仅剩独臂独眼的 Horatio Nelson，永远地倒下，成为众人敬仰的海上英雄，被誉为“英国皇家海军之魂”。为表彰纳尔逊，他的座舰“胜利”号被永久保留在英国皇家海军内，成为海上的丰碑。而英国海军的水兵帽上，从那一天以后，也多出了一条黑色的飘带，向这位以身殉国的将领致哀。

将星陨落，精神不死。英国凭借着强大的海军纵横四海，英国海军的制度、传统、舰船设计，也深远地影响着全世界的海军，其中也包括纳尔逊精神——不墨守成规，力争战场主动，不惜牺牲生命以换取胜利。于是，原本是英国海军为了哀悼纳尔逊的那条水兵帽上的黑飘带，也漂洋过海，成为世界各国近现代海军的必备装饰。

纳尔逊的在天英灵，会不会佑护着小 H. N. Lay 呢？不管怎样，身上流淌着正统纳尔逊血液的 Horatio Nelson Lay，似乎得到了纳尔逊精神的真髓，他用自己的表现，向世界证明了他配得上这个伟大的姓氏，而且将它变得更加光荣！

当然，这都是后话。年轻的 H. N. Lay 无法预知他有这样荣耀的未来。眼下，他和他的弟弟唯一要做的，便是珍惜现在师从香港商务监督署汉文正使郭士腊的机会，要知道，这可是母亲苦苦哀求才争取到的。所谓汉文正使，其实就是汉文文案，或者中文秘书。兄弟俩居住在亡父故友郭士腊正使的家里，潜心学习汉语，以作为谋生之手段、自立之门径。

原来，为了促进对华贸易，“女王陛下的政府每年花费 30000 英镑，维持设立 4 名领事，6 名副领事，12 名各级助理和 16 名中文写作人员或语言学家的人事机构——这些人都归在香港这块‘不毛岩石’上的女王陛下的贸易总督约翰·包令爵士麾下掌管。此外还有 1 名汉文正使和 5 名翻译充任现职。和中国当局的来往就是通过他们进行的”。

不过，这些官员常年背井离乡，“备受气候之害”，或病或死，减员严重。而“活下来的这个机构的成员都不得不回家休假一年至一年半”。为解决这种令人不安的状况，唯一途径看来就是派出见习译员，或隶属于在香港的总督，或分派到通商口岸的领事馆，以集中力量学习中文为目的，通过考试后，即可挣到 150 英镑的年薪。发展得好，甚至还有晋阶之可能。作为老师兼监护人，郭士腊对H. N. Lay 谆谆告诫：“你是寡母的长子，理应负起重大的责任。你还应该以你伟大的祖先(指纳尔逊勋爵)为榜样，这位伟人从来不是什么受人提携的人，而是以自己的努力来赢得最高的荣誉！”

这段话，少年 Nelson 不仅听进了耳里，也埋在了心中。不然的话，他不会将老师的教诲工工整整地誊抄下来。历经百年沧桑后，这个幸运的手抄本流转至今，成为我们可以谛听那个时代脉搏的珍贵档案。

既然 H. N. Lay 以通晓汉语为立身之本，日后在中国从讨生活到捞世界再到打天下，一路飞黄腾达，那么，这个曾经在中国近代史上具有举足轻重地位人物的汉文名字，也该隆重推出了。他就是——李泰国。

第一任海关总税务司李泰国
(Horatio Nelson Lay)

李姓，是英文 Lay 的音译，这毫无争议，但神奇的是，他的汉文名字到底是泰国还是国泰，正如这个传奇人物一样，多年来有关书刊各说不一，甚至在同一本书中，两名并存。著名历史学家、外交家蒋廷黻在其《近代中国外交史资料辑要》里就赫然记载：“查有英人李国泰，在上海帮办税务有年……”笔者倾向于前者，即“李泰国”。不为别的，只因为他的父亲。

单纯从中文发音来看，老 Lay 和儿子的名字一模一样！他就是李太郭。

如果从中国人的取名习惯来较真，这样的事情匪夷所思。但谁叫他们非我族类呢？何况，小 Lay 之所以会与中国结下不解之缘，全都是拜老 Lay 所赐。父子“同名”，彼此烙下相同的印迹，又何尝不是最好的寄托或者纪念？

彼时，从事对华贸易和外交的英国人里，李太郭是个特立独行的人物。这个以传教为副业的博物学家对学习汉语及研究中国社会与文化，有着与生俱来的狂热。在中英战争即将开打之际，他就向英国政府毛遂自荐，但得到的答复仅仅是“Thanks”，不甘心的李太郭在 15 个月后再表忠心，要求前往“中国战区”，仍被婉言谢绝。直至第三次请命，执着的老李凭借他出版的著作《中国人的真相》，终于谋得一份在英国代表团里当翻译的差事，“他自信到华后在特派代表团里工作期间，必能奋勉工作，严谨操行，以博得任命为领事的机会”。

果不其然，战争结束后，李太郭成为英国驻广州第一任领事。在包括以后任福州及厦门领事期间，他一般都是一位“不会拍桌子指骂清朝官员”的谦和人物。但如果需要的话，他也会咄咄逼人，把桌子拍得山响。

从 1841 年成为英国政府在华机构雇员，到 1845 年死于“水土热”，在这短短的几年中，很少有资料显示出李太郭领事有哪些政绩，但他的大名却出现在一则非常重要的史料里，有力地证明了钓鱼岛及其附属岛屿是中国固有领土。

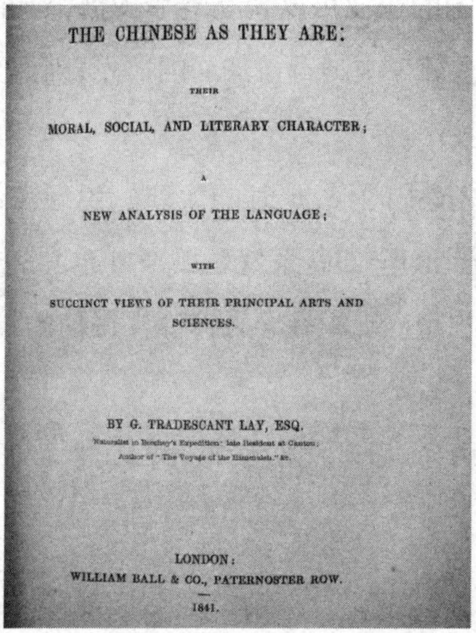

THE CHINESE AS THEY ARE:

THEIR

MORAL, SOCIAL, AND LITERARY CHARACTER;

A

NEW ANALYSIS OF THE LANGUAGE;

WITH

SUCCINCT VIEWS OF THEIR PRINCIPAL ARTS AND SCIENCES.

BY G. TRADESCANT LAY, ESQ.

Naturalist in Beechey's Expedition: late Resident at Canton;
Author of "The Voyage of the Himmaleh," &c.

LONDON:
WILLIAM BALL & CO., PATERNOSTER ROW.

1841.

George Tradescant Lay 所著《中国人的真相》

那是 1845 年的 6 月,一艘名为“沙马朗”号的英国军舰曾经抵达琉球,并计划测量台湾附属岛屿花瓶山至钓鱼岛之间的水文地理。“沙马朗”号船长为登岛测量之事,曾通过英国驻福州领事馆领事李太郭和琉球国中山王驻福州琉球馆官员,向福建布政司提交了申请,得到允准后才前往测量。这充分说明了在日本吞并琉球以前,外国人登陆钓鱼岛必须事先获得中国政府的允许!而“沙马朗”号经中国政府批准登上钓鱼岛之后 39 年,即 1884 年,才有日本人声称首次登上钓鱼岛,发现该岛为“无人岛”,并将其视为“无主地”。上述史料表明,日方这一说法罔顾历史,纯属无稽。

英国驻福州领事馆

言归正传,正如那个时代的英国

青少年很少有机会自选职业，因此小李泰国的职业可以说是老李太郭强加的。除了给这个长子一般的家庭影响外，由于李太郭与中国日益加深的关系，因而为李泰国开辟了一条他必须遵循的道路。

李泰国对父亲的深刻印象似乎停留在孩提时代，那时的太郭先生经常带他去田野，欣赏自然的美景。从少年时起，和父亲的全部联系就是那来自遥远东方的一封封书信。在这些家书里，李太郭除了以学无止境的教导来谆谆告诫他的长子，就是发出让儿子来中国的召唤。

“你在毕业以后，如我还未被召回的话，务必来此团聚”。父亲的话没有商量余地。

“按照我的指示分隔出来的一间房间，它对你非常合适……前面有个阳台，足供你尽情作体育运动。”时不时也会打打亲情牌。

于是，还是在李泰国13岁半的时候，中国成了决定他前程的中心。

在中国最后的日子里，不知道李太郭是否听到了死神的跫音，他在书信中以日益坚定的口吻要李泰国前来中国寻找职业，“你我应将以中国为家，它是一个好地方，你将得到尊重并谋得一个既高尚又有利益的职位。”

1845年11月6日，40岁的李太郭咽下了最后一口气。一年多后，李泰国或者说小李太郭登上了香港码头，这个注定要继承父亲遗志的少年，身不由己地卷进了“中英关系的漩涡”……

2

上海滩崛起的“娃娃领事”

岁月如刀，一晃就到了1853年9月，已是香港商务监督处二级助理的李泰国仍然只是英国驻华机构的一名低级职员，赚着菲薄的薪水，贴补远在英伦的寡母。不过，他供职的所在对于有心人来说，却是个绝佳的地方，这里有大把的机会，可以去“熟悉中英关系中存在的各种问题，从而取得有关外交原则和实践的相当全面的知识”。

千里之外的上海县城，此时正被蜂拥而至的叛军占领。李泰国眼里的叛军，就是小刀会起义，他不会想到，这一历史性事件不仅改变了中国海关的进程，也改变了他的命运。

由于小刀会摧毁了江海关，上海港完全成了走私贩的乐园。眼见时机成熟，英国驻沪领事阿礼国抛出了一个由上海官员“募用外人帮办税务”的备忘录。外人者，外国人也！就是试图在上海海关建立一个洋人管理机构。由于他不懂汉语，因而在行将进行的关于条约解释和海关管理等问题的谈判中急需得力助手。于是，尽管香港商务监督处人手不足，但总督约翰·包令还是从大英帝国的商业利益大局出发，忍痛割爱，将李泰国派往上海担任翻译员。因为经过七年的历练，“李泰国不但在汉语的书面语及官话方面，而且在广东话方面都有长足的进步，值得推荐”。

在那个年代从事对华贸易和外交的英国人里，中文翻译可是凤毛麟角的稀缺资源,没有他们,英国利益无从谈起。

就在李泰国对“冒险家的乐园”——上海滩满怀憧憬,即将赶赴英国驻沪领事馆履新前夕,一场不大不小的战争爆发了!原来,自从小刀会占领了上海县城,上海的租界当局就以“武装中立”为由,拒绝清军借道租界进城镇压,并将边界上的一条不知名的小河拓宽挖深为护城河。于是清军只得暂驻租界以西等待时机,双方倒也相安无事,直到被一个偶然事件打破僵局。

那是1854年的4月3日,一个洋人带着女伴在护城河边的跑马场散步,卿卿我我的“西洋景”,惊到了清兵和他的伙伴,双方不但发生冲突而且愈演愈烈。第二天,吃了亏的租界“万国商团”(Shanghai Volunteer Corps)纠结英、美海军向清军发动攻击,战争以清军战败而告终。据记载,当时《北华捷报》记者采访了一位英国士兵,这个士兵指着自己的一脚泥水兴奋地讲,这次战争可以叫作 The Battle of Muddy Feet(“泥脚之战”),稿子排印时,排字员无法理解,就擅自将 Muddy Feet 改为 Muddy Flat,就变成了“泥城之战”。

那条“护城河”也被将错就错地叫作“泥城浜”,沿用至今。

从表面上看,这场偶发的战争似乎与海关无关,但洋人此时此刻祭出的“坚船利炮”神器,极大地炫耀了武力,加快了外国势力对江海关的控制。

5月1日,新翻译李泰国抵达上海,由于长期的语言训练和行政工作,以及对中国事务的知识,这个年轻人如鱼得水,就像乃父老李太郭希望的那样,有了用武之地。除了办理领事馆的例行公事,李泰国就是协助领事阿礼国与清政府官员进行接洽。作为翻译,原本只须像鹦鹉学舌一样,再转换一下而已,但李泰国由于在香港商务监督处的积累,成为“熟悉内幕的人,对重要决定的来龙去脉都能了如指掌”,因此,阿礼国在胁迫上海官员改变江海关制度的交涉中,很多时候都不得不依靠李泰国来效劳。“这样,他小小的年纪,倒是说得一口漂亮的中国话,能够在谈判桌上讨价还价了。”

江海关为全国最大的外贸货物进出口口岸

经过两个月的拉锯谈判,趁着中国官员“一筹莫展和秩序混乱之际”,阿礼国煞费苦心的杰作——一个“诚实与精干的外国成员和中国当局相结合”的上海半殖民地海关组织方案出笼了!按照协议,英法美三大条约国领事从本国人中选派一名委员(税务监督),共计三人组成江海关关税管理委员会。这个机构与其说是中国海关的部门,毋宁说是各领事馆的附属机关。

由于上海地方当局的屈服,海关外籍税务监督顺利诞生。1854 年 7 月 12 日,中国历史上第一个由洋人管理的海关,开张了!包令也批准了阿礼国的推荐,将劳苦功高的李泰国擢升为代理副领事。

列强们觊觎多年的江海关行政管辖权一朝得手,索性撕开“中立”的面具,不但放下“泥城浜”吊桥,还“带兵携炮相助”,联合镇压了上海小刀会。

拥有当时最先进武器的洋枪队加入战团,胜负的天平立现。在杀伤力巨大的法制红夷大炮的轰鸣声中,一道道火光划破天空。顿时,上海县城砖石飞崩,浓烟翻滚。密集的来复枪子弹封锁了出路,小刀会众人狼奔豕突,唯一的逃生通道就是租界。一些洋人为了报答以往与小刀会首领所做的交易,试图协助他们逃脱。当然,这也可以解释为人道主义。在这场血与火的杀伐中,新官上任的李泰国杀红了眼！他以指挥官和翻译员的双重身份,手持火枪,率领一批英国海军陆战队及清军兵勇,乒乒乓乓一路掩杀而来,脸上满是肃杀,哪里还有丝毫的“童子气”？为追击穷寇,李泰国不依不饶,不惜对同胞翻脸,强行“进入及搜查外国人的住宅和仓库,叛军主要首领之一身亡”。

这一事件引起了大家的极大惊愕,英国居民们对李泰国独断专行的行径十分反感,赠送给他一个嘲笑性的绰号——“娃娃领事”。但清政府当局却对他赞赏有加,甚至咸丰皇帝都发问可否对其褒扬。李泰国却“以限于职位规例,未予接受”。不过他采取的果断行动,却得到英国外交部的认可和表彰。不久,李泰国便如愿以偿地当上了江海关英国税务监督,为日后上位海关总税务司,迈出了坚实的一步。

3

伟大的海关事业

1854 年 5 月,赫德搭乘“勘地安”号前往一个比印度还要遥远的东方古国——中国。19 岁的他对这个国度知之甚少,除了瓷器、茶叶和丝绸,他还知道十几年前英国发动鸦片战争,“使那个伟大的国家对所有的国家都开放了门户”。

彼时,英国的势力正处于上升阶段,一个年轻人到中国去为贸易和女王服务,是肩负着重任的。他就要去这个战败国,用已经学到的知识、个人的机智和能力,去为他的祖国赢取远东的利益,并借此实现自己少时的夙愿。

“对一个有见识的青年人来说,1854 年,正是去中国的幸运时刻。”那么,这个 19 岁的北爱尔兰青年到底怀揣着什么梦想呢?

赫德

正如李泰国的身上继承了伟大的纳尔逊血统,整个赫德家族都深信不疑,他们的祖先也曾有过显赫的历史!当然,这是未经考证的传说。据称,这位了不起的祖先原是荷兰人,在跟随威廉三世渡海征服爱尔兰的战役中屡建奇功,得以晋爵封赏,荣耀一时。

到了赫德父亲这一代,家道早已中落。作为北爱尔兰波塔当一个小酿酒厂的经理，他不太可能像李太郭那样为儿子指明远大的人生目标，说不定，他多半还是因为赫德才知道中国的存在。

但是，或许从开始懂事起，少年赫德便对那段既无法证实也无人证伪的家史产生了浓厚的兴趣，祖先的光荣业绩虽是口口相传，虚无缥缈，却激励着小赫德，成为他日后奋发进取的潜在动力。赫德可不愿继承父亲的小作坊，去做那些“下等的工作”，他那颗小小的心脏里，早就埋藏了一个大大的梦想，那就是，重新获封一个爵位，恢复家族昔日的荣光。

要知道，在维多利亚时代，对普通英国民众来说，获封爵位不仅是巨大的荣耀，还能获得政府在衣食住行等各方面的津贴。成为一名爵士后，不论走到英国何地，都会受到别人的尊重和优待，人们在遇到爵士时，一般都要将其封号一同称呼。

带着这样的美好梦想，赫德考进了爱尔兰女王大学所属的贝尔法斯特学院。家乡亚尔马郡波塔当小镇只是出生地而已，真正令他终身魂萦梦绕的，却是贝尔法斯特，这里才是他灵魂的栖息地。多年之后，每当思乡之情像决堤一般不可遏制时，赫德首先想到的，便是贝尔法斯特。他在日记里这样写道：“只要想起 1849 年贝尔法斯特大学的情景，我就不免流泪，我们不曾忘怀一丝乡音，气息和影像都会唤起儿时的回忆和甜蜜的故乡景致，走笔至此，泪水已湿了双眼。”

在学院里，赫德没有时间多愁善感，他把全部精力都用于学习。促进他苦读的直接动力，除了那个藏在心中的远大目标，还有就是为了争取女王学院颁发的为数不多的奖学金，这对于家里有八个弟妹的赫德来说，显得至关重要。

三年后，赫德开始面临职业的选择。他有时想从医去当医生，有时又想学法律当律师，有时又不免冒出去自家酿酒厂工作的念头。在极度心灰意懒时，又想从事传教事业。但这些职业有限的前景，都无法填平他内心深处那个要建功立业的欲望之壑。

1854 年春天，赫德凭借优异成绩获得了文学士学位后，继续攻读硕士学位，正当他心猿意马不知将来从事何种营生之时，一个机会不期而至。原来，英国外交部为派驻中国的领事馆招募编外译员，分配给爱尔兰三个名额，女王学院得到其中之一。

对当时的英国人而言，中国还是一个未知的领域，只有少数从事对华贸易的商人和传教士，才有机会和这个古老帝国发生接触，而对华贸易也仅仅限于东南沿海的五个通商口岸，外国商人很少从那些口岸走出去冒险，条约也不允许他们这样做。他们只要与当地腐败的中国海关官吏搞好关系，便有利可图。

还是在 17 岁那年，赫德在学校曾经听过一次关于中国的演讲，那个遥远而又神秘的国度让他无比神往。他坚定地认为：一个未开垦的地方更容易施展抱负，一度萌生出去中国当一名传教士的念头。如今，到中国去的机会说来就来，触发了赫德心中深藏不露的隐秘欲望，少年时的梦想刹那间迸发，他仿佛望见了一块肥沃的处女地，那里，足以种下他的那颗野心之树！

女王学院总共有 36 人报名，原本打算举行考试择优录取，可当院长在志愿报名名单上看到赫德的名字，他立刻改变了主意。

还有比赫德更加优秀的学生吗？

那些漂洋过海到地球另一边去的年轻人，还很少能在 19 岁的小小年纪，就有了眼前如此明显的飞黄腾达的机会。赫德却"抓住了这个好机会的裙边"！但他争取到的是免试而不是免费。对于他的家人来说，连伦敦都是无比遥远的地方，更不用说远隔千山万水的中国了。他的父亲，那个向来目光短浅的小作坊主，作出了也许是一生最英明的决定，支持儿子的远行！到了最后的告别时刻，他塞给了赫德也许是大半辈子来最大的一笔家庭开支——100 英镑路费，这对于一个年收入仅几百英镑的家庭来说，实在是足够慷慨了。

100 英镑的确不是一个小数字。甚至在 40 年后，赫德从北京写信给家乡的卫理公会教堂庆祝成立纪念，随函附寄的，也不过是同样数额的一笔汇款。

到中国去！就为"图个发迹"。怀揣着带有父亲体温的 100 英镑，赫德就这样踏上了征途，从此，终其一生的命运，便与这古老的帝国紧紧地联系在了一起。

李泰国前脚赶往上海履新,赫德后脚便登上了香港的码头。否则,两人的第一次人生交集不会延迟到五个月之后。经过若干年的发展,港岛早已摆脱“不毛之地”的恶名,但头上的那顶“弹丸之地”的帽子,恐怕永永远远也摘除不掉。

香港总督包令又多了一个光荣的使命——英国驻华公使,这个 62 岁的语言天才早已跻身世界上最伟大的语言学家行列——“他的天赋使他的人生最后学懂了 200 种语言,并能流利说出和互相交谈其中 100 种语言”。除了忙公务和做学问,包令还善于发现人才,成功地将李泰国派往上海后,他的这双慧眼,又被新来的爱尔兰优秀青年赫德所吸引。

很快,包令便成为第一个唤起赫德对中国的生活和习俗的兴趣的人。他给赫德的教诲是:“观察你周围的一切。”并劝导这个依旧勤奋好学的年轻人:不要一直关在室内,要经常外出走走,在大街小巷中留心观察中国人的语言举动、风俗习惯;要注意听中国人的谈话,阅读所能见到的一切中文读物,就是路牌、店号、商标也不应轻易放过——在中国,学习中国语言文字的机会是无所不在的。

的确,李泰国只是凭借扎实的汉语才能就崭露头角,赫德也不需要向总督看齐,他只须非常专一,精通一门“汉语”,便足以安身立命,甚至有机会实现他的爵士梦。

三个月的培训期很快结束,赫德奉包令指派,前往英国驻宁波领事馆担任见习翻译。宁波不比那个弹丸小岛大多少,常住外国人也就区区 20 多人。可是,这里靠近上海,靠近风暴中心。

赫德是乘坐“爱渥娜”号蒸汽轮船前往上海再转往目的地的。当瓦特带着蒸汽机出现时,世界就此改变。蒸汽轮船已经问世整整 70 年,而彼时的中国,还停留在风帆舰船时代。中兴四大名臣之一胡林翼当年看见长江上的英国兵船,即蒸汽船滚滚上驶的时候，“勒马回营，及至下坠”。就是说胡大人不相信世界上居然有这种突突冒烟的怪物，有这种奇特的机器。他被惊住了！差点儿从马背上跌落下来。

黑格尔说，中国是一个与海洋不发生积极关系的民族。千百年来，中国自成一体，“东已尽海，西被流沙，北为大漠，南为瘴林”。这些天然屏障阻挡了外敌侵略，然而在新航路开辟后，天朝的统治者绝没有料到，英国的殖民舰船会使得一向风平浪静的海面上狂澜迭起。

赫德也不会料到，若干年后，当清廷终于下决心购买一批蒸汽舰船时，居然是经他之手，而置办船炮这一商业行为，竟然演变成一桩外交大事件。最后博弈的结果，居然是他成功上位！

当然，这都是后话。此时，年轻的乘客无暇憧憬自己的前程，风大浪急中，赫德饱受晕船之苦。或许，若不是乘坐先进的蒸汽船，早就葬身海底了呢。

从“勘地安”号到“爱渥娜”号，这是赫德第二次长途海上航行。正是因为中途遇上了特大风暴，原本从香港到上海的正常旅程一礼拜变成了三礼拜，“爱渥娜”号在海上苦苦折腾，因为备粮不足，船上的人最后只能在沿海岛屿上捕捉野牛和挖掘花生充饥，以致赫德最终吃倒了胃口，后来终身不碰这两样食物。

1854 年 10 月，赫德历经艰辛总算安全抵达上海港，航海遇险锻炼了他的意志，航行中对广袤中国的直观了解，更增强了他要在此谋取功名的信念。

一年前，这里爆发了小刀会起义，义军占领了上海县城，但未进入外国租界。“泥城之战”后，租界内的外国人撕下了“中立”的伪装，和清军勾结起来，联合镇压小刀会。一道横亘于县城和法国租界之间的围墙正在堆筑，意在困束起义军。同时，外国领事们利用上海江海关在起义中被捣毁的机会，抢夺中国海关管理权，开海关“聘请”外国税务司的先例。

这一切，都直接关系到赫德日后在中国的事业。但此时此刻，作为一个赴任途中的领事馆见习翻译，赫德只是完成了他人生中与李泰国的第一次交集。“娃娃领事”李泰国，一颗正冉冉上升的新星。事后，赫德在日记中感叹：“他们这里的副领事多么孩子气。据我所知他才22岁,而看上去不过19岁。他在中国已有七年半,身体差不多全垮了。”

关于身体垮掉这个问题,赫德有发言权,也就在到中国来之前的那段日子,这个年轻人被引导着走入了他“以前总是躲避的恶和恶行的场所”。尽管赫德在日记里小心翼翼地回避了妓院这样的字眼,但还是忠实地记录下了与“放荡的妇女”厮混后所造成的严重后果!

“上帝看到惩罚我的时候已到:由于不爱惜自己的身体,滥用的结果出来了,我在床上躺了几个星期。这事刚好发生在我报告申请派来中国的时候,我卧病在床。……四个星期已经过去了,我的身体却非常虚弱,我过得一点也不快乐!”

某种程度上,是奉派去中国,拯救了赫德!要不,谁又能保证等到那难以启齿的惩罚性疾病痊愈后,赫德就一定能抵挡住诱惑,不再继续放纵声色与肉欲?

在宁波,在这个“条约口岸新的双元环境”,一方面,“我们看到了一个朝气勃勃的年轻人入乡问俗,在熟悉社会风情”,另一方面,赫德也有说不清的孤独与彷徨。刚来不久,他便在日记里吐露心声,“今晚我可以说已下定决心,明年回爱尔兰去,到家乡做一名律师。如果我每月省下四十元,我将会有一百八十镑五先令,这足够我乘二等舱回家,还可剩下五先令”。

无边无际的寂寞在噬咬着这个小伙子。虽说“赫德年轻、聪明、漂亮,对人数有限的社交团体来说是一个受欢迎的新成员”,但他的薪水却养不起一个英国妻子,“这样的女人在这里被认为是一个大‘麻烦’:娇弱、多病——需要多方照顾,医疗看护,还有众多的仆人,等等。这就是一个英国夫人在中国的情况”。

赫德这样的年龄,怎么能离开女人?在英国驻宁波的领事馆里,这个年轻人孤独地工作着,每每夜深人静,渴求异性伴侣的欲火熊熊燃烧,“与日俱增而不可遏制”。每个星期只有礼拜天才是兴高采烈的，因为他可以利用教堂之行，“去体会和一些年轻妇女们接触一刻之温馨”。宁波这座小城，还是有那么几位英国妙龄女郎的。

既然西洋女士可望而不可即，那么，何不转而求其次呢？为什么不找一个中国妇女呢？长得也很好看，每月花个两三元就可养活，绝对的物美价廉。

这是赫德到中国以后“最先收集到的消息”，那就是中国的女人是可以用钱买的，而且货源丰富，要多少有多少。西方人在中国所过的高等生活的必备条件之一，就是享有中国女人——她们是一种会走路的商品。除了那些传教士将他们的夫人带到中国来，其他的非教会人士，都会购买不止一位“中国情人”。

终于，为排遣寂寞，赫德模仿他的同事，与一位船家女阿瑶(Ayaou)同居。这是经过某一个买办还是其他什么可靠人士找来的，我们已不得而知。多年以后，当赫德意识到自己已经是一位大人物时，就将日记中有关阿瑶的诸多记载悉数抹去。不知他是否大意了，在某些删除不彻底的地方，我们还是能发现当年赫德将阿瑶称呼为“我的船娘”。看来，他是对这个出身低微但漂亮、健康、活泼的良家妇女动了真情。

两情缱绻的副产品，便是更加熟练地掌握了中文。来到宁波后，赫德依然谨记包令爵士的教导，“一定要走到哪里学到哪里。上街时辨认两旁的店铺招牌；到书店去辨认架上的书目；仔细听行人的交谈。如果你养成这个习惯，你不但每天都有收获，而且也找到了对付郁闷无聊的良药”。除此之外，他还从自己的微薄薪水里挤出 7 块钱来聘请官话老师，要知道请一个佣人加厨子才花去他 4 块。在学习过程中，“宫廷语言”的发音使他联想起“对马讲话的样子”！中国语言实在是太难了！谁说法语难？汉语要比法语难上一百倍！但很快，赫德已经能欣赏中国文字的独有特点——缺乏正式语法，中文语句的平衡、节奏和精炼，当然，还有一些文字的模棱两可和一词多义。

有了中国情人，还有比这更好的语言老师吗？赫德已经能轻松阅读非常有名的小说《红楼梦》了，同时也在一遍又一遍不知疲倦地读着阿瑶这本书，读着读着，赫德发现中国官话早已不在话下，他甚至可以不时吐出几句宁波土话。

没过多久，赫德就成为一名正式的翻译——“一个在双方起中介作用的特殊官员，以他的英国上司命令式的语气对不幸的清朝官员说话，但又代表中国方面向他粗鲁的同胞解释中国皇帝的臣仆所面临的事实和考虑。”

但他又不仅仅是一名翻译，几年下来，这个 23 岁的年轻人很快就呈现出与他年龄不相符的成熟，这得归功于赫德所处的环境。首先，尽管宁波只是一个国际贸易中的小港口，但麻雀虽小五脏俱全，“外国人在中国沿海各地所遭遇过的各种商业上和外交上的问题在这里却一应俱全”。赫德官职虽然不高，却是英国驻宁波领事馆内的老资格，他不仅得到好几次提升，还曾奉命负责馆务达好几个月。

其次，宁波已然发展成为一个外国人聚居的小社会，“其中良莠杂处，国籍不同——有亡命之徒，有走私贩子，也有敲诈勒索者”，他们和海盗、太平军起义者一起，导演了一出出骚乱。赫德对这种紧张的局势已习以为常，练就了处变不惊的定力，就算风声鹤唳，也照样睡他的觉，只不过“在枕头底下放了一支左轮手枪，并把床边的窗户敞开着，准备必要时就跳窗逃走”。

就这样，赫德“在满怀自信和机巧精灵中成长起来，他变得越发善于和中国官员打交道，越发洞悉对外贸易中成败的种种关键”。

当然，作为一个有心人，赫德在利用工作之便，搜集关于中国外贸情况第一手资料的同时，也时刻关注着离宁波不远的上海，尤其“密切地注视李泰国及其同事们正在进行的海关对外贸管理的试验”，这种试验使他对海关管理产生了浓厚兴趣。凭着敏锐的嗅觉，赫德相信，新兴的中国海关是一项伟大的事业，如果不出意外的话，在那里大可施展他的生平抱负。

就在李泰国施展各种恐吓，“英国人打赢了在天津进行的外交战”的同时，赫德于1858年3月被任命为英国驻广州领事馆的二等翻译，不久又出任攻陷广州城后成立的英法联军委员会秘书。“经过四年的锻炼，他已才思敏捷，看到什么都能做出反应，完全走上了自己在中国的历程。再经过更长时间的锻炼，他就将由观众一变而为演员。”是的，赫德没能赶上第一次鸦片战争，但在第二次鸦片战争的舞台上，应有他的一席之地。不知是否预感到这种变化，在乘炮舰“福雷斯特”号赴粤途中，赫德情绪饱满，开始续写中断已久的日记。

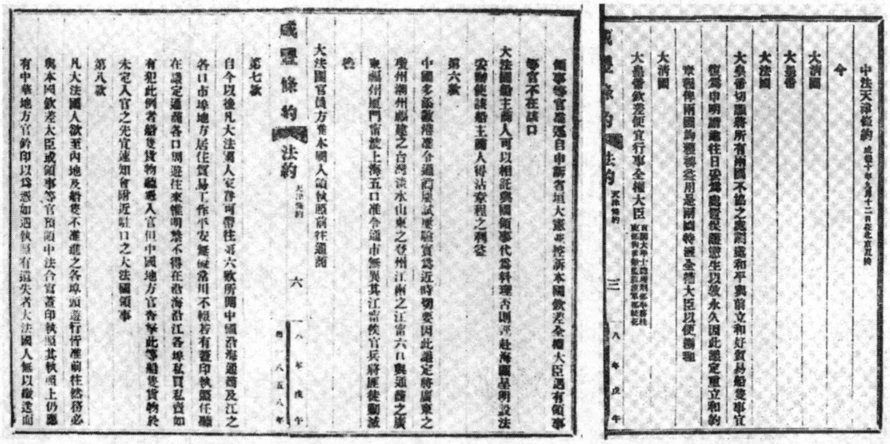
中法天津條約
今
大清國
大皇帝
大法國
大皇帝切願將所有兩國不協之處開誠和平與前立和好貿易船隻事宜
復爲申明講求往日從無異議以致遺憾生以後永久因此議定重立和約
保佑兩國均獲利益是兩國特派全權大臣以便議定
大清國
大皇帝欽差便宜行事全權大臣
咸豐條約 法約 天津條約 三 一八五八年 戊午

領事等官應憑自中國有司大憲並控訴本國欽差全權大臣遇有領事
等官不在該口
大法國船主商人可以相託與國領事代爲料理否則逕赴海關呈明設法
妥辦使該船主商人得沾章程之利益
第六款
中國多添數港准令通商屢試屢驗實爲近時切要因此議定將廣東之
瓊州潮州福建之臺灣淡水山東之登州江南之江寧六口與通商之廣
東福州廈門寧波上海五口准令通市無異其江寧俟官兵將匪徒剿滅
後
大法國官員方准本國人領執照前往通商
咸豐條約 法約 天津條約 六 一八五八年 戊午
第七款
自今以後凡大法國人家眷可帶往第六款所開中國沿海通商及江之
各口市埠地方居住貿易工作平安無礙常川不輟若有蓋印執照任便
在議定通商各口則遊往來惟明禁不得在沿海沿江各埠私買私賣如
有犯此例者船隻貨物聽憑入官但中國地方官查拏此等船隻貨物於
未定入官之先宜速知會附近駐口之大法國領事
第八款
凡大法國人欲至內地及船隻不准進之各埠頭遊行皆准前往然務必
與本國欽差大臣或領事等官預領中法合寫蓋印執照其執照上仍應
有中華地方官鈐印以爲憑如遇執照有遺失者大法國人無以繳送而

1858年中法签订《天津条约》

此时的广州是一座仇恨之城。“亚罗”号事件爆发后，两广总督叶名琛招募了大批的乡勇，开出了很高的赏格，号召将进攻广州的英军“根诛尽灭”。城破后，叶总督被押上军舰，掳至印度的加尔各答做了异乡的囚徒，从中国带来的米粮吃完后，绝食而死。

这个封疆大吏不食周粟的悲壮并没有感动咸丰皇帝，却实实在在地感动了两广的父老乡亲，“随着英法军队的主力开往北方，广州及其近郊的骚乱因素立即失去了控制，抓住这个机会兴风作浪”，为他们的父母官报仇。这座仇恨之城拥有几十万人口，屈指可数的留守英法联军显然无法治理，“整个广东省失去政府，从而置千百万生灵于无政府状态中”，实在是一件很可怕的事。也只有华洋共治，或曰联军委员会以清朝官吏的名义对广州实行统治,才是可行之举。作为一个精通双语的秘书,赫德发挥作用的时刻到了!

在某种程度上,赫德就是“中外交往的渠道。再没有其他学艺过程比这更苛求,比这教益更多了”。他必须同那些既妄自尊大又谦卑下礼的清朝傀儡官员打交道。他的成功,取决于他懂得怎样在极端尴尬的情况下,适当保全这些官员的面子,维护他们的尊严。

赫德已经入戏,开始“扮演构成他全部生涯的角色”,即以英国的强大力量为后盾,不动声色地为这个古老帝国“提供真诚意见”。如此,他必须对汉人和满人的情绪很敏感,必须了解他们的想法和利益,必须参加错综复杂的斗争和谈判。

这要求年轻的赫德具备很强的按中国方式行事的能力,尤其是在中文听说写方面。难道这不正是赫德先生的强项吗?他的上司都批评他在汉语方面使用方言过多了。

广州的外国航运由于几年来遭到城内与周边动乱和战斗的破坏,迫切需要一个新体制。当地官员无力处理江轮贸易,也无法制止与鸦片销售有关的臭名昭著的走私。看来,过去的海关管理方式已经不合时宜,依照上海模式进行改革提上了议事日程。经过充分讨论,新任两广总督劳崇光和粤海关候补道恒祺试图刺激海关机构,使之成为有效的组织。他们信任赫德,要求已经回到领事馆翻译任上的他,在广州建立一个和李泰国在上海掌管的机构相类似的海关。

李泰国以西方的一套制度来组织和改造江海关后,“税钞大有起色,按年比较,银数倍增”,从而博得清政府的高度信任。在两江总督兼各口通商大臣何桂清的支持下,这颗上海滩上熠熠发光的政治明星准备用总管各口海关总税务司名义,在各通商口岸建立“划一海关”。

赫德知道,整个海关机构未来的管理问题正在上海进行讨论,因而运用外交手腕,以超越权限为由,谢绝了新总督的盛情邀请。但他建议说,如果李泰国先生受到邀请,毫无疑问会愿意到广州来帮助此事。为了给李提供指南,赫德主动撰写了一份长长的备忘录,说明广州的事态。

这应该被视为一个信号。赫德准备接受新的挑战,投入海关这项“伟大的事业”了。果不其然,1859 年 5 月 29 日,翻译官赫德提交了辞呈,成为恒祺的手下。

不得不佩服这个年轻人的果决,这是影响他一生的重大决定。情愿抛弃五年多的外交官生涯,转而进入尚属襁褓的中国新型海关,这的确不是一般人可以做到的。

在李泰国于 10 月到达广州的前三个月里,赫德虽然没有被分配多少任务,但他已开始处心积虑地调研新型海关会面临的问题。在广州,眼下最中心的问题是鸦片走私,由于附近有香港和澳门这两个如此繁荣的鸦片储运地,如果能有效加以控制,无疑“是一个潜在的巨大财源——首先是对于中国政府,其次是对于粤海关候补道”恒祺。明眼人都知道,粤海关道向由皇帝简派,带有钦差色彩。既管理“天子南库”这一巨大税源,又可谓皇帝派在广东的耳目,其地位在广东的省级官员序列里差不多居于中游。因此,恒祺计划建立一个由两名以上的洋行商人专办的垄断机构。

粤海关税务司公馆

英国领事馆不同意这一方案。建议说，既然李泰国就要前来组建新型海关，就应当将鸦片的关税征收置于新式海关的管辖之下。恒祺犹豫很久，最终还是接受了属下赫德的观点，于是在 10 月 13 日宣布“他打算于本月 24 日开设按照上海海关工作方式的广州和黄埔海关”。为此，他照会英国领事，任命费士来先生为粤海关税务司，赫德先生为副税务司。

尽管仍然是英国公民，赫德却成为了中国政府的文职雇员。他生遇其时，被真正推到了风口浪尖。

4

“鬼子六”交办的第一件洋务

1861年的春天,李泰国回到了阔别已久的家乡,俨然已是一个人物。英伦三岛的父老乡亲对“亚罗”号商船引起的战争记忆犹新,皇家夏宫圆明园的付之一炬,成为公众瞩目的焦点。这些大事件的背后,或多或少都有他李泰国的身影。不是吗?他在《天津条约》及后来的海关税则谈判中维护大英帝国利益的出色表现,不仅是俱乐部的谈资,更登上了《泰晤士报》的头版!但最令李泰国自豪的,是这五年以来,他在上海成功地创立了新型的海关,并开始向大清国的各个口岸推广。

总理各国事务衙门

恭亲王奕訢

年初，新成立的总理各国事务衙门正式任命他为海关总税务司。总理各国事务衙门相当于外交部，年轻的“外交部长”恭亲王奕訢对比自己还小一岁的李泰国很是器重，认为他管理海关事务“除了对政府财政很有价值外，在外交事务方面也是位可信赖的顾问”，希望他能去北京商量开办天津海关事宜。

奕訢是道光帝的六皇子，由于他思想较为开放，懂得与洋人打交道，所以，有关与洋人的外交谈判、办理洋务诸多事宜都是他一手主持，因此得了个外号“鬼子六”。“恭亲王的才智、同皇室的血缘关系，以及内政和中外关系两方面的经验，使他在整个 19 世纪 60 年代成为皇朝和朝廷必不可少的人”。没曾想，刚刚接到委任状的李泰国不仅毫无感恩之念，还压根不把当朝这么重要的一位大人物放在眼里，他非但拒绝北上，还以回国养伤为由溜之乎也。他在匆匆离开上海返英前，委派费士来和赫德共同署理总税务司。

李泰国并非诈伤，但他 20 个月前的无妄之灾纯属自找。作为一个名声在外的“骄悍外夷”，当他在上海某处治安不太好的地方看见一名欧洲人被暴徒围殴时，不自量力地上去解救成了唯一选项。后果当然也很严重，那就是肚子上被捅了几个窟窿。从鬼门关兜了一圈回来后，不由他不深刻反思：从摧毁江海关的叛军，到抗议外国水手的暴民，还有那个已经存在十年之久的政权——太平天国，挟二破清军江南大营之余威，克宁波、占杭州、直逼上海，大有彼天朝取代此天朝之意。这一连串刺激导致李泰国的“三观”发生了重大改变,他越来越“认为清廷的生存前景极为不妙,他不愿与一个可能就要覆亡的朝代紧密地连系在一起”。

这,才是李泰国不听任何劝阻,执意回国静观其变的真正原因。他比“鬼子六”还鬼,那些腹伤,早已痊愈。

确实,一山岂容二虎!清廷感到局势紧迫,急需一批外洋造的兵船才能遏制太平军的兵锋。其实早在李泰国1856年担任英籍税务监督时,就提出购置一批“船身轻灵,炮火精妙”的轮船来对付太平军,但自负的清朝官员却深信“中国兵力,足制逆贼死命”。谁又能预料到局势会迅速恶化到如斯地步呢?奕訢不得不将购买外洋兵船一事提上议事日程。

既然海关隶属于总理衙门,岂有海关总税务司不去拜会之理。鉴于李泰国不肯北上,刚刚履新的英国驻华公使卜鲁斯大发雷霆之余,只好将“征服险滩”的使命交给了赫德。公使写信敦促署理总税务司尽快访问北京,邀请他住在新开设的英国公使馆里,去总理衙门商谈《天津条约》及其附件中有关海关诸条款的具体执行落实问题。

1861年6月5日,赫德到达北京。这一天,标志着他作为一个重磅级角色,登上了中国的舞台。

赫德登上北京舞台的时间,正是中英关系刚刚发生转折的时候。“19世纪50年代后期,中英逐步走向交战,而且1860年为获得新条约批准而派遣的远征军规模甚至比1858年的远征军规模更大。但是,一旦北京于1860年接受了新秩序,英国的政策不久就转变为帮助清朝打败叛军,因此接着而来的是一个中英合作的时代”。

面对即将到来的合作,恭亲王奕訢内心忐忑。想当年,以30余艘舰船和万余人组成的英国远征军，远涉重洋，闯入中国的宁静海湾，使拥有近百万常备兵员的中国军队一触即溃。清廷从全国各地调兵遣将，动用了一切可以动员的部队和武器装备，但在历时两年的战争和绵延数千公里的战线上，却没有打过一场胜仗！

还有刚刚经历过的“1860 年痛苦的夏秋。联军攻占大沽炮台，天津失陷，皇帝逃往热河……”

这一切，都是亲王挥之不去的梦魇。明眼人都知道，“鬼子六”这个外号带有明显的贬义，可他为了这大清江山社稷，除了忍辱含垢挺身而出与鬼子周旋，还能有什么别的选择？那个脚底像抹了油似的李泰国已经让他很受伤了，但是，不倚靠洋人可能吗？新成立的总理衙门缺乏知识和经验，迫切需要像赫德这样不仅精通汉语，还通晓条约，又在海关工作的人才。虽然他是“一名清政府从前不久的敌对国队伍中吸收过来的中国雇员”。

在亲自召见这个中国雇员前，恭亲王奕訢决定先让总理衙门大臣文祥出马。43 岁的文祥“精明而善于进取，是总理衙门的推动力量”，亲王的得力助手。真是相见恨晚啊！赫德大方谦和的态度，流利清晰的汉语，辅以精心准备的七份条陈和两份禀帖，这一切都让文祥为之震动。两人相谈甚欢，赫德“通过备忘录和常常持续一整天的会谈，很快和文祥建立了很好的关系，并让文祥掌握了关于海关形势的所有必要的情况，以及海关应该采取的发展路线”。

直到 6 月 15 日，“身材颀长，肤色黝黑，近视得把眼睛眯起来”的亲王终于登场。有了文祥的汇报，尽管他还是端着架子，“态度冷淡并保持尊严”，但其实对赫德的好感已先入为主。在亲王发现赫德熟悉各项条约和各口岸情况，而且掌握着精准的数据时，他的生硬态度很快消失了，和蔼慈祥的风度重新展现，开始以“迅疾有力”的发问，不断地向赫德提出各种关于贸易、税收和海关事务的问题。

赫德对答如流，不厌其烦地为亲王讲解有关中外通商、海关税收、财政管理等方面的专题，当他介绍江海关税收从改制前的平均年收入 64 万两，增加到年平均 160 多万两时，亲王的眼睛亮了。

连续半月的晤谈后,赫德“以他的圆滑、能力、对海关实际情况的了解和他的足智多谋,并表白他的忠诚以及乐意帮助中国”,彻底赢得了恭亲王的信任。亲王亲昵地称其为“我们的赫德”,有时甚至会摩挲他的西装,“称许西装的口袋,认为很方便”。聪明的赫德当然能体察到这份信任,他清楚,眼下受命于危难之秋的亲王最关心的当属稳固政权。那李泰国担心太平天国上位,亲王又何尝不是呢？于是,在与亲王的接触中,赫德抓住一切机会,不断地向其灌输应当购买舰船的建议。他极力怂恿说,购买船炮有“克服沿海失守各处”等六大益处。同时称此举为“刻下最宜置办”的大事。特别指出清朝现有水师所用船只“并非打仗之船”,如欲掌握战场主动权,必须尽快组织有较强战斗力的海上舰队,到英国去直接购买装备了“精利枪炮”的兵船。只有这样,才能使清军“剿办更为得力”。至于舰船所需技术,赫德提议,“若内地人一时不能尽习,亦可雇用外国人两三名,令其司舵司炮”。应该说,赫德此议从表面上看是完全为清政府着想的。整顿废弛的海防,正是清政府的燃眉之急。

7 月 1 日,赫德动身前往天津。临行前,收到了恭亲王的札委,正式任命他为署理总税务司。之后,只要有机会,赫德便游说亲王速向英国购置炮艇,称若论用款,固不为少,但和大清万世基业相比,就微不足道了。这个计划让刚刚置身于复杂政治事务中的奕䜣跃跃欲试,却又下不了决心,一是担心“所费甚巨,筹画大非易易”;二是因为曾国藩不想让洋人的船炮抢了他的风头,一口咬定湘军水师已占绝对优势。

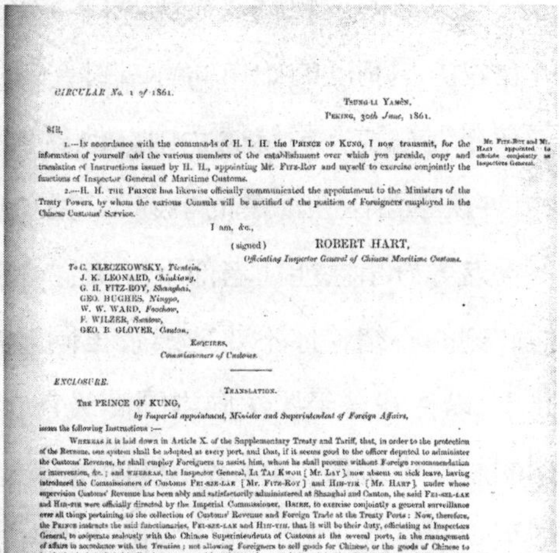
CIRCULAR No. 1 of 1861.

TSUNG-LI YAMÊN,
PEKING, 30th June, 1861.

SIR,

1.—IN accordance with the commands of H. I. H. the PRINCE OF KUNG, I now transmit, for the information of yourself and the various members of the establishment over which you preside, copy and translation of Instructions issued by H. H., appointing Mr. FITZ-ROY and myself to exercise conjointly the functions of Inspector General of Maritime Customs.

Mr. FITZ-ROY and Mr. HART appointed to officiate conjointly as Inspectors General.

2.—H. H. THE PRINCE has likewise officially communicated the appointment to the Ministers of the Treaty Powers, by whom the various Consuls will be notified of the position of Foreigners employed in the Chinese Customs' Service.

I am, &c.,

(signed) ROBERT HART,
Officiating Inspector General of Chinese Maritime Customs.

To C. KLECZKOWSKY, *Tientsin,*
J. K. LEONARD, *Chinkiang,*
G. H. FITZ-ROY, *Shanghai,*
GEO. HUGHES, *Ningpo,*
W. W. WARD, *Foochow,*
F. WILZER, *Swatow,*
GEO. B. GLOVER, *Canton,*
ESQUIRES,
Commissioners of Customs.

ENCLOSURE.

TRANSLATION.

THE PRINCE OF KUNG,
by Imperial appointment, Minister and Superintendent of Foreign Affairs,
issues the following Instructions :—

WHEREAS it is laid down in Article X. of the Supplementary Treaty and Tariff, that, in order to the protection of the Revenue, one system shall be adopted at every port, and that, if it seems good to the officer deputed to administer the Customs' Revenue, he shall employ Foreigners to assist him, whom he shall procure without Foreign recommendation or intervention, &c.; and WHEREAS, the Inspector General, LI TAI KWOH [Mr. LAY], now absent on sick leave, having introduced the Commissioners of Customs FEI-SZE-LAE [Mr. FITZ-ROY] and HIH-TIH [Mr. HART], under whose supervision Customs' Revenue has been ably and satisfactorily administered at Shanghai and Canton, the said FEI-SZE-LAE and HIH-TIH were officially directed by the Imperial Commissioner, HSIEH, to exercise conjointly a general surveillance over all things pertaining to the collection of Customs' Revenue and Foreign Trade at the Treaty Ports: Now, therefore, the PRINCE instructs the said functionaries, FEI-SZE-LAE and HIH-TIH, that it will be their duty, officiating as Inspectors General, to coöperate zealously with the Chinese Superintendents of Customs at the several ports, in the management of affairs in accordance with the Treaties; not allowing Foreigners to sell goods for Chinese, or the goods of Chinese to be clandestinely included in Foreign cargoes, with a view to the commission of frauds; distinguishing carefully Imports from Exports, and Native from Foreign Produce, and preventing the one being confounded with the other.

It will be their duty to report quarterly the amounts of Duties and Tonnage Dues collected, together with the expenses of collection; their statements must be truthful, perspicuous, and accurate, and should be transmitted in duplicate, one copy being for the Board of Revenue, and the other for the Foreign Office.

It will

总理衙门任命费士来和赫德共同接管总税务司署的通令

最终促使“鬼子六”果断拍板的,还是太平军这只庞大的叛乱力量已严重“威胁着这个王朝的生存”。1861 年底,长毛再次发难,连克杭州、宁波,次年初又逼近上海,清廷害怕红毛贼从宁波出海,北上天津,又风闻太平军有向美国汇银购船之事。火烧眉毛之下,奕訢将置办舰队当成首先要办理的第一等“洋务”,火速札谕赫德,“现在上海已受叛军威胁,购买舰船计划刻不容缓”,令赫德从各口海关提取税款从速办理,毋得延误。

1862 年,又是一个春天,身在南威尔士的李泰国收到了赫德请他筹买西洋船炮的信件和 3 万英镑的第一笔汇票。毕竟,他仍然是“才大心细”并且拿着高薪的中华帝国海关总税务司。这封漂洋过海历时一个半月的短笺来得正是时候,与李泰国建立一支海关缉私舰队的想法不谋而合,“此项轮船现在自以先剿金陵等处发逆为要,贼平之后,即可以为巡辑私贩之用。”

眼见他的设想就要实现,原本应该高兴的李泰国却五味杂陈。原来,这个海关外籍税务司制度的始作俑者回到英国后,虽牢牢抓住总税务司职位,但各口海关却落在署理总税务司赫德手中。他就像一棵无根之树,而赫德却趁机“极力经营海关,冲淡李泰国在海关的事迹”,越发地根深叶茂了。

这等好事岂能让老部下专美?李泰国手中的鹅毛笔,尽情地在复信中宣泄着他此刻的心绪,“你不要把恭亲王同意购置舰船一事,完全归功于你的努力。关于此事,以往我曾经屡次向中国高级官员建议!”与此同时,一个大胆的计划也在李泰国的脑海中成形,为什么不借助这个天赐良机,把这只舰队置于一个听命于己的英国军官统率之下呢?这样的做法也符合英国利益,对女王陛下来说,最重要的在于支配中国的军事力量,尤其是它的舰队!

事不宜迟,李泰国的当务之急是物色一个人选——先组织一支舰队,再统率这支舰队。他第一个想到的,便是曾经共患难的皇家海军上校谢立德·阿思本。这位英国远东舰队“狂暴”号旗舰舰长,曾参加过两次侵华鸦片战争。“在 1858 年的战役与随后的谈判,以及这年底为期六周的长江之行中,两人共事,交往甚密”。彼时,阿思本指挥“狂暴”号送英国全权公使额尔金从上海溯江而上,李泰国作为翻译随行。闯入南京江面后,遭到长毛的猛烈炮击,狼狈逃窜。原来,太平天国建立了自己独立的海关,“通商务要凛遵天令!”英舰拒不接受“天海关”检查,岂有不遭炮轰之理?

阿思本欣然从命。且不论两人在战火中结下的友谊,也不说可以率领舰队一雪前耻,就单凭李泰国亲口许下的3000英镑年俸,这种诱惑就不是一般人所能抗住。

舰队计划是那么的激动人心,但操作起来却是一项极其复杂的系统工程。内阁、外交部、海军部、殖民部、内务部以及法律专员的支持,一个都不能少! 聘任皇家海军军官,要申请女王许可证;购置舰船及募员,要通过枢密院敕令;装配火炮弹药,要获得陆军部许可。终于,在李泰国苦口婆心的游说下,在阿思本招兵买马的奔走中,英国政府颁发了一项特别法令,授权他和阿思本为中国政府组建海军部队,并允许招募和雇佣大英帝国的臣民。两人参照英国海军章程,制定了《英中联合舰队章程》:凡捕获船只、财货,三分之一归清政府,其余归舰船人员分配。不等清政府购买船炮的正式“委托书”到达,李泰国自说自话,除一口气定制了3艘炮艇外,还从英国皇家海军买下3艘退役炮艇,从私人船主手里买下1艘军需船和1艘补给船,招募皇家海军官兵600余人。于是,这只由“欧洲人指挥的中国小舰队”便这样一天天丰满起来。当然,千万别忘了“鬼子六”通过赫德转来的一系列亲王指示和一笔笔大额银票。

1863年3月5日,李泰国离开英国返华,踏上他的卷土重来之旅。这一天,正是这只舰队内首屈一指的“江苏”号军舰下水的日子。而到了夏天,“李泰国—阿思本舰队”才集结完毕,从利物浦港升火起锚,绕过好望角,驶向那生死未卜的遥远东方。

或许是鞍马劳顿，赫德 1863 年 5 月 9 日当天的日记着墨不多且字迹潦草：

> 他变得如此英国派，以致我担心他同中国人共事将是非常吃力的。他不会迎合他们的意图，他一定会坚持己见。天啦！如果所有事情变得一团糟，所有人都吵起来，我不会感到奇怪。

这天中午，赫德自汉口乘“鄱阳”轮赶往上海，立即前往李泰国的办公室拜会，接着又去他住处长谈。晚上就寝前，匆匆写下上面这段忧心忡忡的文字。

赫德的担忧绝非多余，事情的进展被他不幸而言中。

回到暌违已久的总署，李泰国的第一件事就是授意赫德发布通札，告知已开放的 13 个口岸的海关税务司，李总税务司回来了！重新执掌权柄的感觉确实不错，但如果你以为他的胃口仅仅局限在海关一隅，那可真是燕雀安知鸿鹄之志！

李泰国的野心不仅是坐稳总税务司的宝座，他还要当上海军大臣，“更有甚者，他要求取消妨碍他染指海关税收的两个高级官职(北洋大臣和南洋大臣)，他要求拥有像只有皇亲国戚才有的那样一座府第供他居住……”当然，要满足他的这一揽子欲望，首先是要清廷北京当局批准他的舰队计划。于是，就像一条永不餍足的巨蟒，李泰国带着他的奇思妙想，蜿蜒北上了。

彼时，李泰国打造的舰队已基本成型，就待吹响集结号，但这只拼凑起来的小舰队，或许在形式上符合恭亲王“工料坚实，尽善尽美”的要求，在实质上却与朝廷“单纯一桩买卖”的初衷大相径庭。

看看在年初就以中国“唯一的海军大臣”自诩，擅自代表中国政府的李泰国，是怎样自说自话地与阿思本上校订立合同的。

> 中国现建立外国兵船水师，任用阿思本作总统（总司令）四年，除阿思本外，中国不得聘请其他外国人充任总统；凡中国所有外国样式船只或调用官民新置各轮船，以后全归阿思本一律管辖调度；凡朝廷一切谕令阿思本文件，均由李泰国转行谕知；如有阿思本不能照办之事，则李泰国未便转谕；此项水师俱是外国水师，应挂外国样式旗号等等。

如此一来，大清帝国耗费巨资买来的舰队，完全成了挂外国旗、听命于外国人的外国舰队。而且阿思本不仅是这支舰队的司令，还成了中国海军的总司令，李泰国则成了幕后老板。其实“鬼子六”并不糊涂，早已打了预防针，在札文中明文规定，李泰国是受赫德委托在英国代办购买船炮，“只能遵照赫德同清政府议定和清政府对赫德所规定的事项范围内，妥速办好，此外无权自作主张”。但李泰国蓬勃的野心在英国政府的怂恿下，将本来单纯的买卖当成了控制中国军事的途径。这些赤裸裸的协定充斥着对中国主权完整的明显威胁，就连赫德在获知合同条款后都认为实在不妥，并为此写了一封长信进行规劝。

李泰国如果能听进去哪怕一个字，那他也就不是李泰国了。而“鬼子六”如果能接受这些“无异于允许他支配国家政策”的条款，堂堂的恭亲王或也配不上大清股肱之臣这样的名头了。

因此，善于揣摩亲王心思并清楚底牌的赫德，其实早已预料到李泰国的北上之旅将是自取其辱的不归路，但作为陪同的随员，他乐观其成。或许，赫德回忆起了身边的这位上司是怎样在前些日子里的信件中教训并羞辱他的。

> 中国政府是贫弱而不能独立的，它要依靠海关，而不是海关要依靠它。作为一个独特的机构，海关必须有自己的代表和首脑——在目前的情况下就是

我本人。

你把自己视为总税务司，把我视为你的代理人。你要我代替你支取属于中国政府的款项，并把购得的船只的所有权属于你，我不能接受这种地位。但我向你保证我从未怀疑你对我的忠诚，虽然我认为你已被胜利冲昏了头脑，以致失去了理智！

展读这份150年前的海关档案，一个既自负狂妄又刻薄刁钻的形象跃然纸上。不能不佩服李泰国卓越的文字功底，那真是损人不带脏字啊！如果您收到顶头上司这样的来信，恐怕连想死的心都有。赫德其时其地的心境，我们大可以想见。

对下级要横也就罢了，这位傲慢而粗暴的总税务司，又会如何对待他的上司——以恭亲王为首、文祥为辅的一干总理衙门大员呢？

1863年6月11日，是赫德生命中一个重要的日子，他这天的日记，告诉了我们想要的答案。

与一个月前言简意赅的那篇不同，这一天的日记极其详尽，事无巨细，将所有发生的一切场景、对话、内心独白甚至梦境都一一忠实记录，还原了中国近代海关历史上第一次改朝换代的幕后秘密！

首先是文祥给赫德透风，“恭亲王对李泰国的上呈一点也不满意。担心三件事情：第一，舰队到达后不受中国节制；第二，舰队的军官不服从命令；第三，维持舰队和总税务司署会把全部对外税收花掉。恭亲王强烈而公正地谴责李泰国曾在不久前的一天，威胁要把舰队的船只卖给叛军！”

果不其然，亲王还是在最关键的问题上保持了清醒：不能让外国人控制中国的兵权！这直接导致李泰国当晚就“非常生气地谈到中国人不肯办他要求他们办的事”。

接下来，当赫德抱怨自己只是一个“署理”（即代理之意）官员有难处的时候，文祥对赫德交了底，“你这样说就错了！难道你没听说过‘署理’成为‘实授’吗？李泰国有朝一日总是要走的，到时候就非你不可了”。

在这篇长长的日记的末尾，赫德用一句话概括了他的上司的上司是怎样被虐的：“李泰国确实对待他们非常粗暴，毫不体贴。”

李泰国进京才短短 10 天，恭亲王就起了换帅之意。聪敏如赫德者，听了文祥的贴心话后，虽然又兴奋又不安，但也知道接着应该怎么做了。看来，事情正如他担忧的那样，朝着“一团糟”的方向滑去。但双方毕竟还没有撕破脸皮，还在不遗余力地进行讨价还价，甚至一度达成了某种妥协。直到一个关键人物的粉墨登场，让一切都变得不可收拾。

这个人，就是阿思本上校。

经过漫长艰苦的航行，“中国海军司令”阿思本率领着 8 艘炮艇以及 600 名雇佣军，浩浩荡荡地抵达长江口。由于发现太平军试图诱使洋水手为他们服役，阿思本连忙命令舰队转移到烟台港待命，而他本人则于 9 月 25 日到达北京，与李泰国会合。

当阿思本得知总理衙门拒不让步，坚持要有个中国官员共同指挥舰队时，这个有着海盗基因的海军上校愤怒了！因为这与李泰国和他订立的合同大不一样！如此一来，他的地位急剧下降，从“中国海军司令”变成了“地方舰队司令”，似乎还是副的。不知是否想起了远涉重洋穿越风暴所遭的罪，当年的“狂暴”号舰长发飙了，“我到这里来是为皇帝效劳，而不是充当地方当局的仆人！”

真是物以类聚啊，这个骄悍不亚于李泰国的外夷，经过三天激烈辩论，书面向恭亲王提出了正式抗议，他“在用词上和李泰国一样不讲分寸。用未经斟酌的语言咒骂了中国整个行政措施！”

有了这样给力的外援，李泰国在接下来的三周内，“在总理衙门当着阿思本的面，在恭亲王引人注意的缺席情况下，诱骗，争论，和咆哮！”

上帝欲灭亡一个人，必定先使其疯狂。终于，阿思本——这个李泰国的狂热崇拜者在10月5日向总理衙门发出了最后通牒：限48小时内批准他和李泰国签订的合同，否则立即解散舰队！恭亲王和他的同僚们却毫不妥协，文祥斩钉截铁地回复说："清廷宁可退到长城之外，也不会屈服。"

在这场火星撞地球的对抗中，赫德却成为了一个看客。聪明的他早已寻找借口，闭门不出，在家搞起了翻译，就此脱离了与李泰国的接触，完全从阿思本舰队事件中脱身。不久，恭亲王奕訢又决定由他出任江海关税务司，并负责指挥长江各口岸及宁波的关务。这一职位，原是李泰国打算另委他人的。亲王之命，李泰国全然不知。待其了解此项任命后，才意识到赫德不仅成功地置身事外，而且还扩展了职权。

既然阿思本将事情做绝，恭亲王也就没有了退路。

11月16日，同治皇帝收到了亲王的奏折，"该夷狡狯异常，中外皆知，屡欲去之而不能。今因办船贻误，正可借此驱逐。"

李泰国为他的骄纵跋扈付出了代价，上谕批准，将其革退。至于舰队，在美国公使的斡旋下，双方商定就地遣散，舰船由阿思本带回英国变卖后，所得款项退回中国。

亲王还是给足了李泰国们面子，赏赐给他和阿思本一大笔银子，以防他们回英后挑拨英国政府，"颠倒是非，处心积虑，遇事思掣中国之肘"。也算是封口费吧。

这样一支来去匆匆的小舰队，也让清廷花了大手笔，"所用直接、间接有关各项费用，有历次拨付、李泰国实际收到的船炮价及驶华费用100万两，轮船来华后三个月的薪俸饷需月费225000两，遣散费375000两，阿思本犒赏费10000两，李泰国预支江海关零税连息132000两，补给李泰国买船炮经办费、在英活动经费、租房费、回国路费等七项共49336两，共计付出1791336两。除去李泰国退交现款约合128792两，收回船炮变价557149两，两项合计685941两外，实亏1105395两"。

100多万两白花花的海关税银啊，都没听见个响，就不明不白地扔进了海里。

西方的史学家倒也秉笔直书,他们给阿思本上校的舰队贴上了一个极不光彩的标签:“吸血舰队”。

在成功地置身事外后,赫德专心于将惠顿《万国公法》翻译成中文,尽管身体时不时有些小毛病,但总的来说,“食欲颇佳,消化旺盛,脉搏平稳”。他是有理由心情舒畅的,就算没有文祥的暗示,从他的年收入榜单也可以看出他来到中国九年来所取得的巨大成功。

1854 年,我的年薪是 200 英镑。

1855 年,我的年薪是 270 英镑。

1856 年 7 月,我的年薪是 270 英镑。

1857 年,我的年薪是 270 英镑。

1858 年,我的年薪是 500 英镑。

1858 年 3 月,我的年薪是 1500 英镑。

1860—1861 年,我的年薪是 2500 英镑。

1862 年 4 月,我的年薪是 2500 英镑。

而现在,他的年收入是 3300 英镑以上!九年前,波塔当作坊主提供的 100 英镑路费简直是一个投资奇迹。赫德“已作为赠礼寄回去 3094.15.1 镑给父亲,461.12.3镑给姐妹和堂兄弟姐妹,总计是3556.8.1英镑”。

还有更加令人开心、令赫德家族备感荣光的好事在后面呢!

1863 年 11 月 29 日,对江海关税务司赫德来说,并非一个普通的礼拜天,当他用过早餐正准备照例念圣经做早祷时,“忽接道台的名刺,他给我转来了总理衙门

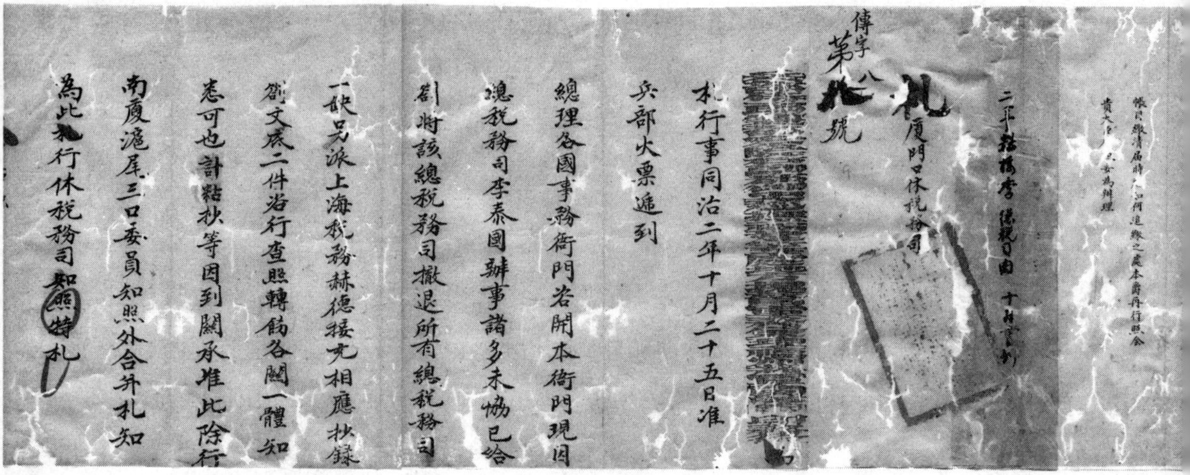
札 廈門口休稅務司
傳字第八十號
札行事同治二年十月二十五日准
兵部火票遞到
總理各國事務衙門咨開本衙門現因
總稅務司李泰國辦事諸多未協已給
劄將該總稅務司撤退所有總稅務司
一缺另派上海稅務赫德接充相應抄錄
劄文底二件咨行查照轉飭各關一體知
悉可也計粘抄等因到關承准此除行
南廈滬尾三口委員知照外合并札知
為此札行休稅務司知照特札

赫德接替李泰国的札文

的公函,信封上写着致总税务司”。

里面当然是总理衙门的总税务司任命札委。

我们注意到,在赫德记述这一幕的日记上,有一个精心描摹的、巨大的红色花体字。如果说本章节引用的第一篇日记里赫德的心情是担忧,第二篇是忐忑,那么这一篇呢?简直就是心花怒放。

他又要加薪了。

其实早在一星期前,赫德在“江苏”号上与阿思本共进晚餐时,就已经知道这一天即将到来。曾经不可一世的“中国海军司令”居然“说话很带感情,眼含泪水”。他告诉赫德:

> 他原以为李泰国有权力实现那些条件。当他发现李没有那种权力时,就提出辞职,并让一个部下来执掌指挥任务。李泰国不听那一套,而卜鲁斯爵士则予以劝阻。于是他又提出放弃这些船只,留给中国人用。——法国公使说,他要把这些船只抓过来送回法国。英国和美国公使反对把这些船只留在中国,因为怕这些船只会落入流氓地痞手中。

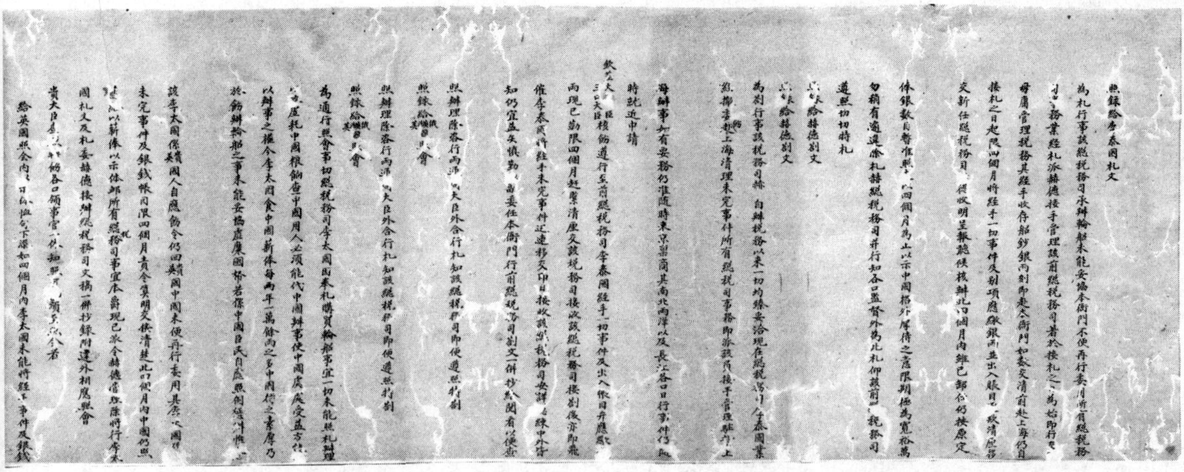

几位公使都说，如果他采取这一行动，他们都要谴责他。并说，戈登在苏州的所作所为，每时每刻都在干扰他们的政策！

喋喋不休的阿思本应该是发现他闯了祸，他担心李泰国与赫德“闹分裂，其后果将不堪设想。他害怕中国人要捣毁海关”。

真的是不懂政治啊！太平天国起事前，岁入大宗来自田赋，朝廷自不会对仅占岁入3%的关税太过上心。但席卷16个行省的长毛发匪迅速耗尽了户部存银，加之作战省份无法解拨京饷，中央财政事实上已陷于瘫痪。与之形成鲜明对比的是，伴随着通商口岸的增加和管理规章的建立，海关洋税收入逐年见增，成为一项规模可观的财源。和名目繁多、操纵在地方督抚之手的厘金（内地商业税）相比，关税的来源更为清晰，中枢自可以更方便地掌控。年轻的总税务司清楚，中国人非但不会捣毁海关，还会更加倚重海关。

赫德慢条斯理地一遍又一遍欣赏着札委，他要人为地将这幸福时刻尽量延长。是啊，现在他“终于登上了顶峰，非常高兴，但是前途艰险苦多”。别的先不说，公使先生们提到的戈登，就惹下了一个大麻烦！

5

寻找戈登

19世纪60年代，通商口岸上海已迅速取代广州，成为全国最大的商业中心和中国与西方外交的广泛联系之地。谁占领了这座兵家必争之城，谁就拥有了绝对的话语权，进而则能问鼎天下。1860年年中，由于缺乏补给，并“急切想与外国进行有效的联合”，太平军便向上海大举进攻，在进军途中，占领了江苏省省会苏州。

江苏巡抚李鸿章

此时，镇压太平天国的军事行动被置于以曾国藩为统帅的统一指挥下，接下来，“北京派左宗棠为浙江巡抚，几个月之后，皇帝任命李鸿章为江苏巡抚。曾、左、李三人不仅在镇压太平军方面起了主要作用，而且都接着成为中国自强运动的主要人物”。

上海告急！为保住这块“筹饷膏腴之地”，曾国藩命李鸿章的淮勇乘英国轮船抵达上海，自成一军，称为淮军，成为清军中装备精良、战斗力较强的一支地方武装。

如果说光靠清军部队就能保卫“对外贸易的心脏——上海”，那就没有接下来的故事了。事实上，当淮军还未千里驰援，数以万计的太平军部队袭击上海时，有这么一支独一无二的杂牌军起到了关键作用。

这就是美国冒险分子华尔招募的外国雇佣军——“洋枪队”。

在其顶峰时期，这只配发当时最先进武器、使用西方先进操练方法的部队，人数多达 5000 人。由于接连不断打胜仗，朝廷将“常胜军”这个吉祥的名称授予了它。华尔因此升官发财不说，还入了中国国籍，娶了中国娇妻。但或许是华尔将一个男人所有的好运和艳福都享尽了，就在刚刚获得“常胜军”名头不久，他便在慈溪与太平军作战时吃了一个大败仗。

据《北华捷报》报道，“洋枪队死伤三分之一，华尔身受五伤，炮船全部丧失”。记者难免有夸张之嫌，其实只有一个弹孔，一枚小小的块状榴霰弹，便让华尔在“一个风雨之夜，东方泛白之前死去”。

华尔之死，让这支原本就以纪律废弛而著称的流氓部队愈加陷入衰退。

但如果他不死，中国近代史上也就不会出现戈登的大名了。

正是因为华尔的后继者不被清朝皇帝所喜欢，江苏巡抚李鸿章便要求英军司令另外指派英国军官来指挥“常胜军”。于是，1863 年 3 月，刚刚晋升为英国皇家工程兵少校的戈登，在松江接过了指挥棒。虽说新统领用他的以身作则和铁腕治军为这支部队带来了纪律约束，然而，“常胜军仍然是一个不稳定的和前途未卜的军事工具”。

1864 年 1 月 19 日下午，寒风飕飕。一只小船载着赫德和他的随从离开上海，穿越“这个条约口岸西面纵横交叉迷宫似的水道”，踏上了寻找戈登之旅。

尽管从未谋面，但赫德对这个领导着“常胜军”的英国皇家工程兵少校并不陌生。事实上,戈登正是赫德在上海地区军事上相对应的人物。前者"命令他的外国军官和中国军队将加农炮的火力瞄准太平军据点",后者命令手下的海关税务司为"常胜军"的行动提供真金白银。两人都是供职中国的英国臣民,在不同的岗位上各自发光。那么,是什么原因驱使着新官上任的海关首长,"冒着冰冷的冬雨,坚持追踪那个静不下来的反复无常的统领"?

戈登(1833—1885)

事情还得从一个多月前震惊中外的"苏州杀降事件"说起。

1863 年 11 月,江苏巡抚李鸿章的淮军在戈登的"常胜军"配合下,围攻苏州。戈登身先士卒,"常胜军"火炮犀利,苏州外围相继被克。守城的太平军纳王郜云官丧失抵抗意志,试探着向淮军投降。双方都认为戈登最讲信用,便通过他居间做保,而戈登也信誓旦旦地向纳王亲口保证其生命安全。不料 12 月 6 日,即城陷两天后,纳王义子等人逃到戈登驻地,跪求庇护,哭诉父亲已人头落地!而近 3 万放下武器的太平军战士也遭到淮军官兵的屠戮。

李鸿章悍然违背戈登与纳王约定的投降条件,酿成惊天惨案,极大地刺激了戈登。盛怒之下,他收好了纳王头颅,拎着手枪到处寻找李鸿章决斗,以挽回自己的名誉。李抚台岂能让他寻到?戈登于是率领"常胜军"返回昆山大本营,宣布与之一刀两断。的确,李鸿章让他"既蒙耻又心伤",戈登咽不下这口气,威胁要将苏州城完璧归赵,甚至扬言要率部加入太平军,反过来攻打淮军。

一时间,"苏州杀降"成为大热话题,上海、香港洋人舆情汹涌,波及伦敦。英国陆军司令薄朗将军当即指示戈登"中止对帝国(即清朝)事业现行的全部援助";英国公使卜鲁斯通知清政府,根据他的命令,"戈登不得以任何方式同李鸿章保持联系”;各国驻沪领事馆官员代表全体外侨,“无保留地谴责抚台(指李鸿章)最近在苏州的举措,是违背人性的极其严重的背信弃义行为!”

苏州的收复,“预示着上海的商业活力重新勃兴”,但赫德自豪喜悦的心情并未持续太久,“苏州杀降”事件便让身在上海的总税务司不寒而栗。“李抚台将七个王(太平天国‘王’)斩首,他的军队开进苏州,到处杀人放火,奸淫劫掠。”

作为贝尔法斯特女王学院的毕业生,赫德和他的同胞一样,天生就具备了维多利亚时代英国在道德准则方面对其他种族的优越感,否则他不会在日记中写下“抚台将七个王斩首的行为多少有些令人费解”。共同的价值观,使赫德能理解戈登的感受,但少校的鲁莽举止,他并不认同。眼下的当务之急,应该是联手迅速平叛,这对列强和清政府两方面都是有利的。

赫德的判断非常准确。清廷要肃清太平天国,离不开“常胜军”。而此时,英国方面将领的意见却是解散洋枪队,留下中国人去打他们自己的仗。战局悬于一线,奕訢心急如焚。

此时的赫德正在上海道台应宝时的协助下,忙于查核李泰国轮船账目事。应道台既是左宗棠军后勤的得力支持者,又是李鸿章幕下第一红人,因军功受任为第一任上海道台,倒也为沪上办了不少好事,有一条“应公祠路”,就是为纪念他而定名的。应宝时深受李抚台激赏的另一重要原因是,他在处理与在沪各国的外交关系中显示出不凡的能力。只可惜赫德“同道台谈论苏州之事:他佯做对外面的事一无所知——这个虚伪的老家伙!”其实年轻的总税务司还是从他口中的“老家伙”身上学会了不少东西,此乃后话。

很快,赫德就站出来为李鸿章开脱。他推测,李抚台最初并没有打算处决太平军首领,只是在降将们开始提出非分并带有威胁性的要求时,李才不得不先发制人，消灭他们。与此同时，他根据自己同清朝官场打交道的经验，想方设法保护戈登，避免其因违抗命令而被李鸿章所“参”。李泰国不就是因此而“下课”的吗？

虽然还没有被正式授权介入这一事件，赫德却“依靠他的外交技巧和语言能力”，受到事件各方的青睐，成为他的中国雇主及其英国同胞之间必不可少的中介人。恭亲王奕訢指示赫德，要求他撮合李鸿章和戈登。

凭着对这两人的了解，赫德知道，对于杀人如麻的李鸿章来说，杀掉几个降将，根本就不算个事，而戈登则像爱惜自身羽毛一样爱惜信誉，把它看得比性命都重要。要想让他们重新修好，似乎是不可能完成的任务。但亲王认定赫德就是斡旋其间的最佳人选。或许，这也正合年轻的总税务司心意：他的视线所及，不应仅限于海关事务；他的角色定位，是为中国，更为英国，改变更多的现状，谋取更大的利益。年近而立的他，应该担负起更加辽阔的使命。

就这样，肩负着亲王的任务，诅咒着恶劣的天气，赫德出发了。小船途经荒凉的村落和被践踏的田野，曾经富庶的江南鱼米之乡，已被战火摧残得满目疮痍。这该死的战争，早该结束了！想当初天王洪秀全起事，西方人还特别高兴，不说别的，这个崇拜上帝的政权一旦成功，岂不是一下子增加4亿基督徒？但在赫德眼中，看似进步、趋向自由主义的太平天国“暴行累累，经过这么多年，它肯定不会成功”，因此，他“虔诚相信(大清)帝国比起太平天国将给中国带来更美好的前途”。话又说回来，海关工作和他的地位难道不是“在某种程度上依赖于皇朝的命运”?!

赫德一路西行，来到戈登常驻的昆山，不想却扑了一个空。以美感著称的昆曲的故乡，早已不再秀丽，但发生在半年前的昆山之役，却堪称戈登戎马生涯的一座丰碑。彼时，戈登考察地形发现，坚守昆山的太平军被水道包围，唯一退往苏州的道路就建在河边。他于是率军乘炮艇迂回西南，断敌退路。昆山太平军溃逃后，

“常胜军”的铁甲炮艇沿河追击，在十几码的距离上以密集的霰弹猛烈轰击，太平军伤亡惨重。苏州太平军守将率兵来援，也被“常胜军”和淮军击退。此役“常胜军”伤亡 500 人，太平军却阵亡 3000 人。

可此时的戈登会藏身何处呢？赫德并非一无所获，他得知，戈登负气回到昆山后，在城郊建起一座归云堂，祭奠被屠杀的近 3 万太平军将士，还出资雇请道士，大摆中国传统的水陆道场，以超度死难者的亡魂。

或许只有来到这处散发着戈登气息的老窝，赫德才能读懂他的心声。在“这个难以捉摸、举止怪癖的英国统领”看来，那 3000 名太平军战士死在战场上是天经地义，但缴械的 3 万太平军死于一场阴谋，却是他生命中无法承受之痛！因此，他要为那些曾重创过他的死敌讨回一个公道。如此乖张的同胞啊，赫德越发感到，要“促使戈登重新出来工作”，绝不是一件容易的事。

1 月 23 日，赫德来到刚收复的城市——苏州，曾经的人间天堂已是“许多尸体残骸，到处残垣颓壁”。不过，李抚台的新居忠王府却是“建筑讲究，而且整洁”。在这里，赫德见到了调解对象李鸿章。

早在一个月前，赫德就“接到李抚台关于苏州等事一封客气的长信：语气多少有些不以为然，说戈登误听他人之言”。的确，李鸿章认为戈登的反应乃小题大做，其他洋人则是大惊小怪，唯有自己一直赏识的赫德还算识大体。在两个小时的会面时间里，他向赫德“详细叙述诸王执行死刑的情况”，并希望赫德“尽力劝戈登去看他”，临别前，指出戈登最有可能出现的两个地点：木渎或洞庭山。

苏州之行的最大收获，便是“从李抚台本人那里，得到一份有关引起他处决诸王原因的解释”，这与赫德之前的推断基本吻合。带着“傲然自负的心情”，赫德告别相送的抚台，继续他的寻找之旅。“天黑时抵达约西南 20 英里的木渎，知道戈登已于前一天过此”，“在风雨中穿过一片枯燥单调的沼泽，跨过一条通向湖州府的小河，□□几只湖南炮船，他们说戈登不在洞庭山”。（方框内两字缺失，似应为“遇见”、“邂逅”或近义之词——笔者注）

“这样日复一日，走了四天多。天刮起大风，运河结冰，船主抽着鸦片咒骂，令人十分憎厌！”走走停停，寻寻觅觅，直到 1 月 31 日，也就是从上海出发后的第 12 天，两个疲惫的旅人下船步行约 6 英里，又绕回到昆山的城门下。在赫德的记忆里，这是“很长的一天”，幸运的是，持续多日的寻找总算有了回报，戈登下令放他们进城。

终于找到了！眼前的戈登“年约三十，身材瘦小，有一对转动不停的非常蓝——浅蓝色的眼睛”。未及赫德开口，戈登便告诉他：“你在这里险些又见不到我，我今天早晨就要到苏州去。”

……

赫德的背影渐行渐远，直至消逝在江南的冬野。虽然只有短短的两个时辰，但这个年轻人“杰出的才能和极高的工作热情”，让李鸿章深以为许。难怪赫总税司能“博得恭亲王的欢心”，大清得其襄助，幸何如哉！其实李鸿章第一次遇见戈登时，也曾发出同样的感叹：“这个英国人戈登的到来，真是天赐。他的言谈举止比我所见过的西洋人强过百倍。”那次见面后不久，李鸿章亲自观战，“常胜军”的出色表现，更让他对戈登赞美有加：“看这个英国人战斗，真是疲惫的眼看见美景，沉重的心喜获甘露……如果有什么能和曾国藩的学识一样让我敬佩，那就是这个英国军官的指挥才能。”

可惜好景不长，渐渐地，戈登心高气傲、脾气暴躁的毛病日益显露。李鸿章能忍也就忍了。没曾想这次杀了几个长毛贼，戈登的反应会如此强烈。看来也不像是作秀，否则又怎会将赏他的 1 万两白银悉数退回？更有甚者，戈登还口口声声说什么都是李抚台彻底摧毁了他戈登先生的信用，“怂恿英国提督伯郎、翻译官梅辉立来苏辩诘”（伯郎即前文提到的薄朗将军），简直是胡说八道，这些洋人实在是难以琢磨,他们口口声声标榜自己有着高尚情操,简直就是妇人之仁。

的确,翻脸以后,双方都难以下台。戈登四处逡巡,又何尝不是为了排遣满腹郁闷?最令他耿耿于怀的,是杀降貌似早有预谋,他应该是被老谋深算的李抚台耍了。不速之客赫德的到来,让他既惊又喜。惊的是,这个年纪相仿的同胞冒着生命危险和天寒地冻,一路寻来;喜的是,这些日子以来的种种憋屈,终于有了倾诉的对象。

前些时"苏州杀降"事件持续发酵时,赫德曾站出来为李鸿章开脱,并在苏州得到了印证。李鸿章坦承,在痛下杀手之前,他也曾"踌躇三昼夜,不能决"。李抚台并没有利用戈登,更没有耍弄戈登,他杀降纯属不得已而为之!戈登的苦水尚未倒完,赫德心中便已经有了底,就抓住这点巧妙说合,矛盾或许就能化解。事实上,维多利亚时代的道德准则同儒家认为君子以其公正善良行为见称的教导并非绝不相容。如果说中西文化观念的差异就像难以填充的沟壑,那么他赫德本人,不就是一座架设在上空的桥梁?

一种天降大任的使命感驱使着年轻的总税务司,他尽可能站在客观公正的立场,向戈登叙述他所知道的一切。

原来,纳王部云官等人献城后,李鸿章便着手向朝廷起草《克复苏州折》,决定宽恕降将及其部下,当时并无杀降之意。但在正式受降仪式之前,诸王却提出了让李抚台断断不能接受的两个要求。

第一条:"坚求立二十营,占阊、胥、盘、齐四门"。所谓"阊、胥、盘、齐四门",实际上就是大半个苏州城。纳王要求有权管辖半个城市,并统率 2 万人马,只剩下东门一隅留给李鸿章。这个条件太苛刻,不要说李鸿章,就是清廷也绝无答应的可能!

第二条:"奏保总兵、副将实职,指明何省何任。"清廷对降将的原则向来是先抚后察,对于事先许诺降将的优惠条件,李鸿章也是不见兔子不撒鹰。他期望的是,诸王率众归顺后,通过奋勇作战立下功勋,再为其论功请赏。可诸王以为献城后即刻就能顶戴花翎，未免操之过急了。

当这些要求转给李抚台时，“鸿章大惊”。如何答复诸王，立即变成了“烫手山芋”。如果说有上、中、下三策的话，上策，就是答应诸王要求，皆大欢喜，但不可能；中策，答应诸王部分条件，但太平军尚有 2 万兵力，一旦反目实难对付；下策，就是全部拒绝，后果不堪设想。

以部云官为首的诸王仗降将之众，自恃可以交换到更多优惠条件。这本身就让李鸿章踌躇难决了。偏偏在此节骨眼上，一则“纳王一人发迹未除”的说法，彻彻底底地激怒了李鸿章！“受翎不剃发”，岂非预埋反骨？此时此刻，最安全的办法，莫过于将他们立即处死，来不得半点迟疑。

作为降将，既然选择投诚，就应该屈尊顺势，而不能擅提条件。纳王们不靠谱的过分要求将自己推向了不归路，逼得李鸿章先下手为强，遂于 6 日中午受降时，安排刀斧手埋伏于宴席周围，乘诸王不备，果断采取了斩首行动。

赫德娓娓道来，实际上已充分说明了李鸿章“情有可原”，“处决并不是预先策划的背信行为”。但赫德处理危机实有其高明之处，在与戈登“散漫的长谈”中，一俟查摆完上述事实，并没有马上为李鸿章辩解，而是话锋一转：

> 我不想对抚台的行为做出解释，或加以掩饰，而只是说，即使他行为失信，但是我认为这是他个人的行为，不应容许像他这样身居高位的人的行为，1. 损害帝国的事业，2. 阻挠英国政策的施行，3. 让地方动乱拖延下去，4. 鼓励叛军。

纵然戈登有百般委屈，也不能不被这番上升到国家利益的说辞触动。在大局面前，个人的小我似乎微不足道了。更何况，他终于意识到，“在当时情况下，李鸿章下令，把在他控制下的藐视他的权威的太平军诸首领立即处决，那是不能按照司法观点来严厉责备的”。

赫德离开苏州前，曾极力劝说李鸿章，先行“偿付戈登要求给予伤员和那些看来日益宜予淘汰的人员全部钱款”。没想他前脚走，李鸿章很快便派人兑现，而这种“慷慨大度”又直接促成了戈登准备“去苏州访谒李鸿章”。此时赫德的出现恰到好处，更有台阶下了。

当晚11点，总算“释然解悟”的戈登在赫德陪同下，乘坐“海生”轮驶向姑苏城。有意思的是，当戈登第二天来到忠王府拜访李鸿章时，两人跟约好似的，闭口不谈任何与“杀王”有关的事。

不管怎样，赫德这趟“不舒适的旅行”，为戈登和李鸿章“提供了两支部队再度公开联合的一种易行而又保全面子的方法”。大家一致同意赫德的调和方案，“戈登在中国新年过后便带部队作战，抚台(李)发表一项告示，由他本人承担处决诸王的责任，并表示戈登对此事一无所知”。

李鸿章不会再次失信。没多久，他便在《北华捷报》上刊文，还向上海的英、法、美等国使团去函，解释苏州杀降的前因后果，强调杀降纯粹是中方决定，和戈登没有半毛关系。同时向朝廷请赏，授予戈登中国军队最高的军阶——提督，赐黄马褂，戴孔雀翎。清廷为了安慰曾经“很受伤”的戈登，还仿照西方式样，给他定制了一枚硕大无比的纯金奖章。

在赫德的一手撮合下，一场中西外交僵局冰雪消融。戈登倍感有面子，他终于“可以放心回去，投身于他如此热爱的军事行动”。

调解结束后，赫德人虽回到上海，却更加“积极介入常胜军的事情”，他经常同戈登通信，充当李鸿章和这位英国统领的中间人。他劝李鸿章按期发放军饷，并给

“常胜军”物质援助，甚至由海关提供一名翻译，以便帮助戈登和中国当局作更有效的交流。

农历春节后，戈登如约恢复了部队指挥，整个 3 月，“常胜军”连克宜兴、溧阳。但就在这个月的月底，有关戈登部队失败的形形色色的谣言到处流传。果然，1864 年 3 月 28 日的《香港纪事报》刊登了戈登在金坛战败——不是覆没——的消息，守城的太平军在“常胜军”“轰开缺口前，一直既不暴露自己，也不对炮火作反击，缺口轰开时，各种枪炮像可怕的暴风雨般齐向他们轰击。戈登不久便受伤，不得不把他送到后方”。

这是一场严重的挫败，戈登腿部中弹，部队伤亡惨重。这个消息并非只让叛军高兴，两天后，英籍翻译官梅辉立匆匆来访，问赫德是否听到戈登死讯！“他十分兴奋，就像一个人希望消息成真那样的兴奋！”看来，不仅在洋人圈子里，就是自个儿的同胞中，不待见戈登的也大有人在。

没多久，戈登的几封来信让堵在赫德心中的大石彻底放下，再没有别人像他那样真心实意地为少校祈祷平安了。假如戈登就此伤重不治，那他过去的一切努力都是白费，历尽艰辛才换来的成功调解，将变得毫无意义。

戈登在信里压根没提他的伤势，只是淡淡地写道：“谢天谢地，我又开始好起来。”而在一封说他“恢复健康”的信中，指出叛军的种种暴行，“在一个村庄，到处躺卧着被残杀的小孩，一个女孩双手反绑，乳房被割下，身上留下豁口”。

确实，太平天国改朝换代的初衷，原本是为了建立一个现实中的富足平等的社会，没想到却演变成一场破坏性的大战乱，造成社会财富和人口的巨大损失。安徽、江苏、浙江一带，千里无人烟，尸骨露于野。

马克思对太平军是这样置评的：“除了改朝换代以外，他们没有给自己提出任何任务……他们给予民众的惊惶比给予老统治者的惊惶还要厉害。他们的全部使命，好像仅仅是用丑恶万状的破坏来对立与停滞腐朽，这种破坏没有一点建设工作的苗头。”

战争的确是该结束了！

如果说苏州杀降事件得以圆满化解可谓赫德的一件杰作，那么，这件作品的最终完工却是在 1864 年的 5 月 11 日。赫德此前所做的全部努力，仿佛都是为了这一天。

这便是克复常州的总攻日。“常州一旦取下，丹阳、金坛和句容必定投降，于是惟一留下来的地方就只是南京了！”

“戈登邀请了赫德和其他几个熟人在攻打这座城市时来到现场，他保证这个场面值得一看——这是他的整个战役的高潮。”

没错，这应该是对赫德先生的最好报答。

可是，戈登未免也太有个性了！他居然将一场生死之战当成了他个人表演的舞台。要知道，固守常州的太平军兵强马壮，也不是吃素的，戈登凭什么那样成竹在胸，夸下“毕其功于一役”的海口？

带着小小的疑问和“不会被枪炮打中”的朴素愿望，赫德如约前来。他兴致盎然，因为这件完美作品如愿杀青后，可以想见今后一定佳作不断。

> 11 日的攻击预定在中午，整个上午，戈登不断向城里炮轰。到中午，他下令停火，并且解释说，‘里面的穷光蛋’会以为他已经‘干完了一天工作’。他匆匆吃了午饭，1 时发出攻击信号，这时赫德和李鸿章一起站在山坡上，观看作战行动。同时发起三次猛攻——两次佯攻，一次由戈登亲自率领。
>
> 具有象征性的是，戈登首先穿越一个狭窄的缺口，戏剧性的时刻便这样过去了。

这个冒险家果然成功了！望远镜里的戈登从云梯跃下，宛如大鸟一般，着实惊艳。他怎么能这么快就奇迹康复?!讶异之余,赫德不禁抚掌称好。李鸿章心里却明镜似的,剿灭发逆,洋枪队固然居功至伟,但其实身边的赫德才是关键先生。因为这场持续十余年的压抑而沉闷的拉锯战,早已演变成彻底的人力和资源消耗战,如果没有海关官银的不断输血,甭管什么湘军、淮军、“常胜军”,统统抓瞎。

常州失守,太平天国的都城天京再也无险可据,于两个月后的7月19日轰然陷落,“一场人间天国梦就此终局”。三天后,身在北京的赫德才获悉,他用红色铅笔在当天的日记里写下:南京完全落入帝国军队手中。看来,是时候设立金陵海关了。

战争结束了!战斗英雄戈登已无用武之地。但是,“戈登热爱战斗”,他就是传说中为战争而生的人。战场上的硝烟之于他,就像顽童置身于过年的爆竹声中,可谓甘之如饴。就算他能预见到20年后他的头颅会像纳王一样被人割下,挂在苏丹喀土穆的树桠上迎风招展,他也会义无反顾地奔赴下一个战场。

“常胜军”也完成了它的历史使命。全体军官辞去了在清军中的职务,3000多名官兵均在得到大笔赏金后于昆山就地解散,武器充公。

在以休假为由返回英国前,戈登向李鸿章进言:“中国人民耐劳易使,果能教练,当可转弱为强。”且不论大清国日后有没有转弱为强,李家军倒是“先富了起来”——遣散“常胜军”后的大部分武器装备被编入淮军,实力大增。

李鸿章也算有情有义,拨银1500两,在上海外滩外白渡桥南堍建起了“常胜军”纪念碑。这座造型独特的三角锥形碑上,除镌刻着汉文“得胜”二字,还有48名阵亡的外籍“常胜军”官兵姓名,因华尔排在第一,故又被称作“华尔纪念碑”。而在李鸿章看来,真正的那座丰碑,却是远在英伦的戈登。

29岁便当上海关首长,接着又一战成名,帮助李鸿章巡抚和戈登少校两人重新恢复合作,1864 年 6 月 1 日,赫德“身享盛誉抵达北京”。第二天,恭亲王便在总理衙门接见了他。

在亲王接见前,总理衙门的一干大臣文祥、恒祺、崇纶和董恂鱼贯而入,一一与赫德握手,过去可从来没有这样。亲王驾到后,大家伙儿一起被唤到花厅,总税务司愉快地写道:“大人极其亲切地接待我,我们以极其友好的方式交谈一小时。他告诉我,要我完全放心——不管出了什么事,都不会责怪我,他对没有将舰队的事交给我管,只能表示遗憾。他问起关税数额,问起李抚台和戈登……”

在年初与上海道台应宝时的密切联系中,赫德受益匪浅,“因为应宝时使他不但懂得清朝地方行政治理的细节详情,而且还让他了解中国人的驭夷技巧”。比如赫德就发现其文秘助手习惯将他的所有信函抄件都送给道台,这让总税务司在最初的愤怒之后,学会了将秘密交付给人们难以看到的日记。与此同时,他也“学会了善于同总理衙门的成员日常接触”。一只银盒,一台显微镜,都是不值钱的洋玩意儿,何况都是免税。

为方便总税务司在京城走动,当年广州时期的老上司恒祺送给赫德一辆骡车,尽管乘坐这辆车并不十分舒适,但那头倔犟的骡子却让赫德想起了他苦学中文时留下深刻印象的一则寓言。

话说有一头骡子特别犟,怎么打骂都不愿赶路。一个聪明人却想出了一个别致的法子来驾驭骡子:他骑在骡子上,用一根棍子绑上胡萝卜,放在骡子眼前,骡子为了能吃到胡萝卜,就一直往前走。

中国人对付牲口都这么富有智慧,那么,对付洋人呢?

曾几何时,洋人不是人,被称为“夷”。这是一个蔑称,大清帝国以天朝上国自居,其他所有国家都是“蕞尔小国”。上到皇亲贵胄,下到贩夫走卒,都将那些黄毛绿眼的洋鬼子看作低级人种,一位中国文人这样描绘他眼里的英国士兵:“鹰鼻,猫眼,红胡,肉白得晃眼,双腿不能弯曲,因此不能很快地奔跑,眼睛怕光,因此到中午就没有睁开。”等尝到“英吉利夷”坚船利炮的苦头后,清醒如魏源者,在他 1842 年的《海国图志》里大声疾呼:“师夷长技以制夷”。

虽说中国人在此时的称呼上已经改“夷”为“洋”了,貌似对西洋文化已经完成了由鄙视到崇尚的一百八十度大转弯,但实际上,驭夷之法不还是指导清廷外交的根本大法吗?

作为曾国藩的心血之作,“驭夷”表面上的要领是“与外国人相交际,尤宜和顺”,强调“待洋人词气宜和婉,意思宜肫诚,切不可露傲惰之象”,这位帝国举足轻重的赫赫要员,节制江南四省军政大权的封疆大吏,批评起他的门生李鸿章来毫不客气,指责他对洋人不够谦和。

岂止是不够谦和,戈登被抚台大人玩弄于股掌,那难言之隐除了少校本人外,或许也只有赫德这个外人最清楚。中国人别看打仗不行,驭起夷来,那是皮里阳秋,相当地有讲究。就像恭亲王一口一个不会忘记他的调停之功,承诺会专门上奏为他请赏,看起来固然很美,但和那根诱惑骡子的胡萝卜,不就是一回事嘛!

虽然他被指派为海关总税务司,“这使他得以漫步于清朝‘权力长廊’,但是他必须小心翼翼。恭亲王和文祥是他的庇护人,然而并不真正是他的伙伴——而且即使曾经是他的伙伴,他的地位也仍然脆弱”。

年纪轻轻,便能如此体察中国官场,看来,总税务司的前途未可限量。既然中国人有“驭夷”方略,那么,在他自己的独立王国——海关里,一众洋员应该如何和中国人打交道呢?换言之,他们应该遵循什么样的原则呢?

1864年6月21日,“早晨晴佳,空气凉爽宜人,皇帝无疑白日上朝”。这一天,赫德4点前便起了床,站在他那张与众不同的高脚办公桌前,将致各海关税务司有关其职责的通令初稿一气呵成。

这就是著名的总税务司第8号通令,内容是“关于海关应弘扬之精神、应遵循之方针、应履行之职责之思考及诸专项规定”,赫德开宗明义:

首先要清清楚楚而且经常记在心里的就是,税务司公署是一个中国的而不是我国的机构，而作为这一机构的每个成员，有义务在对待中国官民时，都应一概防止引起反感和敌意。

不论其他在华外人认为有权如何如何，不论他们是否出于他们的地位，或是出于想象中的对中国人的优越感，或是，出于偏见而作威作福。以及对于那些和他们本国不同的习俗笼统加以藐视，借以显示出他们的文明高人一等，那些身受俸禄而且是中国政府臣仆的人，至少应当不去触犯中国人的敏感之处，也不要引起嫉忌、猜疑和憎恨。

海关里的外国职员在应付本地官员以及和本地人民交往方面，最好应该记住他们是那些官员的同僚。他们在某种意义上已成为中国同胞，因而已经接受了某些义务和责任。

告诫完属下如何为人处事，赫德还得让他们“必须铭记，总税务司乃海关中惟一向中国政府承担责任者，税务司乃总税务司之代表或副手”，以树立海关首长权威。没多久，总理衙门又颁布了由他亲笔拟定的《通商各口募用外人帮办税务章程》。

总税务司在中国海关的主宰地位，就此确立。

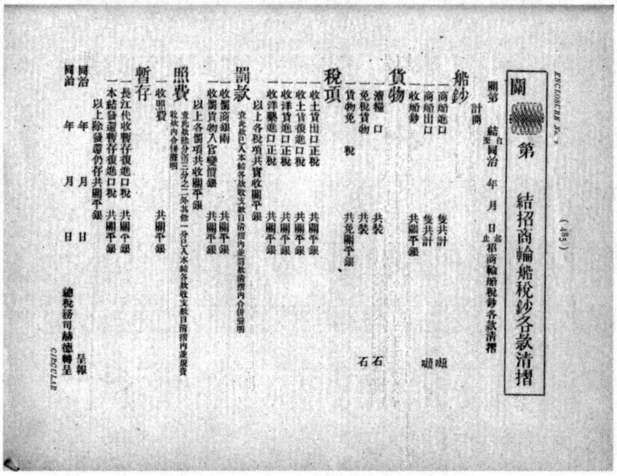
ENCLOSURE No. 7 (485)
關第 結招商輪船稅鈔各款清摺
關第 結自同治 年 月 日起至 止招商輪船稅鈔各款清摺
計開
船鈔
一商船進口 隻共計 噸
一商船出口 隻共計 噸
一收船鈔 共關平銀
貨物
一漕糧口 共裝 石
一免稅貨物 共裝 石
一貨物免 稅 共免關平銀
稅項
一收土貨出口正稅 共關平銀
一收土貨復進口稅 共關平銀
一收洋貨進口正稅 共關平銀
一收洋藥進口正稅 共關平銀
以上各稅項共實收關平銀
查此款已入本結各款收支數目清摺內合併聲明
罰款
一收罰商銀兩 共關平銀
一收罰貨物入官變價銀 共關平銀
以上各罰項共收關平銀
查此款係分撥三分之二外其餘一分已入本結各款收支數目清摺內並規費
收核內合併聲明
照費
一收照費 共關平銀
暫存
一長江代收暫存復進口稅 共關平銀
一本結發還暫存復進口稅 共關平銀
以上除發還仍存共關平銀
同治 年 月 日
同治 年 月 日 總稅務司赫德轉呈 呈報
CIRCULAR

海关结招商轮船税钞各款清折样本

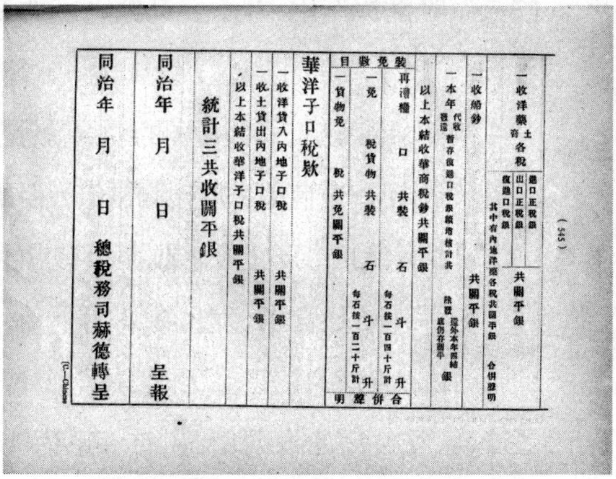
(545)
一收洋藥土膏各稅 進口正稅銀 出口正稅銀 復進口稅銀 共關平銀
其中有內地洋藥各稅共關平銀 合併聲明
一收船鈔 共關平銀
一本年代收暫存復進口稅銀續增核計共 除發還 銀
以上本結收華商稅鈔共關平銀
裝免數目
再漕糧口 共裝 石 斗 升 每石按一百四十斤計
一免稅貨物 共裝 石 斗 升 每石按一百二十斤計
一貨物免稅 共免關平銀
合併聲明
華洋子口稅欵
一收洋貨入內地子口稅 共關平銀
一收土貨出內地子口稅 共關平銀
以上本結收華洋子口稅共關平銀
統計三共收關平銀
同治年 月 日 呈報
同治年 月 日 總稅務司赫德轉呈
(C.—Chinese)

海关结华洋商船各款税钞数目清折样本

6

唐阿七案件

整个燠热的夏季，总税务司都在北京度过。尤其是到了三伏天，水土不服的赫德不得不在公事房里放了水桶，大量啖食西瓜。即便如此，还是"长了疖子"。除了通过一份份总税务司通令系统表述外籍税务司在中国海关中应起到的作用外，赫德每天都有纷繁复杂的忙不完的事务。老本行海关方面已经不是他的全部，除了"尽职尽责，通过帮助政府征收大量税款和通过促进商业的合法利益，努力提高税务司制度的效能"外，他还要做更多的事情。那支功败垂成的现代化舰队没能在攻陷天京时发挥作用，并不会动摇赫德的意志，他仍然会抓住一切机会，"鼓吹军事改革"。

当然，赫德还有一项重要的功课，就是时不时或骑马，或乘着那辆骡车，到总理衙门走动一番，不露声色地发展他同常值大臣的关系，不如此，怎能知晓帝国官场的动态？

在离开北京南下巡视之前，至少有三件发生在总税务司本人身上的事令他终身不忘。

第一件事是赏赐，发生在 8 月上旬，赫德愉快地接受了总理衙门授予他的按察使衔，成为清朝的正三品大员，戴上了装饰有白色珍珠的顶戴花翎。而这还只是开了个头，在往后的岁月里，还有一系列令人眼花缭乱的封典在等着他。

第二件事是艳遇，或被称为"邻女插曲"。和阿瑶分手后，整整一年，赫德锻炼自己拒绝诱惑，"已根据行为准则力戒耽溺女色"，但在遇见隔壁女孩"李姐姐"后，在灵魂深处经过上帝和女色的一番搏杀,他终于还是在 8 月 13 日“傍晚跨过围墙同‘李姐姐’在月下闲谈”,和这个把他“生命放在火上烤”的女孩十指相扣,“既不谈宗教,也不谈哲学,只是互相紧握着对方的手”。

第三件事是遇险。在乘坐“行如飞”号前往牛庄海关途中,9 月 13 日午夜,“大风猛刮,险恶可怖的大海,暴雨挟着雷电。可怜的轮船,挣扎着穿过风大浪高的混浊海面。大副叫我们下去,因为船桅会很快出事!”身上套着救生圈也不顶用了,赫德第一次“预见到死到临头”,不由产生“冷漠、麻木和听天由命的感觉”。

短短三个月,权力、情欲、死亡,分别用不同的方式召唤着年轻的总税务司。这一浪高过一浪的极端人生体验,不断刺激着赫德的神经。那深深困扰他下半生的神经性头疼,不知是否发端于此?

或许只有与死神擦肩而过的人才明白存在的价值以及生命的意义。都死到临头了,赫德当时脑海中一闪而过的,居然是“我主要想知道派谁来继任我的总税务司职务”。

真是够敬业的。

不如此,他又怎么可能“取得非凡的成功”?时至今日,赫德已经是中国海关这个国际化独立王国的实际缔造者。从最初的江海关和粤海关,到最新的打狗关、牛庄关,在前任李泰国的基础上,此时此刻,1864 年 10 月,大清帝国拥有了 14 个新关,向世界各国征收近 300 万的税款。为加强对各口海关的控制,赫德创立了《总

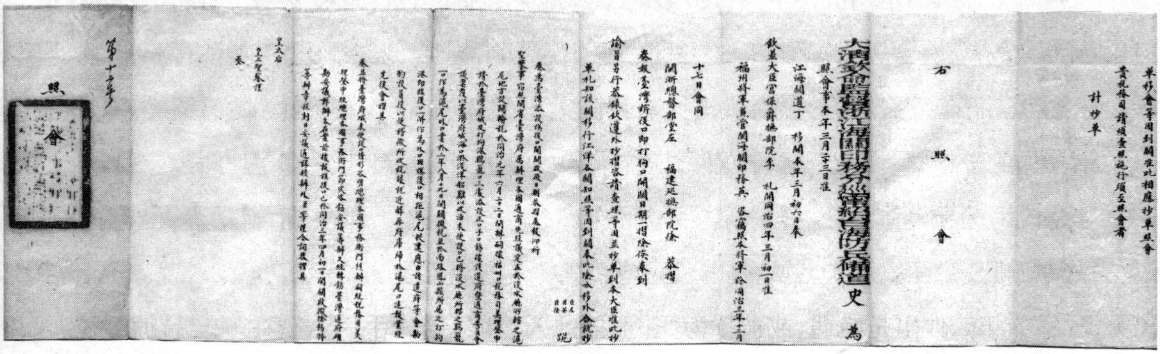

台湾打狗关开关照会

税务司署通令》，通过这“维持他管理生命所必需的血液”，总税务司实现了对各地分关的垂直统一领导。

“作为一名多国的海关管理的首脑——到 1864 年，海关夸称其雇员来自英国、美国、法国和普鲁士，还有中国籍监督及其他低级工作人员——总税务司署在北京外国外交官和清政府中树立了忠诚、廉洁、可靠和高效率的不可动摇的声誉”。在所有 71 名洋员中，英国人以 46 名占据了绝大多数，因此，海关内部的工作语言只能是英语，一切报表、公文都用英语起草，好让当地中国官员既无从插手，又不通内情。但这并不是赫德的最终目的，任用洋员只是权宜之举，因为中国还在实行一个依靠“私人关系”的社会制度，不过，他已经开始“展望将他的组织机构中的洋员最后调换为中国人”。

如果此时的总税务司知道其辖下最最重要的上海海关——江海关的一名中国翻译犯下大案，他还会迸发出这样的念头吗？

唐阿七摊上大事了。

一个人若是太顺当，难免招人嫉恨。打开唐阿七出事前的履历，似乎符合这一判断。1828 年出生的唐阿七，10 岁时幸运地来到香港教会学校念书。有机会接受英文教育，对今天大多数孩子来讲再平常不过，可在 19 世纪前半叶，只能说是凤毛麟角。五年后，英国驻上海领事馆借用阿七当翻译，时间虽仅有半年，但一个心智初启的少年，整日价耳濡目染两国政府间如何打交道，这种历练实在超前。于是后来的阿七赴美淘金，既经营有方又勇于任事，被当地华工、华商公推为带头大哥，也就顺理成章了。

清咸丰十一年(1861)阿七回国，翌年进入上海海关担任通事(即翻译)，继续顺风顺水。没过多久，便凭借其出色的双语才能，被当时负责长江各口关务并兼任江海关税务司的赫德拔擢为首席翻译。公干之余，唐阿七甚至还有余力，和先前也在江海关担任要职的弟弟唐阿九合作，兄弟俩合编了中国最早的一部英汉字典——《英语集全》。

江海关旗帜

直到1864年10月的某一天，阿七这艘顺风船终于搁了浅——他被上海道台丁日昌以有人告发其受贿500两银子为由，拘了。

其实涉案金额离《大清律例》“官员贪污受贿1000两问斩”，尚有不小距离，但阿七的行为属于监守自盗，情节特别严重，理当罪加一等，就是判个斩立决，也不是没有可能。在某种意义上，阿七的脑袋已是暂时寄存在他的脖子上了。

唐阿七锒铛入狱的当口，“年轻的总税务司正在他刚开始组成的海关地带旅行”，和他的同时代传教士一样，赫德“认为巡视非常重要”。从他10月25日离开北京作南方巡行起，沿途平静无事，然而11月4日一抵达上海，便听到了阿七案发的不幸消息。

赫德非常失望，倒不仅仅因为唐阿七是他一手提拔上来的。事实上，他在一年前就有这样的担心。曾几何时，“上海通事中间出于礼节的贪污”甚为流行，“他们得到特许，帮助商人办理海关业务，收取报答他们服务的规费。此外，他们接受大量‘礼品’，大肆勒索敛财”。大环境如此，赫德怎么可能对唐阿七百分百放心？不过，阿七“历游外国多年，熟习洋匠”，办事干练，深得自己赏识。因此，总是把他当成“另类”看待。没曾想，阿七还是经不起当官的诱惑，用受贿的500两银子，出资新捐了一个五品同知的官衔。到底还是不能免俗啊！如果阿七能知道赫德早已内定他为两名候选的华人税务司之一，他还会不会犯事呢？

事到临头，还有什么好说的呢？那唐阿七不知道也罢，否则，饱受铁窗之苦的他不晓得该有多后悔！

在上海停驻期间，赫德除了指导海关工作，就是交际。“外滩俱乐部的煤气灯首次照亮”，出席舞会什么的外侨社交活动，总会遇见几个令人赏心悦目的“动人年轻女子”，而“同总督李鸿章重叙旧交”，才是社交工作中的重中之重。

几个月行走在权力中枢——京城，各省政治和军事方面的新情况未免多有耳闻，其中也不乏当红实力派李鸿章和左宗棠的传闻。“安徽人李鸿章以务实见称，据传有贪赃受贿。他是19世纪60年代中国以陆地为基础的军队改革的有力鼓吹者。左宗棠原籍湖南，依赖法国人领导的常捷军在浙江树立军事声誉。他以曾国藩为楷模：严峻过于李鸿章，而显然不如他贪婪。”

晚清四大名臣中，要论生活奢靡，以李鸿章为最，其余三位——曾国藩、胡林翼、左宗棠，皆不能望其项背。看看曾国藩的幕僚赵烈文是如何记述同治十一年(1872)李鸿章五十大寿的盛况的：总督衙门内“烛爆如山，组绣成队”，宾主仆从“无虑千人，人气如烟云，声如闷雷，目为之炫，耳为之震”。赵不禁叹息：“噫，繁盛至于极矣！”到了李母八十大寿时，李鸿章在京津两地同时操办“烧烤全席”，“京外送礼称祝者络绎于道”，仅如意就收到100枝。

相较之下，李鸿章在19世纪60年代还算有所节制呢，但其做派已经被朝野人士所诟病。可是，有什么证据呢？据说曾国藩大人在听说苏州杀降一案后，命赵烈文将许多弹劾李抚台的“黑材料”一把火烧掉。这样的狠角色，连老师都惹不起，赫德自然也就多些小心了。

还有一项例行公事，就是去拜访刚刚履新的道台丁日昌。道台是赫德日记里的称谓。其全称是“分巡苏松太兵备道”，实在冗长拗口，因其驻地在上海县并兼理江海关，又简称为上海道、江海关道、关道等。虽说“海关引用外人负责办税务”，但又规定外籍人员作为道台征税的“助手”，在名义上海关监督还是当地外籍海关税务司的上级。因此赫德对这次会晤很重视,甚至有些小小的期待,想看看丁日昌道台到底是什么风格,和他的前任应宝时有什么不同。

11 月 8 日,赫德如约而至。

访丁道台。他身材瘦小,牙齿不好,但目光非常睿智,专注时富有意味。他是潮州人,说的话一下子听不清楚。

潮州虽地处广东,但其方言却属闽南语分支,与赫德能听会说的粤语完全不一样。但这并不妨碍丁道台给总税务司"留下非常好的印象:他见解正确,思想先进,坚毅不渝。除此之外,他两袖清风,而且不怕负责任"。

确实,丁日昌新官上任伊始,便高调倡导改革,厉行铲除积弊,给上海滩带来一阵清风。有关他的传言神乎其神,赫德就曾听说"他有一扇边门,夜晚由此微服外出,然后非常出人不意将打瞌睡的哨兵和恶棍坏人砍倒"。

果真如此吗?传言在接下来的谈话中得到印证,只不过有些小小的夸张。

丁日昌告诉赫德:"他一直到处'指摘'别人:他刚刚'参'了'参将',理由是他夜间不出去巡逻,通常玩忽职守。他曾将一些敲诈勒索的官员问斩!"

这个不幸的参将,应该是被微服外出的道台抓了现行。还有那可怜的阿七呢!他会不会成为丁道台的刀下新鬼?

赫德非常清楚,"时世需要雷厉风行",需要"有一个像丁这样的人",因此,当丁道台向其通报唐阿七案件有关情况后,他郑重表态。

关于阿七,我说他必须把事情做好:作为一个薪资丰厚的通事,经常接受馈礼,从一个人那里就收到 500 两之多,迹近敲诈勒索,这是难以容忍的。

我对阿七感到遗憾,但是他的作为必须尽可能依法严惩!

这的确是必须的，那阿七受贿倒也罢了，可恨他还散布谎言，说那些钱款“在道台和税务司之间分掉”了！

赫德看重海关声誉，他不得不忍痛割爱。不过毕竟是手下人，做事也不能太绝。况且章程刚刚拟定，还有不少空子可钻，许多地方亟须完善，他这个海关首长也负有一定的领导责任。为此，他在回答丁道台时也留了一手，遣词造句上用了“迹近”一词。

这很有讲究，在定性上留下了转圜余地。中国语言的妙处或曰魅力，也正在此。

假如丁日昌事先知道赫德的中文听说能力这么好，也许就不会让他的翻译容闳忝陪末座。这个36岁的广东香山人与唐阿七有着惊人的相似之处。同为老乡，都是去香港求学，美国留洋，又都先后回国到江海关任通事。只不过据说容闳骨气了得，向来鄙视洋人买办，认为“买办之俸虽优，然操业近卑鄙”，当他询问李泰国华人能否有机会升职为税务司时，当时的海关首长给了他否定的答案，于是容通事便立即辞去了海关工作，自己做起丝茶生意，后被曾国藩保举为五品候补同知衔，当上了丁日昌的译员，协助办理洋务事宜。

两周后，唐阿九的突然来访，让赫德非常震惊！按阿九的说法：“尽管有道台的吩咐，但狱卒待他（指阿七）非常坏。”

怎么会这样！赫德想起几天前再次往访道台时，丁日昌“答应在法律允许范围内宽大处理（唐阿七）”，并信誓旦旦地说：“已特别吩咐狱卒无论如何不要去骚扰他。”难道丁道台出尔反尔？赫德用颤抖的笔，记录下那比但丁描绘的地狱还要恐怖的惨状。

（阿七）头上发辫系在墙壁的钉子上：要是他的背部向后挨靠，一枚伸出来的尖针便像要刺入他的后脑袋，从他的双手——它们扣上又小又紧的手铐——突出两根铁杆，一根抵住喉咙，阻止他的头颅向前移动，另一根对准腹部，使他的两手一直伸开。他的脚也被尽力拉开，他难受到了极点！

这就是传说中的枷刑升级版。在这页日记上，赫德还用不同颜色的墨水写道："Ja san Keh'rh"。原来，赫德的中文虽然说得呱呱叫，但汉字却写得歪歪扭扭，其日记是用母语英语写的，遇见无法对应的词汇，他有时用中文标注，或是干脆用拼音。这次与唐阿七一起被捕的，还有同案犯张灿、秦吉，他俩的身份是钤子手(即验货员)。因此赫德 150 年前旁注的这四个旧式拼音并不难猜，多半是"枷三个人"。三个小伙伴的悲惨遭遇着实让赫德惊呆了！好久都缓不过气来。其实有清一代，刑讯逼供蔚然成风，晚清重臣张之洞就曾奏称："敲扑呼号，血肉横飞……反覆刑讯，拷讯之惨，多人拖累，则有瘐毙之冤。"

如此看来，阿七们暂且还没有把小命搭上，已属幸运。难受归难受，枷刑只是侮辱体罚性质的附加刑，一时半会儿还没有性命之忧。若是招呼上满清十大酷刑，那唐阿七案件至此也就以犯罪嫌疑人自然死亡而结案了。

"可怜的家伙！若非立即释放，他势必彻底垮掉，为了救他免遭酷刑拷打，他的朋友将被榨取到罄其所有，分文不留。"赫德的担忧不无道理，事情的进展正如他的预见一样一步步演变。临行前，阿九苦苦哀求赫德，能否缴一笔罚金从轻发落，不然的话，无论如何也得把阿七关在上海。因为就算刀下留人处以流刑，已被折磨得不成人样的阿七，照样会半途倒毙。

唐阿七案件令赫德陷入沉思，"中国的祸根在于官员薪俸低微不足，从这个根上长出可以称为'花与蓟'的作物——蓟是直截了当的勒索和侵吞钱财，花是送给衙门的人的礼物。通事似乎多年来一直有在结账日接受中国商人送礼的习惯。"这样的做法已经成为潜规则，"但是直到丁道台履任，它实际上才被查出来是一种制度化的做法。在经过若干考虑之后，他决定不这样做！”也就在这时，阿七按照惯例，接受了八月中秋节礼，正好被平常嫉妒他的人举报。看来，活该唐阿七倒霉，他撞丁道台枪口上了。

阿九的眼泪在飞，年轻的海关首长动了恻隐之心。“花与蓟”形式的贪污现象，在中国遍地开花。不知是想起了阿七“在其他方面是一个好的重要雇员”，还是总税务司的人道主义精神使然，反正赫德似乎找到了原谅唐阿七的理由。“惩罚的目的在于儆戒他人，而阿七作为一名通事，惩罚他的目的在于儆戒其他通事不得营私舞弊。就他的犯法行为而言，他受到的惩罚已经完全够了！”

赫德当时有没有答应阿九的诉求，我们不得而知。不过，在经过一天的思考后，在满满当当全是唐阿七案件记载的第二天日记结尾，赫德写下了这样一句话——“我必须设法让他获释。”

江海关通事唐阿七在本命年突陷牢狱之灾，惊动了南下巡视的赫德。特别是在听了阿九的苦情描述后，海关最高首长甚至产生了一些奇怪的自责念头。不是吗？自己公干之余不是在看赛马就是在欣赏滑稽歌唱，而过去的得力属下却惨遭没完没了的酷刑折磨。经过认真的思考，赫德认为阿七所受的惩罚或可抵消其犯下的罪过，换句话说，即使现在就释放阿七，他也有足够的把握，“必定可以防止(其他)通事未来有如此行为”。

洋人出手相救，这个案子是不是就柳暗花明了呢？事情远非这么简单。但赫德的求情函件多少还有些用处，至少，“他们已停止对阿七严刑拷问”。

一周后，丁日昌登门回访。他首先向赫德致歉，为阿七被虐感到遗憾。并解释他上次确实“下令叫人们不要骚扰阿七”，可狱卒摆明了没有执行，以至于阿七遭了大罪。这导致丁“大怒不已”，而相关责任人也受到鞭挞 100 下的惩治。

丁日昌告诉赫德,他所能做的也就这么多了,因为另有大人物也介入了此案。而且据说这个大人物"原可以下令将他(阿七)问斩",但不知怎么又"将阿七一案转交北京审理,但是不知道是交总理衙门,还是交刑部"。

这个大人物,就是赫德的老相识,丁日昌的庇护人——江苏巡抚李鸿章李抚台。丁日昌之所以来到上海,便是拜李所赐。而李鸿章举荐丁日昌的一个重要原因,并不仅仅因为丁是一个吏治能手,他或许更看重其另一个身份——军工专家!"在兵工制造方面,丁更具专长,非当时任何大吏所能及"。

原来,李鸿章自 1862 年率淮军自安庆雇英轮抵沪后,深感洋人船炮之坚利,"深以中国军器远逊外洋为耻"。他坚信,"中国但有开花大炮、轮船两样,西人便会敛手"。在这种观念的驱使下,他在上海创办了洋炮局,即从广东催调"学识深醇,留心西人秘巧"的丁日昌来沪主持局务。丁到上海后,主持炮弹一局工作,但这里清一色中国工匠,使用中国式泥炉与磨、锉、旋等手工具,只能制造一些短炮与炮弹,与李鸿章的期望值差距太大。

1864 年 5 月,李鸿章向总理衙门慷慨陈词:"鸿章以为中国欲自强,则莫如学习外国利器;欲学习外国利器,则莫如觅制器之器,师其法而不必尽用其人。"这个建立"制器之器"工厂的艰巨任务,理所当然便落到了上海新道台丁日昌的身上。于是,丁道台在沪上除了致力于革除海关陋规,整顿社会不良风气外,还时刻"留心访购各种制造机器之器"。神奇的是,为了解决李鸿章要求的"立时兴造"难题,唐阿七也"被"卷入其中,此乃后话。

既然案子已经上交,多说也是无益。赫德结束了在上海的工作,继续巡视条约口岸的艰辛之旅。且不说一路上舟车颠簸、鞍马劳顿,到各座开埠城市后,他还得指导当地海关事务,"设法在口岸地区道台和其他中国官员中树立起他个人的威望和信誉"。

当然,他也会时刻挂念着阿七的命运。

1864 年 12 月 12 日，粤海关税务司吉罗福，这个从 1859 年起便在海关工作的美国人，迎来了他的上司。

广州是赫德离开上海的第一站，经过了 70 多小时“令人难受的艰巨旅程”，赫德疲惫不堪。这里曾是大清帝国唯一的一扇对外贸易窗口，也是他海关生涯起步的地方，衙署、庙宇、学宫、市井，一切都是那么熟悉，只是物是人非。

随后几个星期，赫德和在上海时一样，花大量时间同清朝官员会晤，同当地学者交谈，这不仅从处理具体的海关问题观点看是有收获的，而且使总税务司对各省人事变迁消息灵通，“他特别注意中国政治的地区差异、地方认同和南北颉颃。同样地，他听到科举违规、官僚贪污、宦海变幻和财政管理不善的许多传闻，帮助他形成了对清朝政治的看法”。

在所有的闲谈中，一个有关“浩官”的故事无疑引起了赫德的兴趣，否则他不会在日记里用那么多的篇幅一一记下。

“浩官”并非官职，而是商号。其历史当追溯到广州著名的“十三行”。

彼时，所有的进出口商货，都要经十三行之手，它是鸦片战争前广州官府唯一特许进行对外贸易的商行，顶头上司是粤海关监督。在十三行公堂上，挂有一幅“皇朝山海万国朝贡图”，地图上位于正中央的是大清帝国，面积几乎占了一半，四周零零散散分布着诸如西班牙、瑞士、英格兰等弹丸小国，盲目自大的心态可见一斑。

“十三”只是个大概数，并未固定，但商行皆用“某”官命名，浩官便是其中最有名气的一家。到了赫德日记里记载的这一代“伍浩官”，其大名为伍崇曜。赫德六年前任联军委员会秘书时，就与其打过交道。甚至，连马克思都还提过他的名头。

马克思是这样说的：“如果诸位看一看文件，便会发现，当约翰·包令请求会见叶总督时，总督是准备会见他的，不过指定商人伍浩官的坐落在城外的房子作为会见地点……约翰·包令却觉得,除了总督官邸以外,到任何地方去有失尊严……”

原来,一口通商以来,外国人跟官府之间但凡有什么事,都是通过十三行居间作为中介。在某种程度上,其发挥的作用和现在赫德及其治下的海关类似。

到了第二次鸦片战争时英国人攻打广州,由于历史惯性还在,官府又叫伍浩官出面在中英之间进行调和,实际上就是议降。1857年2月21日《伦敦新闻画报》有这样的描述:“另一张速写表现英国驻广州领事在卸任时跟伍浩官、卢茂官、潘启官等老一辈的行商们辞别的情景。”

马克思提到的事件是,叶总督答应见包令爵士,不过不能在官方的地方见他,会见的地址要安排在伍浩官的家里。约翰·包令就不干,他说,要见的话,就在总督官邸。

伍崇曜便是这样以其独特的身份,游走在官府和洋人中间。其父伍秉鉴更是了不得,两头吃得开,生意做得是风生水起,他“究竟有多少钱,是大家常常辩论的题目”,“1834年,有一次,浩官对他的各种田产、房屋、店铺、银号及运往英美的货物等财产估计了一下,共约2600万元”。而同一时期的美国,最富有的人也不过资产700万元。美国籍海关税务司马士在他日后成为汉学家时这样评述,“在当时,伍氏的资产是一笔世界上最大的商业资财”。

不过,就算是富可敌国,伍浩官也好,还是别的什么“官”也罢,在真正的官——粤海关监督面前,“行商们从来都行跪拜礼,跪倒在地,叩首多次。即使某位骄傲的官员允许他们起身,他们的眼睛也从不会超过他的官服的第九粒扣子,疏忽了这项严格礼节,行商就会遭到最严厉的乱棒责打,如同处罚一个普普通通的轿夫”。

赫德再次获悉阿七的消息,已是在来年的广州。粤海关监督毓清在新年饭局上告诉赫德,李鸿章专门致函询问他,“要查明此处通事是否在接受商人礼品等方面干了些什么”,并且李“已奏请摘除唐阿七顶戴,以便可以给他更为严厉的处理”。

李大人在百忙之中亲自向毓清函询,充分体现了他对此案的高度重视。可是,他为什么要问“广州的通事是否获允接受送礼”?莫非阿七招供说收受节礼是全国海关的通行做法?赫德清楚,毓大人的回复关乎阿七的命运,但他怎么可能说真话呢?要知道,“粤海关书吏专以隐匿漏税为长技,终无实数可以稽查,家丁则通同舞弊,以分其肥,遂至彼此勾串,牢不可破。历任监督但只求其正额无亏”。看来,阿七又要有大苦头吃了。彼时,“具有官阶的人享有特殊的法律豁免权”,李鸿章之所以褫夺阿七功名,“奏请摘除唐的体现其官阶的顶戴”,正是行将严重处罚的第一步啊!

2 月 25 日,赫德离开广州去香港,27 日便“从那里乘‘北京’号沿海岸航行”,厦门——汕头——厦门——打狗(今台湾高雄)——淡水——厦门——福州——厦门——汕头——香港——上海,他马不停蹄地在这些口岸逡巡,平均五天便换一个地方,其南巡工作进入加速期。密集的航行也险些带来意外,在厦门附近的一个海滩上,赫德遭遇海难,再次死里逃生。直至 4 月底到达上海,搬进一所“对于一个单身汉说来已够舒适”的新居,才总算安定下来。

这两个多月的日记也因此中断,不过,在开始写作新一卷日记时,赫德除了记下他“访问各地离开和抵达日期”,还将“值得回忆的任何事情”都一一补齐。如此,我们又能知道海关首长仍在惦记着他的老部下——江海关原通事阿七。

> 我曾致函李抚台,尽力为唐阿七获释做些事。他承受的苦楚骇人听闻:我要注意勿让任何不应受到严酷处理的人再落入当局手中。

落入当局手中,那还能有个好?!或许是阿七命不该绝,他的命运终于出现了转机。只是我们无法得知他是主动扼住了命运的咽喉,还是身不由己地入了一个“局”。

话说丁日昌为完成李鸿章尽快办厂的指示,一直在留心出卖铁厂机器的对象。经人介绍,终于看中设在上海虹口的一家美商旗记铁厂,据称是当时洋泾浜"外国厂中之机器最大者,能修造大小轮船及开花炮、洋枪各件"。这家厂的老板是美国人 T. J. Falls,因其曾为清军制造大炮之类军器,为其他外人所排斥,故想将该厂出售。丁日昌派人问价,不料老板狮子大开口,"该洋商索值在十万洋以外,是以未经议妥"。面对这样一个天文数字,李、丁二人不约而同地想起了在押的唐阿七,这个"历游外国多年,熟悉洋匠"的待决犯,不正可利用他谙熟英语、通晓业务的优势,前去洽谈,戴罪立功?果然,备受凌辱的阿七却不辱使命,几经谈判,终以四折成交。

丁日昌不愁阿七不卖命,因为省下来的钱,都是阿七自己的!何出此言?这中间的曲折我们虽已无从考证,但看看李鸿章后来给朝廷奏折里的表述便明白其中究竟。"(唐阿七)因案革究,赎罪情急,与同案已革之扞手张灿、秦吉等愿共集资四万两,购成此座铁厂,以赎前愆。"

这桩号称自愿的"交易"正是在赫德巡视期间达成的,而他得知"谜底",却是在这年的 5 月 24 日——女王诞辰。这一天,赫德抵达苏州,与"看上去羸瘦,像患了痨病似的"李鸿章进行了两个多小时的会晤,在谈及唐阿七案件时,李告诉赫德:"阿七的事,他会尽力。账一确定,他们就能够立即决定阿七能否出钱摆脱困境,并说他在此期间不会受到虐待。"很显然,白花花的银子要比赫德的求情管用。

不知道是不是为了表达某种情绪,赫德揶揄说,"狱卒已从他(唐)身上取去几乎全部的钱财",李鸿章不以为然,呵呵笑了起来。

已经升任两江总督的李制台大人当然有理由开心,他孜孜以求的"练兵以制器为先"的理想终于实现。至于唐阿七一案,"既情有可原,报效军需赎罪,亦有成案可援",李鸿章另咨总理衙门缓颊,阿七重获自由身。

三年后,以阿七身家性命换来的这家工厂,造出了第一艘大型机器轮船"恬吉"号,下水试航那天轰动了上海港,黄浦江两岸观者如堵。

此时此刻,在遥远的另一个著名港口德国汉堡,马克思用毕生心血写就的煌煌巨著《资本论》第一卷也刚刚问世。他在第一卷"所谓原始积累"中写道:"资本来到世间,从头到脚,每个毛孔都滴着血和肮脏的东西。"

诚哉斯言！黄浦江畔的这家亚洲最大的军工厂,它的"所谓原始积累",难道不是流淌着阿七的血泪?!

一个小小的海关翻译"因事收监",熬刑不过,被敲骨榨髓,这在吏治腐败的晚清应属寻常事。笔者之所以花费如此多的笔墨,原因有三。

唐廷植(1828—1897)

其一,阿七并非等闲之辈,他就是以后的工商巨子唐廷植。其胞弟阿九的名头更响,为中国近代著名买办、实业家唐廷枢。李鸿章甚至这样说:"中国可无李鸿章,但不可无唐廷枢。"

其二,唐阿七及其唐氏家族倾家荡产赎下的那家工厂,便是后来大名鼎鼎的江南机器制造总局,其主要机器设备便是由丁日昌的翻译容闳远赴美国采办。作为当时中国第一家规模最大的近代军事企业,它堪称洋务运动的标志。

其三,赫德正是受"唐阿七[①]案件"启示,开始在新型海关设计出一整套行之有效的廉政机制。

唐廷植早年在上海海关的这段悲惨遭遇,成为他一生中永远的痛,讳莫如深。

① 《赫德日记》中译本"唐阿七"、"唐阿九"根据原文 Tong Achik 和 Tong Akue 音译。

当时的名字“唐国华”故而弃之不用，这个案子也就一直湮灭在历史的风尘中。以阿七之才干，丝毫不输阿九。之所以在日后比弟弟稍逊风骚，甚至甘居幕后，实在是因为早年这件官司的阴影所致。因此，尽管兄弟俩都被后人誉为中国近代工商业的先驱，弟弟唐廷枢的知名度却要高出许多。

阿七的故事告一段落，同样在江海关当过三年高级翻译的阿九，又怎么会取得如此了不起的成就？还记得前文提到兄弟俩合编的《英语集全》一书吗？书中的第六卷，标题就叫“买办问答”，而阿九的发迹，就是从出任怡和洋行总买办开始的。

而阿九离开怡和洋行，参加李鸿章主持的轮船招商局改组，又成为他人生中的一大重要转折，从此积极投身到洋务运动中，功勋卓著。其中最为时人所称道的，是 1876 年受李鸿章派遣，创办中国第一座煤矿——开平煤矿，让国人得享现代化的能源之惠。

其实经营洋务企业倒还在其次，关键还得与禁锢中国数千年的守旧意识作斗争，殊为不易。据史料记载，1881 年 6 月 9 日，龙号机车开始在唐胥铁路上运行，其“运输之力，陡增十倍”。但是清政府中的顽固派却以机车行驶“震动东陵，先王神灵不安”为由，连上弹章，清政府忙下令禁止使用。正是在时任开平矿务局总办唐廷枢的竭力奔走下，多方呼吁，并亲自邀请一批官吏、大臣乘坐火车验证，证明确实安全可靠，机车才又恢复正常行驶。阿九因之声誉日隆，李鸿章称赞他既“精习船务生意”，又“于开采机宜胸有成竹”，并给他以“备堪各国使臣”的保举。

从前文我们得知，唐阿七惨遭刑求被迫入局，唐氏家族被案件牵连千金散尽，李鸿章大人无疑就是幕后黑手，按理说唐阿九与他有不共戴天之仇，不说复仇，至少避之唯恐不及吧。后来又怎会趋附投靠，成为李鸿章手下得力干将？难道他忘了当初苦苦求情的眼泪？

这，或许是李大人隐藏得太深，甚至可能还以阿七的救命恩人自居。又或许阿九知道幕后真相，只不过佯装不知，因为要对付如日中天的李制台大人，应该是不可能完成的任务。这一谜底，同样早已湮灭在历史的风尘里。

值得一提的是，明明是海关首长赫德使出浑身解数捞人，想搭救老部下阿七，虽说没成，也有一份情意。不说回报吧，谁又能想到40年后，那唐氏家族又出了一个杰出人物唐绍仪，专门与总税务司唱对台戏，成为赫德敬畏的对手。而唐绍仪之所以那么出息，都是因为他12岁时就有幸成为赴美幼童，负笈留洋，少年得志。

组织官费赴美留学幼童的，正是有"中国留学生之父"美誉的容闳。

而小唐绍仪的举荐人不是别人，正是他的族叔——唐阿九。

7

日意格先生的黄马褂

在巡视治下各条约口岸海关的过程中，始终有这样一件事萦绕在赫德心中，那就是所谓的“外国竞争对手”。或许在赫德的领地——海关，这样的事暂时还不足为虑，但他还在北京时，“1864 年 7 月 29 日，巴夏礼便惊恐不安地向威妥玛报告，在清政府军事职位上服务的，‘也许’法国国民多过英国国民”。

威妥玛曾是江海关第一任外籍税务司，现为英国驻华使馆参赞，巴夏礼则是英国驻沪领事。

自 800 年前法国诺曼底公爵征服英国开始，英法关系就在抗争与合作的双重奏里艰难前行。圣女贞德的英名在英法百年战争时成就，拿破仑的霸业则被威灵顿公爵在滑铁卢击个粉碎。从法国支持美国独立，到英法两国在世界各地的殖民地竞争……

英国和法国，英吉利和法兰西，实在有着剪不断、理还乱的纠葛与粘连，承载着太多的恩怨情仇。就像现在，英法联军并肩作战之后，在对清政府的军事援助方面，又展开了激烈的竞争。

赫德未免太乐观了，实际上，英法竞争早已渗透到所有存在利益的地方，海关也不是化外之地。他“自己的海关雇员中有一个人，在促进法国利益、反对英国中，表现最为积极”。

日意格父女

这个人，就是日益格。

假如日意格先生不是英年早逝，那么他的晚年一定会过得很滋润。在中国的那些日子是这个法国人的好时光，他挣下一笔可观的财产。但正是应验了那句老话：有命挣钱，没命花钱，日意格在五十盛年便离开了这个世界。留给唯一幼女的，除了七位数的法郎外，还有一幅3米多高的全身油画像，画中的日益格身穿西式军装，外披一件黄马甲。

这样的形象，似乎有些不伦不类。但谁让我们的主人公自己喜欢呢？要知道，日意格的这件马甲可不是普通马甲，它的正宗称谓是“黄马褂”，为慈禧太后所赏。能在清朝获得一件御赐的黄马褂，①那可是一种极高的政治待遇和至上荣耀。被赐穿的人，其事迹是要被载入史册的。多少大清臣民梦寐以求却求之不得的黄马褂，怎么就赏给了一个法国人？就让我们追寻日意格先生在中国的足迹，来寻找答案吧。

事实上，当21岁的法国海军上尉日意格第一次踏上中国土地时，他的身份是一个侵略者。这一年，法国借口法籍天主教神甫在广西西林被杀，协同英国出兵，第二次鸦片战争爆发。日意格先生在这场历时四年的战争中有何建树？他日后带

① 清代皇帝出门有许多内大臣和御前侍卫随从，他们所穿的行褂全部用明黄色的绸缎或纱制成，被称作“黄马褂”。“赏穿黄马褂”与此不同，前者是由于职务关系而穿的，如果职任解除，黄马褂就不能再穿。本书述及的黄马褂是因特殊功勋而得到的奖赏。得赏者可以在任何隆重的场合穿着。据考据，这种赏赐方式在清初并不盛行，在道光或咸丰以后才开始出现。到了太平天国起事后，更多见赏赐于对太平军作战有功者，包括洋人。

回法国的私人收藏里有没有几件圆明园珍宝？我们已经无从考证。根据目前所能掌握的零星史料，我们发现，日意格在"1857年参加攻占广州，受命帮助英法联合委员会法方委员管理广州城事务。他在广州学会中文，结识了赫德"。

在战争快要结束时，得益于战争果实以及"中华帝国如此辽阔和分散"，海关机构迎来了扩张的黄金期。面对新的机遇，就像赫德"腾出手来开始执行他作为广州海关副税务司的新任务"一样，日意格也脱下征衣，"加入了新成立的中国海关外籍税务司队伍。两年后(1861年)，他被任命为宁波海关税务司"。

1861年12月，刚刚履新的日意格税务司宝座尚未坐热，宁波就被太平军攻克。宁波道台张景渠携带了大量海关库银，乘一艘法国轮船逃往定海。日意格也只好关闭海关，前往上海避难。

岂料上海也不太平，忠王李秀成在二克杭州之后，兵临城下。江海关监督吴煦赶忙纠结起一帮江浙士绅，勾结在沪之英、法军队统领，成立了"中外会防公所"，日意格凭借其翻译人员身份，居间出谋划策。最有名的案例，当属不惜掷下18万两重金，雇了七艘英国轮船，从安庆将李鸿章的九千淮军接来上海，中外联手，共同对付太平军。

李秀成知难而退后，尽快克服宁波，便成为当务之急。

"太平军据有宁波特别妨碍了帮助清朝的阴谋计划，这种帮助清朝的阴谋计划正是英国公使的显著特性。太平军已控制了浙江，一旦他们据有一个海口，显然不但可以夺去上海海关的大部分税收，而且还可以把这一大部分税收转而充实他们自已的国库。"不能不佩服英国下议院发行的《中国大陆贸易报》上述的精准分析，确实，"叛军企图在这个口岸建立一个海关，据说，这是他们所喜爱的计划，也是组成他们攻占宁波的计划的一部分"。

这座在宁波甬江之东设立的海关就是天宁关。"海关乃我天朝赖以取得兵将给养之最重要收益来源"，因此太平天国立国后在其占领区遍设海关，分为中央和地方郡县两级。以"天"字开头的，除设在国都天京的天海关，就是设在宁波的天宁关了。正因为它是唯一的出海口,所以才配享有“天”字号这一中央级别的海关称号。

尽管太平军号称对“洋兄弟”的贸易采取保护态度,攻占宁波后宣布“三个月内不收关税”,但如此示好也是白费心机,英、法联军还是与清军沆瀣一气,“决心不惜采取一切手段重占该地”。1862 年 5 月 10 日,“联合舰队向这座大城一气不停地猛轰,历五小时之久,炮轰之后,军队登城,太平军立即全部溃散”。攻城的各色人马中,还有一支仅有千人却赫赫有名的部队,它就是由美国冒险分子华尔率领,从上海前来驰援的“常胜军”。

已经退役三年的日意格再度披挂上阵,只不过他既未攻城,也未打援,而是“担任一支小炮队的指挥官,执行肃清上海周围百里以内的计划”。也就是在这些日子里,日意格对华尔招募的“独一无二的杂牌军”产生了浓厚的兴趣。这支队伍从几百人的“洋枪队”起家,“依靠私人捐助和身任海关监督兼布政使的吴煦直接掌握的关税维持”,一路坐大到几千号,直到被“授以常胜军这个吉祥的名称”。

为什么法国不能按照华尔的模式也招募一支军队呢?日意格重开宁波海关后,很显然他的注意力已经不仅仅在海关事务上了。1862 年夏天,这个年仅 27 岁的税务司显示出不凡的政治眼光,他“力劝法国驻上海总领事爱棠支持建立一支中法分遣队,作为英中常胜军的平衡力”。

日意格这样阐述他的主张:

> 我们[法国人]在中国人同叛军作战中给予他们巨大的帮助,这增强了我们的影响力,并且开始承担来自北京新的义务。这些军队的组成使一些目前没有职位的年轻同胞得到方便的安置。法国在派出这些经过仔细挑选的军官时,使它自己的代理人渗透到这个国家[中国]的官廷,这对它的[法国的]未来政治将大有益处。(方括号为原档就有)

意味深长的是，日意格接着说道："这正是英国利用像赫德这样(一)个人的方法。"

作为海关雇员中的一人，日意格却对他昔日的同事、现在的上司赫德总税务司如此不恭，这实在很有些讽刺意味。话又说回来，与赫德同样岁数的日意格，又怎会甘居人下？三年前，英国驻华全权公使发出"新建立的海关机构只有录用有品行、有能力的外国人才能生存下去"的召唤，他与赫德先后响应，义无反顾地为新型海关服务，可以说几乎站在同一起跑线上。可如今，赫德已高居署理海关总税务司一职，很快就将攀上权力的顶峰，而自己却还在小小的宁波海关税务司任上不得安生。因此，别说日意格现在离心离德了，他几年后脱离海关，甚至成为赫德的竞争对手，也不足为奇。

话说正是日意格游说的这位爱棠，当年借口江海关因小刀会起义无人掌管，与英国领事阿礼国、美国领事马辉一起发表联合通告，宣布改组海关，"代"清政府征收关税。1855 年小刀会失败后，又是他出面与清政府地方官商议善后事宜，并被法国方面派为上海海关税务司。

新老税务司在一起，自然会有共同语言。在争取到法国领事支持的同时，日意格也向当地官府和法国海军舰队司令提出同样的建议，组织一支小规模的军队以清除宁波周围的太平军。浙江巡抚左宗棠因"兵力不敷剿敌"，与之一拍即合。10 月 12 日，"日意格终于成功地建立一支法国人领导的中国部队——常捷军"。

这支部队除少量菲律宾兵勇外，多在宁波本地招募，因头上缠有花布，又被称为"花头勇"，外国人则称他们为"法华军"。队伍很快就扩充到 2000 人，甚至一度超过 3000 人，全部使用洋枪洋炮，配设法国教官。统领由法国水师副将勒伯勒东担任，日意格自己出任帮统(副职)。如果不是受海关税务司职务羁绊，想必这位"常捷军"的发起人是不会甘当小二的。

无论从名称、建制还是从武器配备、人员构成来看，"常捷军"都是"常胜军"的山寨版。甚至连"主要靠关税维持，并得到海关人员的帮助"这点，两支部队都何其相似乃尔。在不务正业的税务司日意格统率下,在“无孔不入的西洋炸炮”支援下,本身就来自浙东山寨的“花头勇”们,不仅参加了宁波周边地区余姚、奉化、上虞、绍兴等地的战斗,还跨界前往省城杭州助剿太平军,以后又参与了攻打湖州的大会战。“这只中外分遣队为左宗棠在浙江所取得的成就,几乎与常胜军为李鸿章在江苏所取得的成就相埒。”

那位自华尔死后继任“常胜军”统领的戈登,便是在拿下苏州后获赐黄马褂的。莫非赏穿给日意格的这件黄马褂,也是因为他在浙江战场上所取得的一连串成就?

非也!以日意格当时的战绩,还难望戈登之项背。

那么,日意格先生后来到底为中国政府做出了什么样的特殊功勋,才获得朝廷恩赏给洋人的第二件也是最后一件黄马褂,不让戈登专美呢?

1864年8月28日,太平军终于扛不住清军的轮番攻击,被迫弃湖州城而去。在这场天京沦陷后规模最大的战役中,“常捷军”付出了惨重的代价,但也赢得了“非凡的声誉”。与先后饮弹毙命的两任统领相比,副统领日意格无疑是幸运的,至少在浙江战场归于沉寂时,他还毫发无伤。而宁波道台张景渠也没有忘记日意格,不仅夸他是“拯救宁波及其周围地区的功臣之一”,还向朝廷大力举荐。

据日意格先生自己记载,“上报到北京后,皇帝便奖给我二等功牌和无数的礼品”,尽管这已经是了不起的荣誉,但与那件令人艳羡的黄马褂,还有一段很远的距离。

伴随着领赏好消息的,还有从杭州传来的坏消息。借第三任法籍统领德克碑先生动身前往法国之机,中方官员将“常捷军”削减了1000人。“兵营中谣言四起”。直到9月9日,日意格得到更狠的消息,他将被迫回到宁波海关述职,部队也“将于后天开往杭州,并就地予以遣散”。作为一个中国通,日意格当然明白“鸟兽尽良弓藏”的硬道理,他现在所能做的,只是“希望遣散事宜能以一种更为体面的方式,在更为优惠的条件下进行”。

因此,当这支即将作鸟兽散的部队扛着军旗开进杭州城时,悲怆让他们的头儿日意格先生成为了一个诗人,面对“满城已被夷为平地,居民俱遭杀戮”的惨状,他写道:“白色的墙壁凄然朝天而立,仿佛要讨回已失去的屋顶”。这样的诗句,又何尝不是他此刻心情的真实写照?

实际上,日意格有所不知,上帝在关闭一扇窗的同时,往往会打开一扇门。他的这次杭州之行,正是他在中国开启新的辉煌事业的肇始。而这一切,还要从闽浙总督左宗棠的海军梦说起。

在与“常捷军”的接触中,给左宗棠留下最为深刻印象的,非轮船莫属。如果说以前对于“泰西火轮兵船”之先进,他还是道听途说,那么在攻打杭州时,他对“常捷军”的坚船利炮却是亲眼目睹。对比之下,中国武器的落后令他深受刺激,就靠这些木制帆板船,如何能防守中国绵延几千里的海防?借助“常捷军”,固然可以“贻海疆积弱之忧”,可是主弱客强,终非长久之计,只有“急谋自强”,学习洋人造船,方为上上之策啊!

这边“常捷军”激战正酣,那厢左宗棠也作战科研两不误,开始“觅匠仿制小轮船”。及至日意格率军赶赴杭州时,左总督已经造出“形模粗具”的小火轮,在西湖试航了。此前,广州也曾试图建造“用火呼吸的怪物”,但未获成功。因此左宗棠还是很有些成就感,以至于当日意格前来洽商遣散事宜时,不无得意地向其展示。只可惜这艘奇慢无比的“轮船”并不受日意格的待见,我们不妨看看他在日记里是如何挖苦并虚与委蛇的。

> 拜访左宗棠总督。他身穿礼服接待了我,甚至走到里面门厅的入口处来迎接我。我们谈了两个多小时。……他让我看一只由一个中国人自行建造的小汽船。该船的轮廓与宁波的船只相仿,一前一后共装载两人。总的来讲,它

> 拥有了引擎发动机的所有细节，足以示范汽船究竟是如何运行的，但也仅此而已。前几天，总督曾在西湖对该船进行试航。他向我展示了用作设计的两件工具，说这是一名60岁的中国人制造的。我回答说：“棒极了，这证明中国人非常聪颖”。

这样的回答，再一次证明了日意格先生不愧是中国通。他可是在克服了遣散所带来的种种不爽后作答的，既没有流露出丝毫的失落，又恭维得恰到好处。而他的下一句“唯轮机须从西洋购觅，乃臻捷便”的合理化建议，更是说到了左宗棠大人的心坎上。或许这两人日后联手，将工作重心转移到大清的海防事业上，便是在这一天埋下了种子吧！

在接下来的日子，戎马倥偬的左宗棠忙于镇压太平军残余，有关造船事“未暇定议”，暂且告一段落。

日意格回到宁波海关税务司任上，依然不甘寂寞，正像赫德南下巡视时所担心的那样，“继续鼓吹法国人在上海地区及其他地方的外国人训练项目”。不管日意格先生怎么折腾，只要他的活动“仍然是在帝国海关领导之下，赫德便能够对他容忍”。况且，海关首长的大部分精力除了用来处理繁杂事务外，也有些倦鸟思返，想家了！

这样的念头产生已久，在结束南巡返京前尤甚。

> 我仍然一心一意想回家，我真希望10月乘法国邮船启程。

有意思的是，赫德写下这句话的日子正是1865年2月14日，西方情人节。莫非,他想荣归故里,在家乡找一位意中人?果不其然,在六天后的日记里,赫德交代了他的回家动机。

唉!今天我30岁了!人生将过半!不再能够说"20多岁",这令我感到日月如梭,年届30仍未婚娶:我要越快圆房越好!

如果再过四五年我还没有结婚,我必定永远孑然独身。我担心今年年底呆在家中10个星期,几乎不足以激发爱情——不过只要一个小时,也够我坠入情网。

日子过得很快,总税务司的回家计划虽然没能如期成行,但终于得到了恭亲王的给假批准。正当他为了体面地衣锦还乡,忙着购置礼物准备行李时,日意格发难了!法国邮船没坐成,法国下属倒来劲了。

他是真会挑日子,这不是明摆着存心不让赫德走得消停吗?

"当日意格通知总税务司,他打算离开海关去帮助左宗棠建立福州船厂时,赫德发怒了!"

原来,战事平息后,像左宗棠这样开明的地方官员,便有时间腾出手来认真对待国家安全问题,他在上奏朝廷的《试造轮船先陈大概情形折》中疾呼:"欲防海之害而收其利,非整理水师不可。欲整理水师,非设局监造轮船不可。轮船成,则漕政兴,军政举,商民之困纾,海关之税旺。一时之费,数世之利也。"如此,既可实现他的自强理想,又在中央政府不愿意或没有能力时,为大清国防组建现代海军。

但是,在国内没有工业基础和技术、人才的条件下,左宗棠只有依赖洋人的帮助,他主张给洋人以优厚的报酬,聘用他们来为中国服务,就像"常捷军"的运作,即是成功的案例,只不过是在不同的领域罢了。对英国很反感的左宗棠,却对法国抱有一定的幻想。在设局造船一案提上议事日程后,便将橄榄枝伸向了曾经合作愉快的日意格和德克碑。其实这二位都不懂造船,左宗棠看中他们的,除了能引进技术、人才，还有其法国官方背景。

于是，彼时已是江汉关税务司的日意格在一切都安排妥帖后，静观时机，趁赫德即将回国省亲无暇他顾的当口，向他的最高首长直接摊牌。

那是 1865 年 11 月 13 日的下午，赫德这样记述：

> 日意格当时对我说，他现在必须赶快告诉我他在有空时打算谈的一件事：他要知道我何时可以接受他的辞职，因为他希望同德克碑一起在左制台那里效力，监督一所海军学堂、船坞、铸造厂和制造所。他给我看他们拟议的章程，说雇用的人将全部是法国人，皇帝已告诉德克碑先办下去，保证给他支持。

这里的皇帝指拿破仑三世，他的态度表明了法国政府支持中国办船厂。

赫德“大吃一惊”，他没想到日意格隐藏得如此之深，甚至连合同都签好了！他却被“蒙在鼓里如此之久”。愤懑之余，赫德告诉日意格：“他最好是以与海关相联系的方式，而不是以与海关相脱离的方式，去实现他的目标。”面对挽留，日意格直言他不喜欢受赫德的掣肘和束缚，“希望开创一个独立的事业！”

话不投机，双方达成的唯一协议是日意格在下一年 3 月份之前，不考虑离开海关。

仅仅过了一个多月，“这位有野心的法国下属”再次让赫德不爽。因日意格在湖州战役中的特殊贡献，左宗棠为其争取到正二品的总兵衔，而赫德才是文官三品。尽管武官官阶被认为低于文官官阶，但赫德还是感到情何以堪。罢了罢了，天要下雨娘要嫁人，随他去吧！

在左宗棠的呼吁下，清廷很快谕示：“所需经费即着在闽海关税内酌量提用。所陈各条，均着照议办理。”

闽海关为仅次于江海关的富关，经费保障自然不在话下。有了人和钱，下面就是选址。左宗棠在日意格和德克碑的陪同下，亲自勘察，最终选定福州下游四十里的罗星塔马尾山下，该处闽江水深7米，实乃建设造船厂的理想地址。

1866年8月19日，由闽海关拨出40万两作为开办费，中国近代第一个新式造船厂——福州船政局在马尾成立。当年“常捷军”的正副统领应邀来总揽船政一切大小事务，只不过他们的先后排名调了个个儿，日意格担任船政正监督，德克碑任副监督。

赫德犹有不甘，授意他的下属福州税务司美理登出面搅局。美理登遂散布流言，指责日意格想把法国卷入中国一个有风险的计划中去，致使法国决策人士产生了“船厂的冒险失败会给法国带来麻烦”的担忧。日意格据理力争，通过多种渠道阐明与中国进行合作将有助于法国的利益。最终，法国政府同意日意格以官方身份参与福建船政工作，准予派遣技术人员及出口机器设备。

就在方圆数里的马江之滨桩声震耳、船政基础建设如火如荼时，左宗棠接到了转补陕甘总督的圣谕，赴任前，他将其未竟的事业交给了林则徐的女婿，时为江西巡抚的沈葆桢。是年底，左宗棠离开榕城北上履职，日意格、德克碑也取道香港乘船前往法国，为建厂和造船采办机器、雇用技术员工。

在总理船政大臣沈葆桢的苦心经营下，船政事业蒸蒸日上。这当然与船政正监督日意格的全力辅弼分不开。他忠实地履行职责，除了不辞劳苦地屡赴法国及东南亚各国采购机器设备和原材料外，还在建厂和造船事宜方面调度得法，统揽了头绪万端的大小事务。沈葆桢称赞他“常任工所，每日巳、午、未三刻辄到局中与员绅会商，其勤恳已可概见”。

眼见日意格的船政事业风生水起，赫德的态度也起了微妙的变化。他综合“考虑了所有的情况，希望这个计划能顺利进行”。1867年6月27日，他在给福勃士的信中这样写道：

> 日意格聪明能干，中文讲得好。他是法国人，好胜心强，又不看重金钱。德克碑虽不是显贵，却是出身于一个好的法国家庭。他可以为日意格争取到他本人得不到的支持，但从个人上说，他并没有特殊能力。

现在中国就要把舢板船改为轮船,他们必须学习造船和航海技术。而且起步越快越好。日意格的计划很及时,尽管费用很高,但我希望计划成功!

看来赫德并不是言不由衷,他在信的结尾热情洋溢地鼓吹造船的种种好处:

随着造船业的发展,也就需要铁和煤,也就需要开采矿产,也就需要铁路、电报、造币,最后中国就需要对一切进行改革。这样,日意格的计划就是个萌芽,会发芽,结花蕾……

经过三年的努力,这座远东首屈一指的船厂结出了第一颗果实。1869 年 7 月,排水量达 1370 吨的第一号轮船下水。船政大臣沈葆桢亲自命名为“万年清”号(英文译名 Wan Nien Ch'ing),寓意大清江山万年长青。“沈又亲自率厂正监日意格出海试航成功。10 月该轮迳驶天津。清廷总理衙门派三口(津、宁、沪)大臣会同验收”。

沈葆桢向清廷奏报时附呈的“万年清”舆图,现藏中国第一历史档案馆

大清国产第一舰“万年清”号标志着中国制造蒸汽轮船的真正开始，意味着与世界先进造船国家的差距大大缩小。朝廷也没有亏待日意格，他的月薪高达1000两白银，比沈葆桢还多400两！五年合同完成后，日意格更是获得20万法郎的奖金，这在当时可是一笔巨款。正如他给一位朋友信中所说：“我带了一大笔钱回法国。”

据《剑桥中国晚清史》记载，福州船政局每月的经营费用在5万两到8万两之间，其中几十名法国雇员的薪水1.2万两白银属于最大开支，而其他2000名中国工人的工资总额才1万两白银，150名中方管理人员的总薪水额为区区1200两。中国政府可真是下了血本！

除了巨额物质奖励外，日意格先生还因功勋卓著，先后被授提督，赏加一品衔，一等男爵，一等宝星（嵌有宝石金质奖章），当然，还有一件他爱不释身的黄马褂。

8

同文馆的背后推手

1866 年 3 月 7 日，北京。当全部的行李都装上马车时，“喉梗眼湿”的赫德突然意识到，在中国居住 12 年之后，他真的是要回家了。这次省亲很重要，“一是逗留家中，看望衰病的双亲”，再就是完成他的婚姻大事——在家乡有两三个月的时间肯定足以办成此事。婚姻，对 31 岁的总税务司来说，已是一项急不可耐的“私人急务”。

多少个日子，当赫德“反背双手，心事重重，低垂着头，试图为这个国家的利益制订规划时，旁观的人怎么会想到他的心在火上烤，一场针对耽溺女色的持续不断的搏斗正在暗中进行！”

这样的情形，绝不允许继续发生。“觅求一位女朋友，成立一个同他地位相称的家庭，这件事不但投合他的心意，而且也成为人们，甚至是他在总理衙门的同僚对他的期望。”

于是，当赫德一行搭乘“行如飞”号驶离天津港时，就像这艘船的名字一样，他也归心似箭了。

这边赫德近乡情怯，那厢却有人端坐在轮船餐厅里，“急匆匆地拿起刀叉”对着烤鸡拼命乱切，“尽力想吃上一口”。这位年龄正好是赫德一倍的老者不是别人，正是总税务司的中文文案斌椿先生。

作为一名知县级别的文案，斌椿老了老了，却能被大清朝廷看中，在赫德等海关洋员的陪同下，率领自家儿子及张德彝等学生前往欧洲游历，备受礼遇，尽享殊荣。如他自己所述，成为东土西来第一人，一时间风光无二。回国后他将所见西洋景撰成《乘槎笔记》，更是洛阳纸贵。这梦幻般的经历，到底是如何发生的呢？

斌椿（1804—1871）

促成此行的关键先生，当然还得是“我们的赫德”。

一直以来，赫德都力主大清政府向欧洲派遣使臣。“他不论在同总理衙门私下交谈，还是在致总理衙门说帖中，总是反复表示这一看法”。为此，他甚至在 1862 年翻译了惠顿的《万国公法》中关于使节权利的部分，洋洋洒洒共 24 节，提供给清政府参考。接着又在 1865 年亲拟《局外旁观论》，提出派使驻外“于中国大有益处”。赫德认为，通过遣使西方，可以把清政府更加“牢靠地和西方缚在一起”，使它“欲退不能”。但正所谓有心栽花花不发，总理衙门认为遣使一案“非急切能办之事”，迟迟按兵不动。

其实，早在赫德之前，西方世界就在这个问题上屡屡碰壁。

1793 年，英国马戛尔尼使团兴冲冲地向清朝提出了互派常驻使节的请求，被乾隆皇帝以“与天朝体制不合”而断然拒绝，吃了个闭门羹。1816 年，英国人卷土重来，外交大臣罗加士里在给来华的阿美士德使团的训令中再次重申，“就阁下使团所要完成的任务而言，没有任何一件事比在北京设置一名办理英国人民事务的常驻使臣更为重要了”。不曾想，这个使团因为不愿行叩头礼而惨遭驱逐，驻使要求都没来得及提出来。1840 年后，英、法、美等国公使都曾提出派公使驻北京并希望中国遣使驻外,均被驳回。直到 1860 年,清政府被迫签订城下之盟,总算接受了外国公使驻京的要求,却将其视为奇耻大辱。而遣使驻外,却是万万使不得了。

赫德非常清楚,清政府不愿向外派遣使节,最冠冕堂皇的理由无外乎礼节问题。即它一直坚持西方各国公使觐见,要按朝贡国的礼仪行三跪九叩礼。如果中国遣使西方,按照西方礼节行礼,那么西方各国自然会要求以同样的礼节来觐见清帝。这成何体统?但除了这个因素,“问题的核心在于中国的‘体制’观念,它拒绝在外交平等的基础上互换使节”,执着于国际秩序以天朝为中心的臆想。

冰冻三尺,非一日之寒。赫德明白了个中究竟,自然也就打消了一蹴而就的念头,转而求其次——“带几名中国观察者作为一个调查考察的使团前往欧洲,为中国在西方世界设立外交代表团打入一个楔子”。这些人既不组成正式使团,也不担负外交使命,纯粹就是好好地睁大眼睛,走出国门,去看看迥然不同的西方世界。

赫德心目中最适合的“中国观察者”,到底是什么人呢?

1860 年之后,清政府虽然一时接受不了遣使驻外的要求,但对待列强的看法,还是有所改变的。不管它愿不愿意,与外国发生越来越多的接触与交往,已是不争的事实。在外交问题变得越来越突出和重要的前提下,为办理外交事务及洋务而特设的中央机构——总理各国事务衙门,便是这样应运而生的。如果说这多少有些迫于列强的压力,那么次年京师同文馆的建立,则完全是为了培养西方语言人才而采取的一个主动行动。

赫德,在近代史上大名鼎鼎;同文馆,在近代史上鼎鼎大名。一个在海关领域,一个是教育范畴,这两者,这一个人和这一所学校,到底是什么关系?

赫德与同文馆的关系,不是一天两天,几乎可以说是一辈子。

一个洋人,肩负着大清海关总税务司的重担,却与一所学校有着如此深厚的渊源，这到底是为什么呢？

同文馆大门

还是在咸丰十年(1860)签订北京条约时，由于缺乏合格的翻译，只得依靠外国人来充当，以致奕訢被洋翻译忽悠，在中法条约中掺入了不少关于传教士特权的内容，“这使大清帝国处于屈辱的处境”。

吃了这样的大亏，恭亲王及其僚属更加清醒地认识到，“了解外国与外国语言，是和谐的国际关系的基础”，便在1861年1月提议设立总理衙门的奏折里建议，“设立外文学馆，培养熟谙外国语言文字的人才。依照俄罗斯文馆的先例，从八旗子弟中挑选天资聪慧，年龄在十三四岁以下者入馆学习”。清廷很快就予以批准，英国公使馆参赞威妥玛推荐传教士包尔腾担任教习。1862年7月11日，京师同文馆正式开张，15岁的张德彝成为同文馆首届十名英文生中的一员。次年，法文馆和俄文馆同时开学，又各派十名八旗子弟入学。

总理各国事务衙门设在北京东堂子胡同原蒙古族大臣赛尚阿的府第内，正院为衙门大堂，东院即为同文馆。这样的格局，注定了同文馆从老师到学生都备受荣宠，按规定：洋人教习领取高额俸银，学生根据成绩的不同，每月酌给膏火银3两至15两不等。所谓“膏火”，是书院时代的名称，意为灯油费，就是每月发给几两银子，作为奖学津贴，以此鼓励“西学”。

1两白银的购买力，约合现今人民币300元左右。这大笔白花花的银两，都由总理衙门从船钞收入中提取三成支出，换句话说，统统是海关买单。

1861年夏天，赫德第一次到北京时，就从恭亲王那里听说了这所新诞生的学校,并马上被它潜在的能力所打动。不过那时的赫德只是代理总税务司,而学校尚未开学,且海关事务十分繁忙,他意识到自己无法发挥积极作用。

转眼就到了次年秋天,赫德第二次到北京时听说同文馆开学了,他的兴趣也就更大了。“他不须别人提醒,便意识到,如果引导有方,这所学校不仅可以在促进中国和外界的友好关系的发展方面,也可以在同样重要的方面——中国本身的内部发展,起积极的作用”,但是海关事务仍然占用了他的全部时间和精力。

直到恭亲王奕訢召赫德进京并在京定居,“从那时候起,赫德才能够,也的确热情地投身于支持和发展这所新生学校的工作之中”。

彼时,赫德刚刚结束艰辛的巡视,“旅行使他进一步加深原来已有对清政府局限性的深刻认识。虽然像李鸿章和丁日昌这样的地方官员是无可争辩的令人钦佩的人物——坚韧、高明而且洞察力强——他们却始终只是少数。在京城,1865 年 4 月慈禧暂时罢黜奕訢,同年晚些时候指派保守的学者李鸿藻为军机大臣,这标志着慈禧太后政治权力的巩固”。

尽管如此,赫德仍然坚定地认为总理衙门是“中国最重要的机构”,他更加清楚地看到改革的必要。在他的眼中,同文馆就像是一个新生的婴儿,它是“如此孱弱,要使它活着,就不得不施行一种人工呼吸法。正确地估计了它的潜能之后,他(赫德)就把它置于他的保护之下,并且替它的发展订下了远大计划。它在他的照管下是幸运的,因为由于他,它就从一只萤火虫变成一座灯塔”。

开办同文馆的本意是将西学的新芽嫁接到中学的砧木上。但事实上,中学与西学依旧分为两途,“中学唯我独尊,西学被排斥于华夷之辨的文化壁垒之外”。因此,大多数人还是希望遵循旧例,沿着科举体制的阶梯向上攀援。为此,同文馆章程不得不作出妥协规定:“遇乡会试年份,学生有愿应试者,准给一个月假期。”这样,有些同文馆学生便不愿专心攻读西学,特别是那些官宦子弟,拿着学校每月发的薪水,不是遛鸟斗蛐蛐,就是逛八大胡同。而张德彝是出身一般的汉军旗子弟,平时求学刻苦,很快就在学生中脱颖而出。

春去秋来，在1865年这个金色的收获日子，三馆学生迎来了毕业季。大臣们眼见中国近代第一批翻译人才成长起来，由衷喜悦。“于十月十一日至二十一日按馆分日由臣等在大堂会同面试……因洋文非臣等所习，特饬总税务司赫德与各馆外国教习会同阅看，分别名次高下……其翻译各文虽未能通体贯串，亦尚有相符之处，外国语言亦多吻合”。对其中约六人授予八九品官衔，其余记优、记过再留馆学习，劣者退回本旗。

转眼就到了1865年的冬天，赫德拟请假半年，回英国省亲并完婚。他决定利用这个好机会。启程前，他向总理衙门建议：“为了见识见识中国以外的世界，应该指派一名税务司带领一些同文馆的学生和他一道旅行。还有，应该授权让他招聘外国教授到同文馆来教授西方科学。”

赫德心目中最适合的“中国观察者”，正是以张德彝为代表的优秀学生，他是看见时机成熟，才有此动议的。果然，这引起了恭亲王的兴趣。“他认为，这将给中国一个机会，以西方若干时间以来一直在了解中国的同样方式去了解西方。”

更何况，还有海关提供现成的经费来源呢！

1866年2月，总理衙门奏称：“查自各国换约以来，洋人往来中国，于各省一切情况，日臻熟悉，而外国情形，中国未能周知，于办理交涉事件，终虞隔膜。……兹因总税务司赫德来臣衙门，谈及伊现欲乞假回国，如由臣衙门派同文馆学生一二名，随伊前往英国，一览该国风土人情，似亦甚便。”

看来，以奕訢为首的总理衙门大臣早就有组团到国外考察的想法，现如今只是一拍即合而已。只是，这个考察团团长的桂冠，应该戴到谁的头上才合适呢？

这，就不是赫德所能主导的了。

要选拔一名方方面面都称心的人选，还真不是一件容易的事。

首先，根正苗红是必须的。清政府不放心汉族臣民和洋人打交道，在办理外交方面，上至总理衙门的大臣，下至同文馆招收的学生，几乎清一色是旗人。

其次，传统读书人的身份也必不可少。此人应熟读儒家经典，立场坚定，顽固更好，免得被洋人洗脑同化。

再次，拥有不大不小的官衔。这一点很有讲究。派出朝廷命官，可以体现出清政府的重视，但官职也不能太大，这样，万一此访被怠慢，就有了转圜余地，不会伤及大清体面。

按理说符合上述条件的也不在少数，但第一次派遣考察团，负责这次游历的人，怎么也得是亲王信得过的人。当然，身边的人更好。如此一来，那范围也就大大缩小。亲王的视线，也就聚焦在"一个和蔼可亲，颇具诗才的满人"身上。

这个满人，就是山西襄陵县前任知县斌椿，系内务府正白旗汉军善禄官领下人。1864 年 5 月间，经人介绍，已经赋闲在家的他担任总税务司华员文案一职。因"办事敏捷，有才干"，赫德可以在他的帮助下毫不费力地拟写中文草稿，或许是甚为满意，赫德在日记中亲切地称其为"斌老爷"。

斌椿什么都符合要求，只是岁数太大，以 62 岁高龄远赴重洋，未免让人诟病。这可难不倒恭亲王，但凡入了他的法眼，焉有办不成之理？我们不妨拜读一下他给朝廷奏章里的措辞，"惟该学生等皆在弱冠之年，必须有老成可靠之人，率同前去，庶沿途可资照料。而行抵该国之后，得其指示，亦不致因少不更事，贻笑外邦"。经此生花妙笔，斌椿的年龄反倒成了优势！由他带领前往，这样就"不稍涉张皇，似乎流弊尚少"。

还有一点也很关键。"由于他(斌椿)的举止给人留下良好的印象"，赫德虽然没想到恭亲王会将团长桂冠戴到自己身边的文案头上，但仔细琢磨，也不是没有道理，于是对亲王的提名"当即表示同意，一下子事情就实际上定下来了。只有细节有待安排"。

就这样，被后世史家称为"斌椿使团"的近代中国第一个官方海外观光团，在北京料峭的春寒里出发了。张德彝做梦也不会想到，经过 1865 年大考，仅仅半年之后，他就幸运地和这次大考的阅卷老师赫德一起，同船前往欧洲游历，自此开启了他梦幻般的外交生涯。更幸运的是,出发之前"为壮观瞻",朝廷赏给斌椿三品衔,同文馆生赏六七品顶戴。如此,寸功未立的张德彝又进步了。

斌椿使团肩负的使命不吝是一桩美差,即:"沿途留心,将该国一切山川形势,风土人情随时记载,带回中国,以资印证。"这个"事实上是作为总税务司赫德的附属",并由海关出资的七人团组(不包括仆役),不可避免地深深烙上了海关的印迹:

团长斌椿及其子广英,均为来自赫德公事房的秘书性质的助手;"三名语言学生来自海关支持的学校";"英国人包腊和法国人德善从海关人员中挑选出来,充任翻译和旅行的总管"。尤其是包腊先生,实在是当时海关总署最能干的税务司。

这个与张德彝年纪相仿,家庭境况和教育背景都颇为相似的英国小伙子,踏上中国土地实属偶然。那是 1862 年,他在伦敦一位朋友家举行的晚宴上偶然结识了时任大清海关总税务司的李泰国,于是被招聘为中国海关洋员,来到他既陌生又向往的东方世界。及至赫德上位后,十分看重海关洋员的中文素质,包腊正是经过刻苦训练,掌握了汉语官话和书面语,成为海关少数几个"能华言"的洋员,才得到赏识被擢升为粤海关代理税务司的。如果我们没有猜错,包腊先生一定是以总税务司为偶像,坚定地认为海关事业大有作为,否则他不会在日记里写下"(中国海关)比阴晴不定、祸福旦夕的欧洲公司更能指引我的前进方向!"

在花都巴黎,19 岁的张德彝有幸目睹了这样一种神奇的物件,"将是物冠于龙阳之首,以免染疾。牝牡相合,不容一间"。作为一名勤于思考的同文馆学子,小张在质疑其"虽云却病,总不如赤身之为快也"的同时,小心翼翼地将其命名为"肾衣"。

这样雅致的称谓,较之后世通俗的学名——避孕套,文化底蕴不可同日而语。

有理由相信张德彝只是纸上谈兵,他不会也没有机会尝试这一新鲜洋玩意儿,在斌椿团长的严格调教和指导下,他除了认识到肾衣可以"却病",还可避孕。年轻的学子再次开动脑筋，运用儒家思想进行抨击："其法固妙矣，而孟子云：不孝有三，无后为大。惜此等人未之闻也。要之倡兴此法，使人斩嗣，其人也罪不容诛矣！"

斩嗣者，断子绝孙也！正是因为自觉维护纲常，凡事认真钻研，张德彝以后仕途坦荡，不仅被清政府先后派驻英、比、意任公使，还一度成为"帝师"——光绪皇帝的英语老师。

对一个来自"大城市"铁岭的贫寒旗人子弟来说，这样的修为，足以光宗耀祖，他最应该感恩的，当然是此行的推手赫德先生。只是，他哪里知道，正在家中的总税务司早将斌椿使团抛在脑后，"他的心神全凝聚于他的家庭和很快就成为他的未婚妻的那个年轻女子身上"。

海丝特·简·布莱顿也是 19 岁，比照片上还要来得漂亮。

在离开中国之前，当赫德还在上海时，他就从他的姑妈那儿得到了布莱顿小姐的玉照。"显然，他的姑妈们是在为她们家庭中这个出色的有资格的单身汉做媒。"

赫德一见倾心，他这样评价道："要不是我请假回家，使我有机会亲自选择的话，我会很愿意回寄我的照片，以完成这桩'安排的'。"

安顿好斌椿使团的行程后，赫德终于回到阔别多年的家，也如愿登门拜访了布莱顿府上。人如其照，还是在屋前经过，纵然是惊鸿一瞥，赫德就"迷上了窗口露出的那个脸庞"。说来还真有缘分，她那刚刚过世不久的父亲，正是 31 年前亲自为赫德接生的医生！

从下午 3 点 10 分坐到 5 点半，赫德已经"十分喜欢布小姐"。无疑，这对年轻人除了门当户对，彼此也有若干共同的地方。尤其对赫德来说，布小姐"具有他到处没有找到的美德"，符合维多利亚式夫人的一应条件，如此，他在短得令人吃惊的时间里便和他的姑妈们取得一致的意见，也就不足为奇了。

而对布莱顿这个"对北爱尔兰感到乏味"的少女而言，"赫德是以一个在遥远的充满冒险性的鲜为人知的中国飞黄腾达的本地青年，在当地备受人们注意"，他代表着一种"引起她激动的机会"，可以帮助她打开通往世界的大门。

当1866年的夏天来到，赫德终于可以从过去几个月“连接不断的兴奋漩涡之中”自拔，将重心转移到他的另一个情人——“中国海关”身上。

7月15日，即将成婚的总税务司在家中这样写下他的工作备忘录：

1. 由中国政府派遣官员去欧洲……2. 让欧洲各国政府接受这些官员；3. 促使欧洲人对中国人感到满意；4. 使中国官员带着对外国的愉快回忆离开……5. 使斌椿一回到中国，就出任堂官，即外务部长……6. 使清政府在他的帮助下善待西方若干技艺和科学；7. 劝导中国遣派大使出国；8. 在中国同其他各国之间建立切合实际的基于理性的友谊。

在未来的日子里，除了第5点以外，赫德的所有愿望都一一兑现。这其中，他孜孜以求的“遣使西方”，还要等上漫长的11年。

赫德与夫人合影

接下来，赫德回到伦敦，依靠金登干做了一连串有关海关的事情。这个曾经的李泰国秘书，即将去中国担任赫德的秘书。事实证明，这是原总税务司“馈赠”给后任的唯一宝贝，在以后漫长的日子里，金登干作为赫德的得力下属，立功无数。

8月4日，赫德偕金登干前往巴黎，

与想到同文馆供职的人面谈，“他正在坚持扩充同文馆，作为他的促进‘国际化’努力的一个部分”。

22日，赫德和他的新娘在都柏林举行了婚礼，蜜月未满，便携夫人返回中国，同行的除了金登干秘书，还有为同文馆聘请的五个欧洲教习。

这些总税务司千里迢迢招回的洋教习，自然受到奕訢的高度重视，亲王奏请开设天文历算等自然科学课程，信心满满地想把同文馆办成一所近代综合性大学。

事实上，由于缺乏合格的领导人，以及顽固派的抵触，同文馆随时可能触礁。而赫德也根本不可能抽出必要的时间，为学校提供足够的管理措施。于是，任命一个合格的、负责任的总教习来管理和协调，便显得尤为重要。“赫德相信，丁韪良博士正是这个职务的合适人选”。

丁韪良

美国人丁韪良比任何人都更了解这所学校的需要和能力。他以充沛的精力投身于校务，先后设置了八门课程，包括一种西文及数学、物理、化学、地理、国际法和政治经济学,后又开设了解剖学和生理学。在他的悉心关注下,同文馆稳步发展,学生高达百人。但这个谦虚的总教习却将功劳归给赏识他的赫德。据丁韪良回忆,1869 年 9 月赫德要丁出来主持馆务,“他决计每年从海关方面拨给我一笔整款,以供学院之用。当时我就答道:‘擦擦灯台,我是愿意的,但是你得供给灯油。’他答允了。自此二十五年间,践行约言,未尝或渝”。

终于,在十年后,同文馆进入了“相对繁荣的阶段”,学生人数大幅增加,素质显著提高,添设了德文馆、化学馆、天文馆,除学习外语,还要兼学数学、物理、化学、天文、航海测算、万国公法、政治学、世界历史、世界地理、译书等课。这一变革使同文馆由先前单纯的外语学校,变成以外语为主、兼学多门西学的综合性学校,成为有别于中国传统旧式学堂而具有近代学校特点的新式学堂。

同文馆学生学习西文

直到1894年,丁韪良在擦了整整25年灯台后,才由于健康原因离馆辞职,而践行了25年诺言的总税务司,令丁博士无限感慨,“就同文馆说来,赫德是父亲,我只是一个看妈(保姆)而已”。

在这十年“逐步但是彻底的改造”阶段,赫德与其说是一个“父亲”,不如说是扮演了一个“教父”的角色,他插手同文馆事务更深,特别是对于聘请洋教习一项,更是事必躬亲。当时所有海关人员都由赫德任免,而洋员刚到中国,不懂汉语则暂时不能在海关任职,于是都被派到同文馆充当教习,名义上是去教洋文,同时也学习了汉语,一举两得,学成后再派往各口海关,这几乎成了定例。于是同文馆的师资就形成了这样一道特殊的景致——“旧教习离开时,对于后任不许推荐,由外国新到人员,亦不许直接来谋教习之职,必须由总税务司推荐,所以每逢一位教习离职,总理衙门就得通知总税务司,请其介绍新人,倘其时恰巧没有由外国新到之人,则馆中就得等几天,不过时期也不会太久就是了。”

1902年,同文馆终于具备了升为大学的条件,归并入京师大学堂。也就在这一年,张德彝达到了他外交生涯的顶峰——出任驻英公使。一直关注着小张成长的“父亲”赫德,在前一年的10月18日便得到了消息,他在给金登干的信中写道:“(驻英公使)罗丰禄的继任人可能是德彝——现在人称张大人——他在1866年曾随我赴欧洲。他在此并非‘权臣’,但他为人和善,这对同文馆来说,将具有奖赏之意,我为之高兴!”

……

9

“马厘亚老士”号事件

莫应[1]已是了无生趣。饱受苛残的他，“自思忍苦而生，不如赴海而死”。只是，他没有想到，他的这一跳不仅没死成，还让一桩悲惨事件浮出海面，迅速成为公众关注的焦点。

那是1872年“六月望后，有帆船名马厘亚老士飞由澳门而来，因风寄泊横滨。初云装货往金山，而人未之察也，不知实为贩卖人口，将以去卑鲁国者。船中备载猪仔客二百三十余人”。

卑鲁国就是今天的秘鲁。这艘从澳门驶来的“马厘亚老士”号商船（Marialuz，又称“玛丽·罗兹”号——笔者注），为什么要把这200多名乘客贩卖到秘鲁？这些被拐的乘客何许人也？他们为什么要被称为“猪仔”呢？

原来，他们都是被贩卖出洋的“华工”。这种臭名昭著的交易，早在鸦片战争之前便已开始。道光十九年（1839），林则徐奏称总理衙门：“十余年前（即1820年）连值荒年，出洋者数以千计。当其在船之时，皆以木盆盛饭，呼此等搭船者一同就食。其呼声与内地呼猪相似，故人目此船为买猪仔。”鸦片战争后，贩卖活动更加猖獗。

① 莫应确有其人，只不过，这个不堪受辱跳水自杀被救起的华工，在日本文献里，有的记其姓名为“木庆”，有的记为“穆宾”，藏于日本内阁文库（今为国立公文书馆）的旅日华侨谭禹所作《夜半钟声》里有明确记载，该华工为“莫应”，日本文献仅据读音附会因而致误。

大量华工被贩卖到南北美洲、南洋、大洋洲与太平洋诸岛、非洲等地做苦力。清廷外务部嘉庆至同治年代档案中，有一份来自澳门的报告，详细说明了拐卖“猪仔”出洋情形。

秘鲁、古巴等洋人一到中国招工，即与猪仔头订立合同，指定每只船装多少名，限期开船，要求如数收足。因此猪仔头从订合同起，就开始千方百计四处找人，坑蒙拐骗，说出洋做工除供给衣食外，还有工资，期满后还有船送回国。乡民谋生艰难，天性单纯，往往信以为真。及至被骗到澳门等地后便被关进猪仔馆失去自由，不愿出洋者，就被严刑拷打，只能勉强顺从。到了 1870 年前后，澳门已发展到拥有 300 个猪仔馆的空前盛况。

莫应之所以成为“猪仔”，就是因为“在澳门遇友荐作水手，开行之后既遭禁锢”的。“马厘亚老士”号的目的地，是秘鲁鸟粪岛，那里亟需大量的廉价劳力。船主对待莫应们“惨酷异常，居心甚于豺狼，待人过于牛马。饥不与饱食，渴不得多饮，又用横铁锁人之足，每贯四人，共为一排，使坐不能安，寝不能寐，遇有呼号，即剪其辫发”。莫应落到这步田地，就像他的名字一样，叫天天莫应了。

与其在“浮动地狱”熬煎，最终成为“海岛死鬼”，不如现在就一了百了。商船临时停靠日本横滨港避风时，莫应乘人不备，“星夜投于江中。适当其时，有英国兵船名埃仁雕者(英舰 Iron Duke 的译音，又译为‘铁公爵’——笔者注)，相踰不远，见其浮沉逐浪扑水，救而出之，送交日本官宪”。不几日，又有“猪仔”效仿莫应，终于事发。英国驻日本临时代理公使“洞悉被拐情状。次日亲往该船查看，果见羁囚垒垒，不觉肺腑恻然，立委英国领事，报知日本官宪，协同提其船主到案”。

当时秘鲁和日本没有外交关系，也就没有治外法权。英国“希望日本政府不要支持‘玛丽・罗兹’号所从事的这种肮脏贸易”，秉公审理。当地华人专门延请英国名律师代为诉讼。最终，“日本官宪即遵万国公法之条，断令工人一概放释，将二百余人尽由火轮船载往上海，分发回籍”。

审理结束后，秘鲁甚至扬言要对日本宣战，只不过慑于英国警告而作罢。“马厘亚老士”号事件在历史上虽以外交事件而闻名，但它也像打开的潘多拉盒盖，将“苦力们在征募和运送过程所受的苦难与他们到达目的地后所受的虐待”大白于天下，公众的良心因此深感不安！

这桩悲惨事件当然也深深震撼到总税务司，其实早在19世纪60年代，尤其是当上大清国海关首长后，赫德就已经将注意力集中到罪恶的苦力贸易上。

对于一向执行闭关锁国政策的大清政府来说，到底是如何看待华工出洋的呢？早在清初，满洲贵族问鼎中原后便厉行海禁，将沿海居民内迁十里，“无许片帆入海”，严禁臣民出洋。对私自出海而返回者皆处以死刑，对外出不归者永远禁止回国。鸦片战争爆发后，国门洞开，中外事务往来日益频繁，一向谨遵祖训的清政府在西方坚船利炮的冲击下开始动摇，继两广总督劳崇光同意英国在广州设立招工公所，实现区域合法化后，1860年中英、中法《北京条约》的有关条款，又使苦力贸易在全国范围内合法化。

华工出洋合法化后，各国人贩子和中国不法之徒仍然相互勾结，诱骗拐卖华工出洋，英、法等国在广州的招工公所甚至为澳门“猪仔”馆输送苦力。劳崇光在咸丰九年(1859)年底将18名拐匪处以极刑，仍难以抑制拐卖之风。1864年9月，总理衙门要求赫德乘赴广州之便，酌拟章程。12月12日，“经过令人难受的艰巨然而迅速的旅程之后”，赫德抵达广州。不久，便将所拟《通商各口招工章程》十七款呈两广总督毛鸿宾、广州巡抚郭嵩焘查核。毛会同郭及粤海关监督往返咨商，加以修改，制订《通商各口招工章程》共十九款，札行英、法两国驻广州领事。但英、法两国领事以难以决定，须请示驻京公使相推托。总理衙门经与英国驻华公使威妥玛、法国驻华代办伯洛内商议，订立《续订招工章程条约》二十二款，并于次年将该条约通知各国使节。正式宣布废除移民出洋禁例；重申严禁拐卖人口，违者处死；规定由中外联合监督；华工签约出洋做工年限为五年；每七日必休息一日，每日工作不得超过九时两刻钟；契约期满，华工回国，由雇主付船资，等等。

不知为什么，赫德在章程里所建议的“中国应时常派出官员检查华工的状况”一节未被采纳。这，或许和大清仍然固守着天朝上国的高傲，谴责和禁止移民出国的一贯态度有关。尽管现在海禁松弛，清廷仍然认为出洋的国人为“天朝弃民”，没有资格享受政府的保护。更何况它还一面要负担战争赔款，一面要腾出手来对付长毛发逆。外患内忧之下，自顾尚且不暇，对那些出洋“化外之民”的利益和安全，自然也就以漠然的态度，任其自生自灭了。

现在“马厘亚老士”号事件遽然爆发，清政府想继续“事不关己高高挂起”似乎已不太可能。还是在案件审理期间，日本领事就发出照会，“询明中国官如何办理”，这就逼得清政府非得为他的子民讨回一点公道不可。“若竟诸不理，非但难对被拐之二百余人，恐后来拐卖人口者更多，且更为各国看轻，必且讪笑。”平心而论，总理衙门在案发后从派员交涉干预到领回劳工遣散，表现尚属积极，加上赫德不失时机的循循善诱以及国内有识之士的多方呼吁，清政府终于明白，保护海外华工不但能使“在水火十数万华人将死而得生”，而且对于维护国内社会安定，弥补财政开支不足，以及维护大国体面以利外交，都有着极为重要的意义。

“马厘亚老士”号上 200 多名出洋未遂的“猪仔”回家了，但千千万万的出洋“猪仔”呢，他们还能熬到重返家乡的那一天吗？

到了 1873 年，情况更加糟糕，海外华工受虐情形不断曝光，尤以古巴为甚。9 月 21 日，恭亲王奕訢上奏朝廷，拟派员前往古巴将实情调查清楚，建议派刑部主

陈兰彬(1816—1895)

事、留美学生监督陈兰彬前往。之所以委陈兰彬为古巴专使,是因为他正好身在美国,而古巴离美国佛罗里达半岛仅200多公里。

三年前的同治九年(1870),容闳见时机成熟,提议派学生官费赴美留学。曾国藩与李鸿章商议后奏报清廷获准,陈兰彬因“久历洋务,注重实事,实为一较开明的洋务干吏”,被曾国藩推荐任命为留美学生委员,会同副委员容闳制定了《挑选幼童前赴泰西肄业章程》十二条,开始在沪、粤、港三地陆续选派幼童。1872年8月,朝廷任陈兰彬为留美学生监督、容闳为副监督,率领第一批学童30人从上海出发,经过30天的航行,跨海三万两千里,横渡太平洋自旧金山上岸,开创了“中华创始之举,古今未有之事”。

虽说举凡西半球的外交事务,都属陈兰彬的业务范畴,但怎么能少得了海关洋员的襄助呢?就像所谓“官费幼童赴美留学”,其实还是赫德买单,“经费由江海关洋税项下指拨”。

如此,朝廷“饬总税务司赫德遴派江汉关税务司英国人马福臣、天津关税务司法国人吴秉文,随同该员(陈兰彬)前往,既不至有人地生疏之虑,且将来如查出该处华工实有受虐情形,亦属共见共闻”。亲王如此安排,可谓用心良苦,既考虑到马、吴二人在中国海关任职多年,相对同情中国;又考虑到他们洋人的身份,其中吴秉文还是赫德的妹夫,能为该调查团树立一个公正的形象,有助于调查结果获得国际公认。

其实就算不用出国调查,赫德也清楚华工受虐情形有多糟糕。也是在同治九年,总税务司发布当年的第19号通令,要求各地海关自1871年起,每半年提交一份医务报告,对海关所在口岸中国人和外国人的各种主要疾病发生情况进行情报收集，对当地医疗条件、医生状况进行调查，最后由海关造册处汇集出版。从各地税务司的汇报情况来看，那些囤积“出洋猪仔”的地方，往往就是当地瘟疫等流行病的发源地！还没离开祖国呢，条件便如此恶劣，漂洋过海后，境况可想而知。

1874年2月12日，身负重任的吴秉文札行津海关道，将一干公务交给津海关帮办打理，自己远赴重洋，与在美国的陈兰彬会合，于3月17日抵达古巴夏湾拿城（即哈瓦那——笔者注），会见古巴当局官员及各国领事后，与先期到达的马福臣一起，连续一个多月马不停蹄地巡视了华工集中的古巴各个城镇。调查团除沿途随时查访外，还查看各处工所、卖人行、制糖厂和官方监狱，亲自讯问华工。行前，由总税务司赫德代为设计了需要了解的内容共51项，都在实地调查中一一得到考察。

陈兰彬在海关洋员的陪同下赴古巴实地调查，共收集到“口供”（证词）1176份和1665人签名的“口禀帖”（诉状）85份。华工境遇之悲惨，令他深感耻辱和愤懑，在撰写古巴华工调查报告期间，他写下了这样一首让人泪奔的诗：

肉破皮穿日夜忙，
并无餐饭到饥肠。
剩将死后残骸骨，
还要烧灰炼白糖。

1874年10月20日，调查团正式向总理衙门详细呈报了调查经过。

司员兰彬同税司福成（即税务司马福臣——笔者注）、秉文等面加讯问，据各华工供禀，系由中国被拐骗来者居十之八，船上数月打伤、自尽、死亡已不止十分之一。迨装到夏湾拿发卖为奴，其买在人家铺店者无几，业经受虐。至卖入糖寮者，人数较众，尤为凌虐不堪，其工夫过重，其饮食过薄，其作工时刻过多，其被棍撞、鞭拷、锁闸等诸般荼毒又最甚，递年各处打死、伤死、缢死、刎死、服毒死、投水死、投糖锅死者累累不绝……

这发生在 140 年前的眼花缭乱、形形色色的死法，倒也让今人开了眼界。

11 月，陈兰彬一行回到北京，随同总理衙门大臣等，“与各国驻京使臣议论华工在洋情形，深资佐证”。正是“有此详细供词以为依据”，使总理衙门得以有理有据地与西班牙（古巴为其殖民地）及各国使臣展开谈判，并处于主动地位。中方主张，“总须将现住古巴之华工，分别陆续送回，以后再往古巴之华工，与各国洋人住彼处者一律保护，不得再有凌虐情事”。

三年后，西班牙最终妥协，与清政府签订了《会订古巴华工条款》十六条，明文废止契约工制。规定出国华人是“情愿而往，自由往来”的移民，享有与其他大国同等待遇，绝不能用强制和骗诱方法来对待。条款中特别为“出洋猪仔”们指明了回乡的路：现有华工之有身份者、合同期满者、年老体衰者、孤寡妇女，如自愿出岛回国，“由日国（日斯巴尼亚，即西班牙——笔者注）自出船资，载回中国”。

十六条实乃史无前例的外交胜利，标志着大清的海外华工政策呈现了新转机。“自此以后，西方侵略者在华南猖獗达二三十年之久的苦力贸易始逐渐敛迹。”

IO

世博会上的新面孔

“马厘亚老士”号事件还有一个谁都未曾想到的副作用，那就是“偶然为中日建立外交关系铺平了道路”。这离赫德促使朝廷在欧洲设立外交部尚有很大一段距离，但几乎就在事件发生的同时，一件可以推动大清国到世界舞台上亮相的任务，又责无旁贷地落在了赫德的身上。

原来，早在20年前，第一次世界博览会就在赫德的家乡——英国伦敦举办了。自此，作为一个神秘的东方大国，清政府便经常会收到各式各样博览会的邀请，但晚清国人对海外事务知之甚少，有机会出洋游历者更是凤毛麟角。虽然在列强“坚船利炮”的淫威下，“天朝大国”已从唯我独尊的迷梦中逐渐苏醒，但面对世界博览会这一新鲜玩意，还是既感到迷茫，也没有参与的热情。

负责中西事务的总理衙门对此总是一推了之。就像其掌门人恭亲王奕訢对赫德西装的态度，虽也有些稀罕，摸摸可以，却绝不会套在身上。

赫德自有办法，他不厌其烦地对亲王开展思想工作，“各国举办博览会的目的，无非是汇聚本国及各国的新奇发明和商品，中国如能参加，不仅能促进贸易和交流，还能提高国际地位”。

絮叨久了，亲王自然也就动了心。

适逢奥匈帝国邀请参加维也纳博览会，朝廷虽说同意开了口子，但“由于外国和中国的私人企业对参加的邀请热情很低，到了 1872 年中期，情况的发展已清楚地表明，除非建立一个专门的机构负责计划、监督和推动参展工作，否则维也纳博览会的中国展品既不会有代表性，也不能令人信服”。

当此其时，当然又是赫德扮演了“关键先生”。

总理衙门于是发布札文，“因海关掌握商品情况，又有专业验货人员，易于进行展品的征集”，授权赫德统管筹办参展事务，“迅速妥善处理”。

得到尚方宝剑后，抽调精干海关洋员，迅速建立起一个筹办世博会的专职机构，便成为当务之急。

那么，派谁来负责这次意义重大的“处女秀”呢？赫德的视线，投向了此时正在家乡英国休假养病的包腊。他担任斌椿使团秘书时的出色表现，让总税务司印象深刻。

包腊自圆满完成“伴游”任务后，回到粤海关任上担任署理税务司。而粤海关原署理税务司布朗转任黄埔关税务司。黄埔关为粤海关下属分关，同为税务司，待遇天差地别。那布朗在海关中是老资格，曾代理多个口岸的税务司，原想怎么样也得咬咬牙将署理熬成实授，谁想半路杀出个程咬金，年纪又轻资历又浅的包腊居然取代了自己，凭什么?！布朗思前想后，怎么也咽不下这口气，于是就找个茬动手打了包腊，出于自卫，包腊当然也还了手。在办公场所动手，这还了得？粤海关斗殴事件成为年度一大丑闻。赫德忍无可忍，宣布解雇布朗，但考虑到他办事尚可，只是囿于文化水平不高才提拔无门，仍在海关为他留有职位。至于包腊，虽不是先动手，也有过错。年轻人嘛，以鼓励为主，免于处理，以观后效。

如此，包腊自是感恩戴德，等到赫德任命他担任维也纳世博会负责人，他更是觉得报答知遇之恩的好机会到了。

作为总负责，他在赫德的指导下，率领另外四名海关税务司，花费数月时间，全身心投入展品收集、分类、整理、造册、包装、运输、布展等各个环节。事无巨细，事必躬亲，力求做到尽善尽美，希望让西方国家对中国有一个全面、深入而美好的认识。包腊甄选的世博会展品种类繁多，共分四大类：进口物品、出口物品、沿海贸易商品以及土特产品。从满洲兵服到绫罗绸缎，从古代陶瓷到传统家具，从木雕麝香到烟花炮竹，可谓丰富多彩，当然还少不了“驰名中外的13种茶叶以及5种不同风格的纸扇”。

包腊“以带病之身，在欧洲中国之间奔波，尤其是在中国长江和沿海之间不同口岸选择参展用品”，这些繁重而又精细的筹展工作可把他给累坏了。到了展会期间，包腊还有更多的事要做，“接待各国政要和宾客，举办盛大音乐会，竭力宣传中国产品和文化”，他的努力没有白费，中国馆的观众盛况空前，欧洲各国王公贵族、政府高官络绎不绝，连“铁血宰相”俾斯麦都慕名前来。他们被中国展品深深吸引，对中国文化交口称赞，感受到中国人的“心术灵敏”，更有甚者，英国媒体展开了中国参加世博会重大意义的讨论。

赫德没有走眼，包腊的卖力表现，让中国第一次登上世博舞台便演出很成功。为了表彰包腊的贡献，奥匈帝国皇帝亲自为他颁发了一枚“铁王冠荣誉勋章”。

平心而论，尽管维也纳世博会上不乏有中国馆这样的亮点，但总体而言这是一届命运多舛的博览会。还在筹备期，多瑙河就突发洪水，直接影响了工程建设。1872年，各项准备正紧锣密鼓地进行中，维也纳又爆发了一场流行性霍乱，吓跑了许多准备前来的参观者。世博会期间，霍乱再次爆发，尽管政府及时采取了措施，控制了蔓延，但世博会的到场人数大打折扣。

祸不单行，金融危机又不请自来。纽约证券交易所在1872年9月20日当天停止交易，银行业务随之受阻。六个月后，维也纳交易所也遭受重挫，许多奥地利银行、股票交易所、大小企业被迫关闭，直接影响着世博会的运行。

这样的霉运，似乎也传染到了包腊身上。博览会结束后，包腊本来就带病的身体更是不堪重负，病势陡然加重，终因风湿性心脏病不幸于1874年10月13日去世,终年仅33岁。

包腊去世后,清政府感念他的优异业绩,除了海关正常的抚恤外,另外优恤2000英镑,作为其遗孀和遗孤的生活保障。包腊长子保罗17岁时,赫德优先安排他进入海关工作。那保罗倒也争气,勤奋努力不亚于乃父,到了民国时期升迁至海关总署总务科长,多次代理总税务司职务,也算成就了包腊未竟的事业。

时至今日,1873年维也纳世博会的主题早被人们遗忘,只有那首始于世博会的名曲——《蓝色多瑙河》,历经百余年流转,仍在人世间传唱。作为一个中国人,似乎还应该记住包腊这个名字——你可以不清楚原来是他翻译了《红楼梦》前八回,但你应该知道,在为中国第一次走上世博舞台而奔走的洋员中,有一个付出了生命代价的英国税务司。

开了维也纳世博会这个先例以后,世博会大家庭又多了一张新面孔。自此,一届接着一届,面对各种名目种类繁多的博览会邀请,清政府只得还是全权委托海关去办。赫德便索性将代表大清赴会办展一事当成了自留地。据统计,从19世纪70年代至20世纪初,他领导下的海关洋员承办并代表中国参加海外博览会共计28次之多!在清廷档案里,博览会之称谓有"赛会"、"万国赛奇会"、"赛珍会"、"炫奇会"等,因此,有人戏称此乃"赫德之赛会"。姑且先不论赫德动机如何,其时饱受西方列强欺凌的中国,能通过海关这个媒介走向世界、了解世界,并且在世界博览会这个奇妙的舞台上收获鲜花和掌声,也属幸事一桩。

清光绪二年(1876),美国为纪念独立战争100周年,举办了该国历史上第一次世界博览会,会址便是《独立宣言》的签署地费城。早在1873年,美国总统便广撒英雄帖,盛邀世界各国参会,广致天下物产相互比赛,名曰"百年大会"或"赛奇公会"。清政府收到邀请照会后便循例交给了海关办理。

费城世博会于当年5月10日开幕，历时半载，参观者络绎不绝，超过了千万人次。这届世博会共37个参展国，只有不到一半的国家建有自己的展馆。中国囿于人力物力，这一次没有建造独立的中国馆，只是在主办国的主展厅中拥有一个“大清国”展区。

> 中国展馆占地面积八千正方尺，左邻智利、秘鲁，右邻日本、埃及、土耳其，对面为意大利、挪威、瑞典等国，面北制大牌楼一座，上面大书“大清国”三字，横额为“物华天宝”，对联是“集十八省大观，天工巧夺；庆一百年盛会，友谊斯敦”。展柜为庙宇式，涂金彩，镶大块玻璃，展品有绸缎、雕刻、玩物、银器、景泰窑器、漆器、丝、茶、六谷、药材等……全系清国传统之物，为各国游览者前所未见，每日观摩者甚众。

这些展品倒也和维也纳世博会大同小异，唯一不同的是这届世博会的中国代表团里出现了华人的身影，他就是34岁的李圭。

由于美国政府特别看重亚洲太平洋市场，盛邀中国政府派团参会。中国正值洋务运动蓬勃开展，与世界各国的交往日益增多，因此总理衙门决定派遣一个规模较大的团组，其成员不仅有海关外籍人员：东海关税务司德璀琳、闽海关税务司杜德维、粤海关税务司赫政、津海关前税务司吴秉文等，还第一次派出了中国人，只不过仍在海关系统任职，即宁波海关的文牍李圭。此外值得一提的是，赫政为赫德的胞弟，九年前进入中国海关任职。在任现职前，赫德让他走马灯似地先后在牛庄、天津、烟台、汉口、上海、福州海关任职，着意培养，以便为日后重用打下基础，可谓用心良苦。

李圭是在德璀琳的举荐下，作为秘书随中国参展团来到费城的。清一色的洋员队伍里，总算有了一个中国人，虽然只是一个小角色，但毕竟这是中国人第一次正式踏足世界博览会。在费城的展馆里，这个海关秘书面对轰鸣的机械和精巧的发明目瞪口呆,但一群来自哈佛的少年看客却让他喜出望外。

这些中国少年,便是著名的留美幼童。他们"由美国女教师携行",躬逢其盛。据说他们刚到美国时,一身中国打扮:瓜皮帽,蓝缎褂,崭新的黑布鞋,油亮的黑大辫。一上街,就会有一群美国小孩跟在后面起哄:"中国女孩!"让这些中国幼童臊红了小脸。那么,随着时间的推移,现在又是怎样的情况呢?

只见他们"装束若西人,而外罩短褂。于千万人中言动自如,无畏怯态,英语精熟,言谈彬彬有礼,举止颇为洋派"。

李圭见到少年同胞,连忙嘘寒问暖。

问:办此盛会有益否?

答:集大地之物,任人观览,增长识见;其新器善法,可仿而行之,又能联各国交谊,益处盛大。

问:何物最佳?

答:外国印字法和中国牙雕器。

又问:想家否?

答:想也无益,惟有一意攻书,回家终有日。

稚气少年们的回答多么老成而又富有见地,远远超越了其时国人的思想境界。这其中,便有14岁的少年唐绍仪,他是在1874年有幸成为第三批留美幼童的。有谁知道这个靠海关经费资助,在"赫德之赛会"上东张西望的少年,30年后居然会成为赫德最为恐惧的对手!

美国人民对东方事物表现出了极大的热情。他们对"衣冠整肃,动止有常"的中国少年,"无不以得一见,交一言为幸",对中国的参展物品更是惊叹不已,"知华人之心思灵敏,甚有过于西人矣"。美国总统格兰特专门接见了李圭和中国少年留学生,慰勉有加。

回国后，李圭写了《环游地球新录》一书，第一卷《美会纪略》翔实地描绘了一名中国人眼中的费城世博会。李圭的费城故事，成为中国人“睁眼看世界”浪潮中一个重要的历史事件，在国内知识分子界引起巨大反响。其后调任津海关税务司的德璀琳不仅张罗着由海关刊印李圭的游记和报告，还亲笔致函海关造册处，要求刊印李鸿章的序文，并“与(李圭)报告的第一卷装订在一起”。

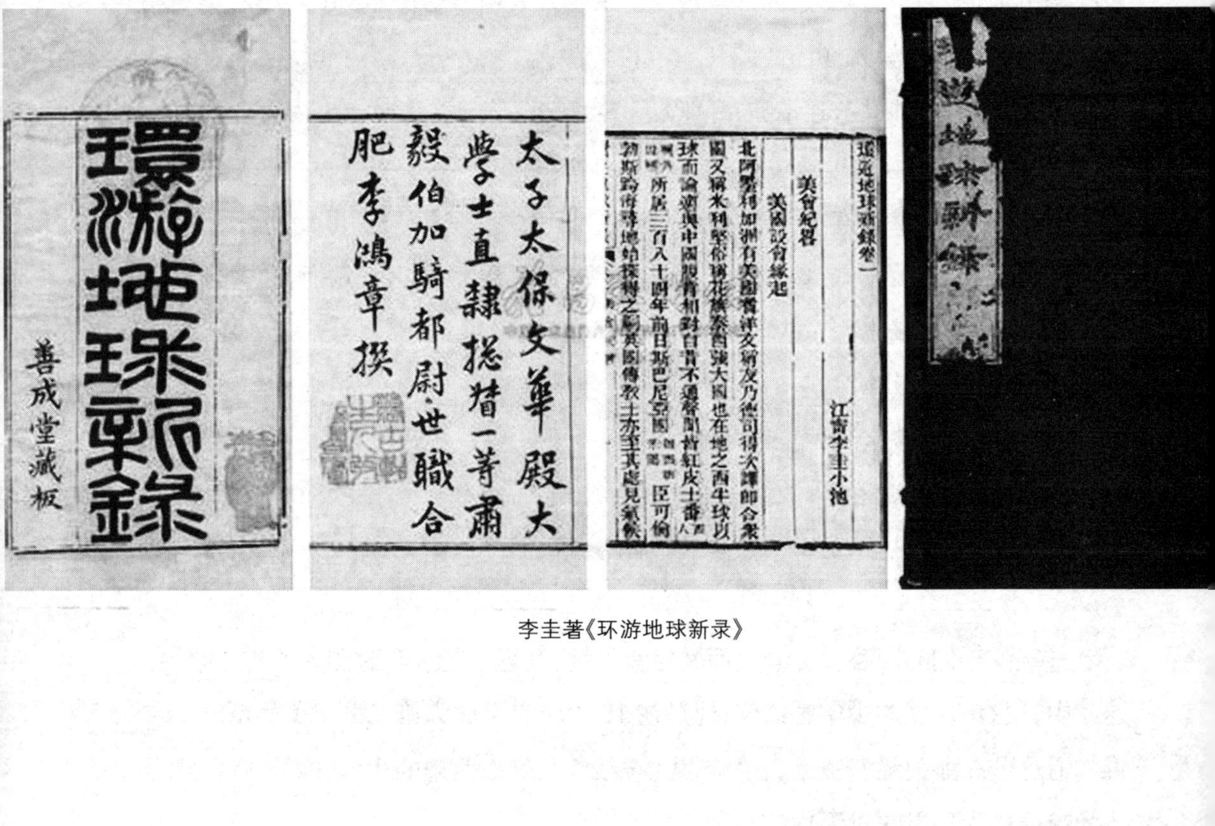

李圭著《环游地球新录》

II

马嘉理事件

海关驻伦敦办事处原本是一个很普通的机构，仅仅负责采购物资而已。在当了十年总税务司后，赫德认为很有必要赋予这个普通机构全新的使命，决定将其改组，“使之从一个纯事务性的机构变成一个具有广泛权力的机构”。比如当时清廷尚无正式的驻外机构，那么它就是中国政府在海外的唯一正式代表。

这个特别机构应该很灵活，可进可退，既可以代表中国政府正式出面，又可以做中国政府想做而不方便做的事，比如购买船舰，筹集借款。

那么，谁才可以担负起这个特殊机构负责人的重任呢？

在赫德眼里，非金登干莫属。八年前同船带回的秘书，现已是总税务司署稽核账目税务司。

1874年1月，“大清海关总税务司驻伦敦办事处”开张了，赫德把这个特殊机构交给了金登干，封他为“伦敦办事处主任”。从此，金主任便以中国海关驻外税务司和赫德代表的双重身份，在英国和欧洲开展各种活动。赫德对世界政治形势能了如指掌，甚至远远多于中国政府的外交部——总理各国事务衙门，就是拜金主任所赐。而“从金登干在伦敦发挥的作用可以看出，赫德没有选错对象”。

伦敦办事处成绩如此斐然，赫德当然满意，但这些事情都绕开了当时的英国驻华公使威妥玛，时间长了，公使先生难免心生妒意，以至于为两人今后的决裂埋下伏笔，

威妥玛(Thomas Wade, 1818—1895)

此乃后话。不得不佩服赫德特殊的政治敏感和过人的嗅觉。彼时,“到了 1874 年,中国前所未有地被外国全面包围了:西北和东北有俄国人虎视眈眈;西南分别有英国人通过印度和缅甸、法国人通过越南威胁西藏、四川、云南、广西和贵州;日本则觊觎朝鲜、台湾和琉球群岛”。在四面楚歌的边疆危机中,一个叫马嘉理的英国年轻人,在这一年 10 月的某一天,奉命从北京南下,执行一项特殊的使命。没多久,一桩以他名字命名、震惊中外的大事件即将发生,更大的边疆危机就要爆发!

事实证明,伦敦办事处的重组是那样的及时,以至于在次年的中英外交交涉中发挥了独特的重要作用,称得上未雨绸缪。

英国驻华使馆副领事马嘉理“由京到滇”,受到云南巡抚岑毓英的优加款待,“派委文武员弁护送出境,并饬沿途州县妥为照料”。马嘉理再也不会想到,仅仅三个月后再次入滇时,等着他的,会是一场无妄的杀身之祸!

马嘉理

还是在年初,为了打通进入中国西南内陆贸易的交通线,英国陆军上校柏朗带领一支 200 多人的武装探路队,拟由缅甸八莫北上入滇。英印当局据此向英国驻华公使威妥玛提出了两个要求:一是以“游历”为名,代他们向总理衙门办理护照;二是派一名通晓汉语、熟悉中国情况的翻译为之带路。

威妥玛将此特殊使命交给了一向信任的下属马嘉理，只是，这个千里南下的带路人，自己却走上了不归路。

却说马嘉理被护送出境到达八莫后，与柏朗一行会合，于1875年2月“复由缅来滇，并不先行知会，请委员迎护”，仗着人多势众“冒昧前来”的后果很严重，探路队经过云南蛮允(现芒允)附近，“行至户宋河，遇着野人拦路，问伊要过山礼。马洋官不肯，野人就将马洋官杀毙，行李、马匹抢去”。所谓野人就是当地土人，其实他们是要钱不要命的。据说马嘉理骄横惯了，举枪便射，当场打死数人，使局面变得无法收拾。柏朗纵火烧山，乘烟雾弥漫才逃回缅甸。

“过山礼”就是“买路钱”，莫非马嘉理舍不得那几个小钱？非也！“马洋官”在为自己的傲慢付出代价的同时，也酿成了近代史上震惊中外的一个大事件——“马嘉理事件”(又称“滇案”)。时至140多年后的今天，尽管马嘉理多半不想以这样的方式成名，他的大名还是被镌刻在高高的石碑上，耸立在西南边陲盈江县芒允村户宋河畔的凄凄荒草里。

赫德认识马嘉理，但是，当他在第一时间得知这一噩耗时，他的第一反应不是为他的同胞感到悲哀，而是代之以巨大的担忧——马嘉理之死，必定会升级为一桩外交大事件！

果不其然，威妥玛发飙了！人是他派的，发放护照是总理衙门同意的，而总理衙门也将此事通知了云南的高级官员，现在马嘉理却死于非命，首级还被悬挂在腾越厅城。这难道不是蓄意挑衅？威妥玛压根不相信马是“因野人拦讨过山礼，遂被戕杀”的，他认为这样的罪行不可饶恕，“颇疑此案必有主使之人”。3月19日，他向总理衙门发出了最后通牒，提出派员调查、赔款等一系列要求，限中国政府在48小时内答复。与此同时，英国驻华海军司令赖德率舰队北上，55000名英军集结仰光待命，西方各国公使均接到了本国政府不得擅离职守的训令。

每当这个时候，赫德既是中国官员又是英国公民的双重身份便凸显出它的重要，次数多了，只要中英关系事态一紧张，赫德便有了一种莫名的兴奋，觉得理所当然就该由他来充当居中调停的角色。面对威妥玛提出的许多貌似离题太远的要求，比如增辟商埠、优待外国公使、外国商品运往内地免税等，他嗅出了个中深意：威妥玛一向秉持“英国对华贸易因为现行税制受害甚大”立场，这个老资格的外交家，是在利用马嘉理事件大做文章啊！

总理衙门这次倒是硬气，赔偿和派员调查没有二话，只是反对英国人参与现场调查，“至于其他的要求，中方认为它们与事件毫无关联，所以不能接受”。威妥玛大为恼火，他的中文秘书梅尔士更是气势汹汹，不依不饶。4 月，威妥玛再次提出外交特权和内地贸易征税问题，同时梅尔士在天津会见了李鸿章。

李鸿章在会见时谨慎地指出“他已明白地告诉赫德，海关与内陆边境事务毫无关系”。李担心马嘉理事件会导致内陆边境“口岸”的开放，他的这些警告表明，赫德作为一个幕后人，对控制贸易问题相当关注。

也许是和洋鬼子打了十几年交道了，自“鬼子六”奕訢以下，总理衙门的一干大员们迅速成熟起来，在和列强的谈判交涉中，并非我们想当然的那样猥琐，而是不卑不亢，大玩太极。彼时，衙门大臣中最“气度非凡的人物”文祥已然病重，但余者也不遑多让。我们不妨引用这段令人大呼过瘾的史料，看看总理衙门大臣董恂、沈桂芬之流是如何对付奉威妥玛之命前来交涉的梅尔士的。

梅云：现在各处此等情景都由总署所办，各事全无真心和好意思，是以各处敢如此欺辱外国人、戕杀外国人。须知外国人不是可欺辱、可戕杀的，我们只好要做到这个地步。

董大人云：我前年患一疙瘩平复之后，长了一块新肉，时常作痛。据医者云，此肉在身上日子未久，与本来之肉年久在身者不同，是以作痛。再过几年此肉与本来之肉一般，自然不痛。此即可为比方。

梅云：董大人之话，是说愈多一年自会见和好意思。我看中国是愈多一年愈不见和好光景。这个是物极必反时候了。其实此事全在总署，总署如肯真心和好，只说一句话，各处岂有不听从的，譬如病人须要服药方好。

沈中堂云：有病固须吃药，也要看所吃何药。如吃不得之药，病人也不便吃。

总理衙门大臣董恂

别看大清国力衰微，船不坚，炮不利，但外交官员话锋之健，口舌之利，时人难出其右。像梅尔士这样的中国通尚能抵挡一二，其他的洋人，也只有"不明觉厉"的份了。

实际上，这些嘴上功夫顶多称得上一种传统的外交智术，除此之外，"他们(总署大臣)深谙消磨时间之道：从派发外国客人们绝不会碰的精致点心开始，一碟接一碟，伴以无数的繁文缛节……等西瓜籽和冰糖李的碟子把唯一的公文桌占满以后，正事可以开始了，半个小时已经打发掉了"。

如此这般的软磨硬泡，注定了中英"滇案"交涉难以取得实质性进展。威妥玛借此机会，大肆诋毁总理衙门，指责清政府查办"滇案"的诚意，并提出一揽子要求。其中，与事件最密切相关的有两条：一是派一、二品实任大员亲往英国对滇案表示歉意；二是清廷降旨责问岑毓英等对"滇案"失察。更有甚者，"遣使入英及责问岑毓英等谕旨须明发并在京报上公布"。

鉴于时局，李鸿章建议总理衙门在这些要求中"酌允一二"：决定派郭嵩焘为使臣赴英；允许责问岑毓英，但不公开发表。至于通商等问题，那可是双方公认的朋友——赫德先生的强项。在这样的背景下，赫德从幕后走到了前台。9 月 21 日，威妥玛与总理衙门大臣商定，翌日派梅尔士前来，并应邀请总税务司赫德参加。第二天，梅尔士与赫德按时去了总理衙门，尽管赫德又是亲自翻译节略，又是极力撮合，但外国公使与中国高官交往以及商务问题的讨论都没能取得进展。29 日，奕訢照会威妥玛称，货税问题应单独考虑，不应与“滇案”联系起来，前几日赫德已受命仔细详尽地考虑这一问题，等到“滇案”了结后再另行处理。

威妥玛对此照会十分不满，他的忍耐已到了极限！10 月 1 日，威妥玛写好断交照会，称他将立刻撤使，并令天津与牛庄的英国领事告知当地英国商民，必须在河道冰封前撤离，因撤离而造成的损失将由中国承担。

事实上，威妥玛的撤使断交只是吓人的姿态，他的真正目的还是想迫使总理衙门让步，同时他也在思考着如何转寰。由于 9 月 29 日奕訢的照会中提到，由赫德来考虑货税问题，于是威妥玛便要求赫德告知他所接到的指示，赫德回答说没有接到任何指示，但他同时表示，可能在此问题上有所误会，他请威妥玛在他与总理衙门大臣谈过话之前不要采取过激行动。威妥玛同意了赫德的这一请求。

如果说彼时的中英双方是一对咬合的齿轮，那么，赫德就是最佳的或许也是唯一的润滑剂。为了挽救危局，他劝告“总理衙门作出了必需的保证，并通知公使已指示总税务司就外国贸易征税做出全面报告”。实际上赫德是在给他自己出难题，他必须想出一个“对于中国来说是可行的，又能为所有条约国所接受的有关货税的方案”。

威妥玛终于平息了心头之火，中英“滇案”交涉中的第一次危机在赫德的调停下得到了解决。或许是中方做出了一定退让，总理衙门提及赫德在解决此次危机中所发挥的作用时，只是在奏折里一笔带过：“复经赫德往来传述辩论各节”，也就是说赫德所起的作用仅仅是为双方传递信息而已。但是英方却不这样看，刚刚获封巴思勋位的威妥玛爵士，在写给英国外交大臣德比勋爵的信中称，在近来的交涉中总理衙门作出了让步，而总税务司赫德给予了巨大的帮助！

> 据我所知，只要他（赫德）感觉到某一计划对中国和外国都有益，他就会力劝总理衙门采纳这一计划。中国正在取得的进步无疑应归于多种原因，但是我敢毫不犹豫地说，在外国人中，没有人对于中国的进步做出过赫德那样大的贡献。

外交官享有的一系列豁免权中，“人身不受侵犯”赫然排在第一。马嘉理作为资深外交官员，又持有特别护照“奉文来滇”，却“遭此奇祸”丢了卿卿性命。不查明真相严惩凶手，马副领事死不瞑目。

可以肯定的是，清政府查案也是有模有样的。在钦差大臣湖广总督李翰章的坐镇指挥下，除拘押腾越厅参将李珍国、同知吴启亮等地方官，清兵还大举进剿户宋河畔的蛮允等景颇山寨，先后打死 8 人，捕获而通凹等 17 名“凶嫌”。经过八次会审，留下 3 万字口供，案情调查取得了实质性进展。

> 伏查外国人私自进关，至十人以外不行查报者，例有明条。该翻译前奉文由滇赴缅，已保护出境，平安无事。及反[返]滇时既带有什物、马匹、土兵，即应先为知会，以便会营，妥为迎护。乃马翻译于由缅来腾，并无只字先行知会，竟自冒险遇害，实属防范不及之事。现已赃贼齐获，听候传讯。再，马翻译被戕后，据而通凹等供称，并未将头割下。卑职密行查访，亦无悬首城上之事，更未将首级寄至厅城。

按照国际法准则，一个外国人由于自己的冒险行为而置于危险之地时，所在国不负责任。况且脑袋挂在城门洞的恐怖传言纯属造谣，马嘉理先生应该还是全尸。理虽如此，清廷还是从维护对英外交的稳定大局出发，进行了还算是严厉的问责。

1875 年 12 月 9 日,《京报》发表皇上谕旨,因马嘉理被杀害,云南蛮允军政官员均遭到撤职查办的处分。

转眼就到了 1876 年的春节,“2 月 4 日,恭亲王接受外交使团新年拜会,帝国的约四十位红顶戴,三十位最高级官员在场。下星期所有这些达官显贵将分别拜访每个使馆”。在“亲切友好”的气氛中,威妥玛有关“优待外国公使”等诉求似乎也满足了。

或许总理衙门的大员们觉得除了上述种种,再赔上点儿银子,“滇案”也就可以办结了。很显然,他们低估了英国驻华公使的胃口。威妥玛与其说关注此案,倒不如说是关注这个事件能给英国带来多少利益。因此,当他发现赫德所拟有关货税方案并不能满足他的欲望时,他得出了这样的结论——清政府没能兑现在 1875 年秋天所作的承诺。如此,威妥玛便更有理由,将一腔不满发泄在清廷对“滇案”的处理上。

6 月,威妥玛当面向恭亲王提出,立即将云南巡抚岑毓英提京审讯,如不答应这一要求,就要断交、开战!“惯使性子且喜欢四处漫游的英国全权公使”一声招呼不打,便中断谈判,离京去了上海。在那里,他可以凭借邮传方式经大清国内唯一敷设的海底电缆收发电报,向他的顶头上司——英国外交部随时请示汇报。而北京要到十年以后才开通此项电报业务。

以赫德在华 20 余年对中国人的了解,这样的要求他们绝无答应的可能。在给心腹干将金登干的信中,他写道:

> 他(威妥玛)所能提出的要求之中,没有比这一条更使中国政府深恶痛绝的了。为什么?因为任何别的要求都不会像这一条那样,迫使政府在全国人民面前出面说,洋人是应受尊敬的人,也没有别的要求像这一条那样,更不易隐藏和暗中解决了!作为一个英国人,我想威妥玛不可能想出更好的要求,并且我愿意让他坚持这一要求,但作为海关总税务司,我知道中国宁愿干别的什么,朝廷宁愿垮台,也不愿不战而同意这一要求——而在战胜之后,岑和所有其他人则宁肯自杀,也不愿被带到北京去讨好洋人的。

鉴于威妥玛爵士已失去耐心，提出条件已是发号施令，总理衙门只得又将挽回局面的希望寄托在赫德身上。看来，这个夏天对赫德先生来说，注定是难熬的了。因为“他必须作出一个艰难的选择，也可以说是一次政治赌博”，到底是捍卫祖国的尊严，还是维护雇主的体面？

其实调停本身就是吃力不讨好的事，公使先生拂袖而去前，赫德曾劝告总理衙门大大方方地接受威妥玛的那些条件，同时也劝导威妥玛在索取尽可能多的好处的同时，要作出让步。对于威妥玛不依不饶的蛮横作风，赫德是不满意的，他似乎忘记了威妥玛的长辈身份，发出了这样的警告，“如其实不能应允结案，中国难保不自行遣使往英国理论”。可事情还是不以他的意志为转移，发展到现在这步田地！

中英双方显然都各执己见，不肯做出退让。宛如热锅上的蚂蚁，赫德左右为难。总理衙门命令他追到上海“与威大臣会商，冀有转圜”，他也只好知其不可为而为之了。谁让他赫总税司是最不希望中英关系恶化的人呢，只要战火一燃，那些虎视眈眈的德国人、法国人、俄国人还不趁火打劫？到那时，他在海关总税务司的宝座上还能坐得住吗？

赫德不做足功课，是不会贸然赴沪的。他必须先拟就解决“滇案”的一系列条件并征得总理衙门的同意。除了一直存在争议的货税等商务问题，赫德也有自己的小九九，那就是趁机提出一些扩大海关权力的方案。比如在总税务司的掌管下，于条约口岸及其邻近地方建立国家邮局，以及建立国家铸币厂。按照他的思路，“信局、银局皆与中外交涉有裨……银局若由总税司管理，选募洋匠顺手，各口洋商亦皆信服，可以得利”。

7 月正是上海最炎热的季节。赫德带着恭亲王奕訢的照会，来到位于苏州河南岸的英国领事馆拜访威妥玛。在这所维多利亚式大房子的敞廊里，尽管两个英国人沐着黄浦江风，呷着锡兰红茶，但气氛并非那么融洽。出乎赫德的意料，对他绞尽脑汁策划并游说总理衙门同意的一揽子谈判条件，威妥玛并不感兴趣。公使先生不愿与赫德商谈任何商务问题，按他自己的话说，“我认为我没必要与赫德再开始这样的讨论”。

这样尴尬的场面，实在使赫德难以下台。

英国驻华全权公使不给大清海关总税务司——自己的同胞——面子，似乎说不过去，威妥玛却不以为然。赫德 2 岁的时候，他就已经从剑桥大学毕业了！对威妥玛而言，小罗伯特纯属后生晚辈，在中英“滇案”的交涉过程中，赫德无论在遣使、是否对中国动武以及对中国提出什么样的要求等方面，都和他存在分歧。到底是谁不给谁面子呢？

如果因为碰壁就轻言放弃，那赫德也就不是赫德了。余怒未消的威妥玛，虽然拒绝与赫德本人商谈，但他会不会和其他人谈呢？正如赫德所料，威妥玛并没有关闭谈判的大门，用撤使、断交甚至动武来恐吓只是一种姿态，他还是希望能够与清政府大员开谈的。

洞察了威妥玛的心思后，赫德已经知道他该怎么做了。为了让清政府同意派员谈判并做最大限度的让步，他也配合着威妥玛的鼓噪，极力渲染战争的可能性。正值土耳其和塞尔维亚爆发战争，赫德威胁那些只会嘴皮子逞能的总理衙门大员，“西国情形，现为土耳其事日有变动，英国朝廷愿趁此机会叫别国看明白，该国力量既能在西洋作主，又可在东方用兵，随意办事！”

好一个轻描淡写的“随意办事”。浸淫中国官场语境数十年，赫德深解其中况味，所有大大小小的帝国官员，最最惧怕的，就是被“办”了！

彼时，正是日不落帝国的光辉岁月，东西两线作战还真不是难事。清政府又没有在外设立使馆，对欧陆事务茫然无知，于是就真的被赫德的虚张声势给吓住了。总理衙门奏曰：“臣等查英国使臣此次出京，虽无显示决裂之语，而究竟决裂与否，殊不可恃。臣等揆其用心，将来如何始有转机，亦实不能预料。”

接下来，就又到了“展示赫德的惊人影响力”的时候了。他将了解的情况与自己的意见函告天津海关税务司马福臣（英国籍税务司马福臣此时已由江汉关调任津海关），由马福臣翻译并转告直隶总督兼北洋大臣李鸿章，反复强调李到烟台与威妥玛谈判的必要性，“总税务司再三筹划，拟求李中堂奏明请旨，即派李中堂一人或派李中堂同别位大臣到烟台,与威大臣会商。谕旨内要叙明办理此事,可以有权柄作主,无论若何办法,可以作为定准”。

总税务司真是把一切都办得妥妥帖帖。赫德之所以要力荐李中堂大人为谈判代表,并极力主张赋予其宽大的权柄,实在是因为他明知李鸿章是“今天最急于和解和求和的中国人。……他知道他会受到何种打击,他也知道一次战败会使他失掉所有高官厚禄,一场败仗会夺去他所有的一切!”

1876 年 8 月,烟台。不知是否成算在胸,赫德“感到一种从未有过的轻松愉快”。这种好心情,不加掩饰地流露在他给金登干去函的字里行间:“由于我的建议,伟大的李已被派来这里‘全权’对付威妥玛,我们将尽全力在这里解决问题。当前主要问题是先了结滇案,然后我们将尽力在这里商妥诸事。”

烟台地处渤海海峡南岸,与芝罘岛遥相呼应,形成天然港湾,是扼守京津门户的所在。赫德为什么要将谈判地点选在烟台,仅仅是因为避暑需要吗?确实,烟台气候凉爽,可避开北京的炎热酷夏。但赫德中意于此,还有另外两个重要原因:一是“烟台非南洋所属,是李中堂北洋辖境”;二是列强军舰在烟台海面游弋,可随时武力恫吓中方谈判代表。

赫德两边的人情都“照顾”到了。

一年又半,两度清明。马嘉理的三尺坟头都已长满野草,“滇案”早已到了该了结的时候。

李鸿章作为特命钦差,率领他浩浩荡荡的团队,分乘“丰顺”号和“镇海”号轮船,与赫德前后脚抵达烟台。出人意料的是,就在北洋大臣到达其辖境的第二天,不少天津的士绅也接踵而来,他们向随威妥玛前来的梅尔士提出严正交涉,宣称天津商民决不答应英国人将李鸿章扣为人质,并将一封正式的“抗议信”递交给他。

这，又是怎么一回事呢？

中英双方的这次正式谈判始于战争阴云的笼罩，谈判地点一经确定后，英国即派“飞游舰队”进驻大连，英、德、法、美四国军舰齐集烟台港内，大有黑云压城之势。因此，李鸿章前去谈判，不啻于赴鸿门宴，就算两国交战不斩来使，但也有成为“人质”的可能。这一下，天津人不乐意了。生怕李鸿章出意外的天津士绅在城内贴出告白（倡议信），号召大伙前往直隶总督府。连着两天，千余商民前往面见李鸿章，要求他拒往烟台。见李鸿章婉言谢绝，天津各书院举、贡、生、童及商民2000余人便排着长队，头顶禀书，在总督衙门口集体请愿。

李鸿章是奉旨前往，没有退路，有感天津父老的拳拳关爱之情，即派天津地方官员出面解释，告诉他们谈判的道理。哪晓得天津士绅竟不为所动，放出狠话，如果李大人一定要去烟台与英国人谈判，就让李大人的车辆从他们的身上轧过去好了，再不然就去找在天津的那些洋人闹事。李鸿章迫不得已，只好答应先缓一缓。

天津士绅担心李鸿章成为阶下囚，不是没有道理。第二次鸦片战争时，两广总督叶名琛正是被英人掳到印度加尔各答，不食异乡粟米绝食而亡的。李鸿章去谈判，确实存在一定风险，但不去或是换帅去的话，风险就转移到清廷这边来了。一旦战争爆发，列强借机一起出兵，那时再谈判议和，将极为被动。士绅里的明白人想通了这一点，再加上李大人是皇帝钦命前往，便不再阻挠。离开天津前，李鸿章严令天津各级官员严加防范，防止天津商民做出不利于洋人的举动，有碍大局。

百密总有一疏，还是有一部分铁杆拥趸作为天津士绅代表，组团包船，紧追李大人到了烟台，于是便发生了上文所叙述的那一幕。梅尔士在接到抗议信后，表示将把他们的诉求转告威妥玛。眼见这些代表丝毫没有离开之意，赫德担心他们或有干扰谈判之虞，赶紧命东海关税务司德璀琳前来充当救火队员，抚慰他们说李鸿章是在烟台决定和平或战争的问题，只有他留在这里才能取得和平。最后，代表们在德璀琳的劝说下，被天津知府领回了天津。

谈判如期进行后，焦点还是围绕着对已回籍守制的云南巡抚岑毓英的处理。

威妥玛相信,幕后必有大老虎主使,甚或母老虎也未可知。"现在滇案所办不实,如止办野人,我不答应;如止办李珍国及吴同知(吴启亮——笔者注)等,我不答应;如止办岑抚台,我亦不答应。"如此,他的矛头已是直指总理衙门和慈禧太后了。李鸿章表示,仅仅出于怀疑和无根据的指控,无权把岑毓英等云南当地官员解往北京。作为中国政府,没有理由不相信专程赴滇调查的钦差报告。既然威妥玛坚持要将岑毓英等人提京审问,请书面提出犯罪证据。

此时的赫德,与威妥玛的矛盾愈演愈烈,"威使因新关近事,颇与龃龉,此来未得晤谈","有信与威,亦未见覆,二十余年交情忽尔反面,殊不可解"。两人话也不说,信也不回,关系已然恶化。因此,尽管赫德越来越觉得威妥玛的偏激态度非常危险,有可能将两国拖入战争的深渊,他却力不从心!因为他已不能再充当中英之间的"调停者",而只能充当李鸿章的外交顾问了。

到底是赫德,他又有了新的想法,能不能促成英国政府,派一个特别使团过来,代替威妥玛?说干就干,他致电身在伦敦的金登干,让他推动报纸建议和鼓吹派特别使团来华进行中英滇案交涉。考虑到英国人对中国实在太不了解,所有一切都受威妥玛摆布,赫德亲自动笔,用化名起草了一些报道客观真相的电讯稿,让金登干在英国找报纸发表,试图通过舆情影响政界。

金登干立刻回复赫德,想法很好,可能不大。确实,英国人最关心发生在欧洲家门口的事,"对战争的忧虑和准备仅限于中国的报纸。英国报界一般对于中国形势无知、毫不关心、沉默、不为所动,完全埋头于土耳其问题"。要么就是另一个极端,"报纸上充斥着来自中国的耸人听闻的电讯"。

赫德一心要在英国国内造出对威妥玛不利的舆论。也真亏了他想得出来,不登就不登,干脆,由海关自己出钱,在伦敦办一份报纸得了!可是新办一份报纸耗时太长,为此,金登干特地去拜访了老朋友——《泰晤士报》记者威廉·霍华德·拉塞尔。作为当时世界上最出名的记者,拉塞尔先生神通广大,何况他的儿子便是由伦敦办事处录取到中国海关工作的。

巧合的是，这时正好有一家名为《联合公务报》的周报在托拉塞尔兜售。机不可失，金登干急忙致信赫德请示：“要资助一家报纸，即便可能，每年的开销也得成千上万……但拉塞尔先生现在的建议不同。他愿意当报纸名义上的业主，而不必透露该报是中国政府的机关报。我觉得《联合公务报》的名称不合适，他说可加上一个恰当的名称——如《东方实录》之类。他保证能把报纸办成中国和其他东方问题的权威。……我觉得，如果您愿意办一份由您支配的报纸，那么，失去这个机会您会感到可惜的。”

赫德当然愿意办一份由他支配的报纸，不久，金登干根据赫德的指令，花了2000英镑买下该周报。不过，变化比计划快，没等那些宣传报道发挥作用，中英谈判便取得了突飞猛进的发展。由于清廷历来如此的习惯性退让，威妥玛顺势“转请本国结案，不必再说将岑毓英提京”。因缺乏相关的史料，具体的谈判进程已经无从得知。我们所能了解的是，“李鸿章不断就威妥玛所要求各节同赫德相商”，他在“口岸”免厘及增开口岸两个问题上进行了较多的争辩，使英国没能如愿以偿。

1876年9月13日，烟台东海关税务司公署。从同治谈到光绪，随着李鸿章与威妥玛分别在中英文各四份的文本上画押，这场旷日持久的“滇案”交涉终于到了落幕的时刻。在《烟台条约》所有各项条款中，除“昭雪滇案”，给英赔付“恤款”20万两和派使臣赴英“谢罪”外，还规定：英国如派探路队从北京经甘肃、青海赴西藏，或经四川入藏，或由印度来藏，总理衙门应根据情况发给护照，或令西藏地方当局派员照料。

中国西南的大门到底还是被英国人打开了，马嘉理可谓死得其所。

在威妥玛的讹诈下，英国也就此实现了它多年来扩大在华通商特权的梦想：英国官员得以在大理或云南的其他地方驻留五年察看通商情形；增开宜昌、芜湖、温州、北海为通商口岸，并指定长江沿岸六个城市准许外国轮船停泊。

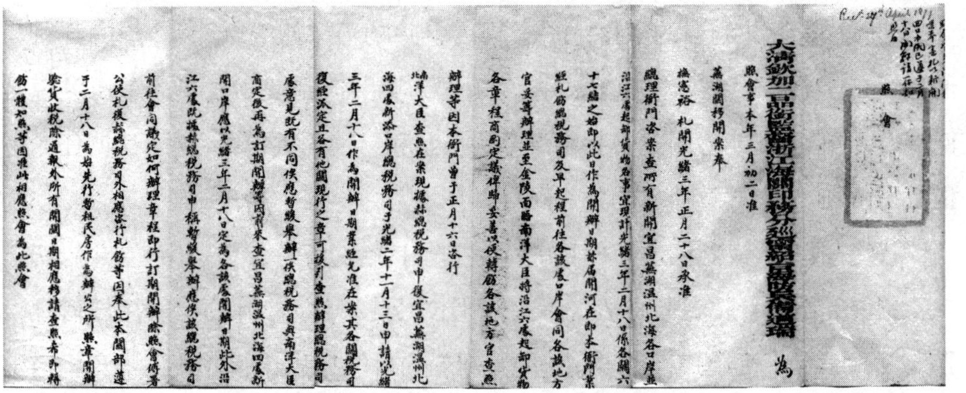

1877 年宜昌、芜湖、温州、北海开关照会

《烟台条约》还规定，进口货物经向海关交纳关税及 2.5%的子口税后，可凭子口税单转运各地，不再征税。同时，外商自内地购运出口货物，只要先向预定口岸的海关领取购货“报单”，即可将货物运到预定口岸，再向海关补纳 2.5%的子口税。这种税单俗称为“三联单”，外商凭三联单在内地的运输转口，一律免交各地征收的常关税及厘金，比中国商人少交很多税款。

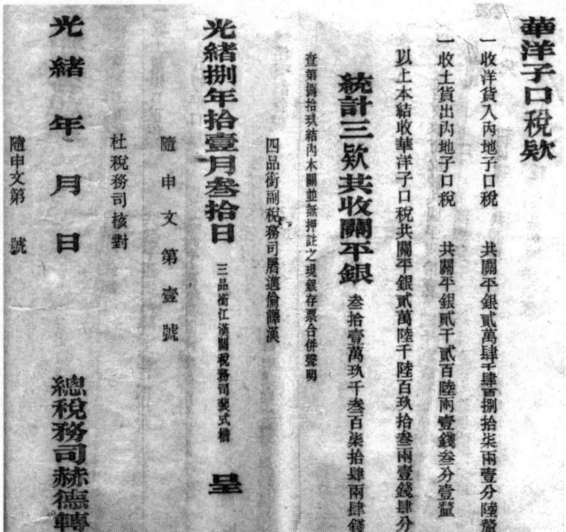

華洋子口稅欵
一收洋貨入內地子口稅　共關平銀貳萬肆千肆百捌拾柒兩壹分陸釐
一收土貨出內地子口稅　共關平銀貳千貳百陸兩壹錢叁分壹釐
以上本結收華洋子口稅共關平銀貳萬陸千陸百玖拾叁兩壹錢肆分柒釐
統計三欵共收關平銀　叁拾壹萬玖千叁百柒拾肆兩肆錢壹分
查第捌拾玖結內本關並無押註之現銀存票合併聲明
四品銜副稅務司居邁倫譯漢
光緒捌年拾壹月叁拾日　三品銜江漢關稅務司裴式楷　呈報
隨申文第壹號
杜稅務司核對
光緒　年　月　日　總稅務司赫德轉呈
隨申文第　號

华洋子口税款(1882)

这一极大商业利益的取得,“很大程度上归功于赫德的智谋、冷静的判断和对形势的充分了解”,除此之外,也要归功于作为英国谈判使团成员的东海关税务司德璀琳,他的谈判能力因此受到李鸿章的注意和赫德的赏识,不久即被调任津海关税务司,后成为李鸿章倚重的外交顾问。

条约“很令人满意”,所有的目的都达到了!赫德还有什么理由不志得意满?

总税务司怀着胜利的心情告诉金登干:“经此事件后,海关比以往任何时候都强大,我认为在今后的二十年之内,绝无翻船的可能!我开始感到我毕竟相当出色地驾驭了这条航船,但仍不可过早地踌躇自满……”

这样的比喻真是恰当,如果说恭亲王是大清这艘破旧巨轮的舵手,那么他赫德就是新型海关的掌舵人。过去化解“杀降”危机也好,促成斌椿使团出访也罢,还是诸如解决什么古巴华工受虐之类的外交纠纷,都无法与这场一波三折的中英滇案调停相提并论!总税务司有足够的自信,从今往后,再大的风雨都已不在话下。

12

中国开始动起来了

马嘉理之死，不仅打开了中国的西南大门，也捅破了中国外交走向世界的一层窗户纸。

从1865年赫德向总理衙门提出应“委派大臣驻扎外国，于中国大有益处”起，已是整整11个年头。令他扼腕的是，想当年积极劝说对等遣使，清政府置若罔闻，现如今却被迫同意派遣使团前去致歉，“以修和好，而固邦交”，顺势实现了遣使驻外。

无论如何，中国总算从传统的外交体制帷幕后走出来，试着采用西方外交制度这一游戏规则，进入弱肉强食的丛林社会。

那么，谁是中国第一位驻外公使的合适人选，谁能堪此大任呢？

这个人，就是郭嵩焘。

郭嵩焘(1818—1891)

赫德第一次见到郭嵩焘，印象似乎并不是很好。那是在1864年底，赫德南下巡视各条约口岸，到了广州，照例要到时任广东巡抚的郭嵩焘府上拜访。“到抚台处，抚台较为年轻，不超过四十

二三岁，湖南人。他面容苍白，气色不佳；目光狡诡，外表粗鲁；但是看来他敏锐机智，好奇爱问，而且讲求实际。”

了解多了，赫德竟有了惺惺相惜之感，不为别的，实在因为郭嵩焘在他的仕宦同僚里实属另类，他那带头学习西方的步子，迈得确实有些大了！

就拿赫德投入巨大热情和心血的同文馆来说，郭嵩焘就堪称他的知音。早在1859年，还是翰林院编修的嵩焘先生便奏请设立外国语学校，这一建议受到咸丰皇帝的高度重视，遂下令筹备建校的各种事宜。继京师同文馆后，当朝仅有的另两所外国语学校——上海广方言馆和广州同文馆，又是郭嵩焘协办和主办。特别是广州同文馆开馆那天，署理广东巡抚郭嵩焘亲自主持仪式，亲笔拟订章程，为西学在中国的传播摇旗呐喊。

其实郭嵩焘原本也是一个沉浸在四书五经中的读书人，面对内忧外患的严酷现实，他意识到“洋人固可恨，中国之衰弱亦令人痛心”，夷人之所以处心积虑，想把筷子伸长些好来夹中国这块肥肉，是因为这儿地大物博，人口繁多，“只要每个中国人的里衣加长一寸，外国人的工厂就得忙上几十年”，这么大的市场，又有谁能不动心呢？那么，洋人干吗非动手不可呢？因为和平手段难以奏效。即使这个古老国家落后了二三百年，国人却无动于衷，照样抽大烟、打麻将，醉生梦死也不买洋人的账。所以他们只有赶在中国还没有强大起来时赶紧动手，把这封闭了千年的铁门给砸开，那就是他们的炮舰政策。

在接触了西方人，尤其是亲自考察了百战百胜的洋枪队和英国人管理的海关后，这个思想敏悟、眼光明湛的士子有了新的体会，他发现洋人并不是那么可怕。相反，他们举止有礼貌，说话讲道理，办事循约守法。如果不是大清官员自己妄自尊大，完全有和洋人友好相处的可能。如果一味用蛮力，反而会使夷乱加剧。就像大清海关的总税务司赫德，年纪轻轻就位高权重，执掌着大清朝的财政权柄，将新型海关打造成廉洁高效的一方净土。真是不得不服啊，人家把世界上最难学的中文都学会了。

这种虚心体察的结果，使郭嵩焘成为向西方学习的积极鼓吹者，俨然是当朝了解“洋务”的第一号人物。

1875年2月，因日本兴师进犯台湾，清廷需要启用懂洋务和军事的人才，诏命郭嵩焘进京陛见。慈安、慈禧两宫召见时，除详询郭履历外，还再三温语慰藉他旅途劳顿及健康情况。候见间隙，恭亲王请他至军机处小憩，“谈话中一再顾谓在坐诸军机，推许曰：‘此人洋务实是精透。’”各种恩宠、亲切和推许，让57岁的郭嵩焘受宠若惊。

蒙召后，郭嵩焘出任福建按察使，慨然命笔，将他办洋务的主张和观点写成《条陈海防事宜》上奏。认为将西方强盛归结于船坚炮利是非常错误的，中国如果单纯学习西方兵学“末技”，“如是以求自强，恐适足以自敝”。只有学习西方的政治和经济，“先通商贾之气，以立循用西方之基”，即发展中国的工商业才是出路。

郭嵩焘一奏成名，声震朝野，也让极力辅弼恭亲王办洋务的赫德甚为称许，认定郭是当朝少有的较快且深刻接受西方观念的人物，更加引为知己。

恰在此时，云南发生“马嘉理事件”，英国借此要挟中国，要求清廷派遣大员亲往英国道歉。在赫德的极力推荐下，清政府也认为郭嵩焘乃再合适不过的人选，便将此赴英“通好谢罪”的特殊使命，交给了正欲迎来第二春的嵩焘先生。不久，朝廷正式任命候补侍郎郭嵩焘、候补道许钤身充出使英国大臣。

兜兜转转许多年，赫德一直以来孜孜以求的派驻对外使节，就这样不按常规方式出牌，在此非常情势下修成了正果。喜悦之余，他致电海关驻伦敦办事处主任金登干，“前广东巡抚郭嵩焘和直隶候补藩台(应为道台——笔者注)、工部尚书(应为吏部尚书——笔者注)之子许钤身，被任命为公使馆驻英(应为驻英公使馆——笔者注)正副公使，请公告”。

虽说郭嵩焘从未走出过国门，但是借助担任过广东巡抚的经历和对西洋事务的经意考察,他对西方列强的见解,不但比保守派,而且比洋务派领袖们也高出了一头。因此,他接到出使任命,还是有些跃跃欲试的。但是,他万万没有料到,消息一经传出,首先是家乡人民不答应了。素以"霸蛮"之气著称的湖南人,把郭嵩焘的接受"出使番邦",看成湖南人共同的奇耻大辱。时值湖南乡试诸生正要考试,于是集会,商议捣毁郭嵩焘住宅。当时就在长沙城内玉泉山上贴出一首讽骂郭嵩焘的对联:"出乎其类,拔乎其萃,不容于尧舜之世;未能事人,焉能事鬼,何必去父母之邦!"

嵩焘先生越思越悲愤,越想越委屈,干脆抱病请假,进而要求回籍养疴,不愿代表政府出使英国了。1876 年 5 月 12 日,不太了解实情的赫德还以为问题出在许副使身上,他在给金登干的信中这样写道:"驻英公使郭不想和许那样的人同行,也推说有病,并恳请退休。郭是个有学问、有能力、性情温和和头脑清醒的人。他打算缩手不干,是对政府政策的有力抨击。许是个饭桶,不应衔命出洋。"

妇人当政,自有其细腻之处。还是慈禧了解郭臣子其实是有心病。于是,宫中送来绿头签,再次召见郭嵩焘。这回召见,慈禧先问了一些李鸿章在烟台与威妥玛就"滇案"谈判的情况,随即话题有意无意转向了大清第一洋客卿。

问:"赫德替中国办事,尚有心腹否?"

答:"赫德是极有心计的人,在中国办事亦是十分出力。然却是英吉利人民,岂能不关顾本国?臣往尝问之:君自问帮中国,抑帮英国?赫德言我与此都不敢偏袒,譬如骑马,偏东偏西便坐不住,我只是两边调停。

臣问:无事时可以中立,有事不能中立,将奈何?

赫德笑言:我固是英国人也。可见他心事是不能不帮护英国。"

这段"君"臣对话实在是耐人寻味,赫德再怎么做大清臣仆,"然却是英吉利人民",他所谓的不偏不倚"骑马说",未免有些矫情,被他自以为是知音的郭嵩焘打破砂锅问到底,露馅了。

关键时刻,老辣的郭嵩焘揭开了赫德的老底。总税务司以海关为大本营,广泛介入诸多非海关业务活动,在促进中国参与国际事务等方面确实办了不少事。但当中国利益与英国利益发生冲撞时，他便会身不由己地为“日不落帝国”效忠，暴露出“身在曹营心在汉”的本来面目。

慈禧沉吟良久。有时，了解得太深，也未必是好事。

接下来，西宫太后便询问起郭嵩焘的病情。郭答：“臣本多病，今年近六十，头昏心忡……及见滇案反覆多端，臣亦病势日深。”慈禧温言，“此时万不可辞，国家艰难，须是一力任之。我原知汝平昔公忠体国，此事实亦无人任得。汝须为国家任此艰苦”，进而安慰，“旁人说汝闲话，你不要管他。他们局外人，随便瞎说，全不顾事理。……你只一味替国家办事，不要顾别人闲说，横直皇上总知道你的心事”。

在谈话中，东宫太后慈安亦多次插言曰：“这艰苦须是你任。”平日里慈安的作风是沉默寡言，此次却发言多次，可见最高中枢在出使英国这件事上对郭嵩焘的倚重，也说明再也找不出其他合适的人选。然而这些对郭所做的思想工作，只代表她们赞同他的“和平外交”和处理“洋务”的能力，并不代表接受他的学习西方改革政教、救亡图强的思想。

不管怎样，“皇”恩浩荡之下，原本备受攻讦的郭嵩焘不再心灰意冷，原来准备好辞命退隐的一套说辞，一句也说不出来，转而感激涕零，赶紧着去筹组使团班底，准备远涉重洋去卖老命了。

1876 年 12 月，郭嵩焘一行从上海虹口冒雨登上邮船，踏上了使英征途。通常，这段航程需要 50 天左右。

郭嵩焘倒不用担心这漫长颠簸的“苦旅”，自有众多的仆役，将他伺候得妥妥帖帖，他也不会像一般的清朝士大夫，将出洋办理夷务视为“畏途”。但是，作为大清国派出的第一位常驻西方国家的使节，郭公使却感受不到丝毫的荣耀。行前，英国公使的横蛮、朝廷上下的愚昧、乡里乡亲的毁谤，已经让他心力交瘁，最最令他寒心的，是一干友人皆不理解甚至辱弄他的使命。有说，“郭侍郎文章学问，世之凤麟。此次出使，真为可惜”，或曰，郭嵩焘的出使将“无所施为”，“徒重辱国而已”。

对洋人而言，颟顸的古老帝国终于向“文明的西方世界”派出使节，这可是他们看清朝官员“出洋相”的大好机会。早在中英《天津条约》缔结时，伦敦《每日电讯》便嘲弄“条约中最精彩的一点”，即“英国公使将常驻北京，而有一位满清大官将驻在伦敦，也许他还会邀请英国女王参加在阿尔伯特门举办的舞会呢”。

内外不看好，里外不是人。尤其是那副对仗工整、刻毒至极的对联，如影随形，成为他挥之不去的梦魇。于是在这清冷的冬雨下，郭嵩焘此番出洋，倒有些风萧萧兮易水寒的味道。

不过，自有人对这趟破冰之旅格外关注。早在郭公使出发前半个月，赫德就给金登干去信，“驻英使臣郭大人，偕副使刘大人，两名使馆秘书……四名随员，四名译员，两名医生，六名军人……还有他的夫人……和三名女仆，以及约四十人左右的使团男仆，上星期由此启程。他可能由上海乘 12 月 8 日的邮船出发，将近元月底抵达伦敦”。

这可是一个将近 70 人之众的大团组，“假如他(郭嵩焘)和他的随行人员去住饭店，开支将是十分惊人的，而他又非如此不可，除非你能为他找到住房暂住一两个月，到他找到合适的馆址永久住下为止”。

赫德不愧是海关的大当家，他不能不精打细算，因为大清驻英使馆的一应开销，悉由总税务司知照江海关照付。

如果认为只是心疼海关官银才予以关注，那也太小看赫德了。事实上，对于郭嵩焘作为驻英公使常驻伦敦，总税务司在为多年来的夙愿终于达成而感到由衷喜悦的同时，也有一些不足为外人道的难言之隐呢！

原来，经过赫德的精心改组，大清海关驻伦敦办事处已成为实际上的中国准外交机构，在外交斡旋以及搜集情报、采购军火等方面都发挥了巨大的能量。现在有了新建的大清驻英使馆,伦敦办事处的作用岂不是要大打折扣?这实在是他不愿看到却可以想见的。事已至此,赫德唯一可以作出的选择,就是尽最大可能,将郭嵩焘牢牢地掌握在自己手中,退一步说,至少要能对郭施加影响。

事不宜迟,郭嵩焘和他的随扈们还在茫茫大海上晃晃悠悠呢,赫德的"机密"信函已经到了。他指示金登干,安排有关亲信人员,将郭嵩焘包围起来。内容很是具体:"郭起初想要海关的人当翻译,但有人使他改变了主意。现在他出去只带中国人和一个名叫马格里的人。此人离开金陵机器局之后,李鸿章想给他安排一个职位。很有可能,郭将需要外国译员,而在英国的一些会讲汉语的人(霍尔特、道格思、星察理、佩恩、李泰国等等)会试图尽力抓住他。"

马格里也是英国人,早年习医,在第二次鸦片战争中随军来到中国。1862 年加入洋枪队,帮助李鸿章镇压太平军,不久又主政金陵机器制造总局。对军械并不内行的马格里,因所铸大炮在大沽炮台试放时接连爆炸而导致解职。李鸿章虽说解除了马格里在金陵制造局的所有职务,但念他鞍前马后在麾下效劳洋务多年,没有功劳还有苦劳,便将他推荐给驻英公使郭嵩焘当英文译员。除了他这个唱主角的洋译员外,尚有三名中国人任三等翻译官,其中,便有我们熟悉的四品衔兵部员外郎——张德彝。

但一直以来,中国官员出国,都是由赫德推荐海关人员充当随员和翻译。这次郭嵩焘到英国去,其翻译人选却轮不到赫德插手了!这个多年以来形成的惯例至此被打破,不由赫德不产生很多联想,看来,加上那几个一向看不惯他的本国同胞,有的是意欲对郭嵩焘施加影响的人。

"我们必须先下手,并且防止:1. 他落入坏人的掌握中;2. 从海关来源以外招用与使馆有关的外国雇员阶层的形成。因此我授权你立即把屠迈伦和佘德或贾雅格叫到伦敦来(最好是佘德,如果能找到他的话);派屠迈伦到巴黎去迎接郭,并陪伴他一直到他住进伦敦的住所;还把屠迈伦留在你手边,直到郭完全安顿下来适应了伦敦的节奏"。

屠迈伦、佘德、贾雅格等人，都是正在欧洲度假的海关洋员，属于自己人，赫德是信得过的。那个马格里，自然不被赫德待见。

12月27日，赫德在给金登干的信中写道，“马格里，与其说他是使馆的译员，不如说是信使。我对他毫无了解。不要帮助抬高他的地位”。没过多久，他又在另一封信中写道：“当心马格里这个人。要看住他。不要给他任何‘面子’。我从各方面听说，他是反对我们的。……不要让他随意出入你的办事处，不要信任他，也不要让他知道我的消息。”

赫德如此“高看”马格里，让我们不得不佩服总税务司的“慧眼”，20年后，正是这个仍在中国驻英使馆工作的“小人物”，策划了一桩轰动世界的绑架案，将刚刚逃亡到伦敦的孙中山非法拘禁！

1877年1月21日，经过40多天的远洋航行，郭嵩焘使团一行抵达英国南安普敦，英国驻华使馆汉文副使禧在明、金登干及屠迈伦前往迎接，随即乘坐火车前往伦敦，在金登干主任代为寻找的一栋三层楼房安顿下来。

当晚，郭嵩焘便召集使馆所有成员立下规矩，约法五章，“一戒食洋烟、二戒嫖、三戒赌、四戒出外游荡、五戒口角喧嚷”。不是已经有国人预见他们会发生有辱国体之事吗?！郭公使只能万事小心，处处防范。但令人难堪的是，在第二天照会英国外交部询问觐见君主、呈递国书日期之时，郭所持的出使文书却不是正式的公使驻节文书，而是“惋惜马嘉里案”的敕书。此事后由郭嵩焘和英方融通解决，国书照递，但以后仍须补交正式国书。

2月7日，郭嵩焘一行至白金汉宫觐见英国维多利亚女王，除外交部总理大臣、掌玺大臣、内务大臣等英方要员，公使威妥玛也在场。见面时，郭与随行人员行三鞠躬礼，女王亦三鞠躬还礼。郭朗读国书，后由马格里用英文复述一遍。此书基本内容仍是惋惜“马嘉里事件”的敕书，但提及该事件时，文书称：“中国大皇帝之心，极为惋惜，特命使臣前诣贵国，陈达此意，即饬作为公使驻扎，以通两国之情，而申永远和好之谊。”文书所说“作为公使驻扎”，淡化了《烟台条约》明文规定的“谢罪”之意。整个文书将中国大皇帝与英国大君主平等相待，谦恭有礼，既无因“马嘉里事件”而显卑屈之感，也无天朝蔑视英夷之意。

至此，中国驻英使馆在“相对友好”的气氛下正式建立起来，与郭公使一样，赫德作为朝廷命官，也在自觉地维护大清的颜面。他通过电报指示伦敦办事处，明确了对外宣传口径——“有人认为郭使团是暂时的，且属谢罪性质。请对此审慎，但坚定地在各方面予以否认！使团携带表示歉意的信，但并非谢罪，使团是常驻公使馆而非临时性代表团，请照此传播。”

一切都在照着赫德的构想，“煤气、矿山、铁路、电报线路、觐见、驻外代表机构、扩充海关……全都在‘进行中’了”。虽说郭嵩焘并不是那么好控制，摆平马格里也不是一件容易的事，但凡事总得慢慢来。

这是赫德来到中国 20 多年后的一项重要体会。

在靠近使馆区的柴火阑胡同新居里，尽管“地上还有积雪。风在吼叫，冷得要命！”赫德却感到非常的爽，他用热情洋溢的文字告诉“亲爱的金登干”，“……我确实认为中国开始动起来了！”

北京雪景中的赫德住所花园

1877年2月17日,驻英公使郭嵩焘受大清海关驻伦敦办事处金登干主任邀请,“往海口验试新选三十八吨炮船二只”。所谓“海口”,指的是英国朴次茅斯军港,而“炮船二只”,则是分别用希腊字母“伽玛”、“戴塔”命名的两艘炮艇。它们是金登干在赫德的授意下,代清政府向英国阿摩士庄兵工厂订购的。

38吨是舰载大炮的自重,相对于排水量只有440吨的炮艇,这样的吨位未免夸张。没错,这是一种号称能打败铁甲舰的小型新式舰艇,它有一个形象的昵称——“蚊子船”。“意指这种军舰虽然体格小巧,但是万一被叮上一口,也不是好受的事”。

“蚊子船”的特点,就是在很小的体积上装载巨炮!

既然有这么大的威力,又像金主任介绍的那样价格低廉,郭嵩焘自然兴致勃勃。“试航获得极大成功。郭高兴地亲自发射了大炮。在场者人人表示赞赏,郭也表示祝贺,”并自信满满地驰书李鸿章,“在英国优秀军官指挥下,由纪律严明、训练有素的水手们操纵,这种新炮艇将以军舰的雄姿,到达中国海域。”

李鸿章却没有郭公使这样的好兴致,早在三个月前,他就见识了这种新玩意儿的“雄姿”,领教过它的“威力”了!

那是上一年的11月20日,金登干代购的第一批两艘“蚊子船”驶抵天津大沽,与第二批“伽玛”、“戴塔”对应,它们自然是“阿尔法”和“贝塔”。舰上的驾驶和轮机人员皆为金登干雇用,但他们可不像那些精挑细选录用的海关洋员,这些水手大都素质很差,举止粗野,有的还酗酒成瘾,所以颇“受中国老百姓的厌恶”。尤令赫德难堪的是,当李鸿章欣然登上“阿尔法”号视察时,担任该舰指挥的英国海军退役船长一声令下,毫无动静,试射的第一发炮弹居然哑火,原因是误“用定时引信放射一颗普通的炮弹”。该响的不响,就在李鸿章刚在艇上摆放的太师椅上坐定,一名英国水手的来复枪突然走火,恰好"子弹紧挨着德璀琳的耳朵和李的头顶飞了过去"!

再低个寸把,中国近代史必然改写。

见惯了大风大浪的李鸿章,自是不会仅仅因为受了惊吓,就对外购军舰兴味索然,真正让他觉得不对味的,是一种说不清道不明的感觉,就像是入了一个局,还身不由己。看来,中国动是动了起来,却是一种被动,背后的操纵者,终归少不了洋大人的身影。

这事的来龙去脉,还得从郭嵩焘重新出山的那一年说起。

同治十三年(1874),日本借口琉球遭风难之岛民被杀,"以一些不像样的旧兵轮"兴师进犯台湾。经过第二次鸦片战争以来约一二十年的和平局面,清廷已经习惯于对西方列强逆来顺受,如今,小小的日本竟然也效法西人,在大清国头上动土,这让满朝文武情何以堪?特别是他们探知"该国尚有铁甲船二号……彼有而我无之,水师气为之夺"!

铁甲船又称铁甲舰,为海防利器,其时最为先进的新式船舰,实为国力的象征。最先站出来的当然是负责台湾防卫的南洋大臣沈葆桢,他主张铁甲船必不可少,多次函催李鸿章以购办铁甲船为急。丁日昌也极力主张购造铁甲舰,将其视为目前第一破敌利器。

事件平息后,上自总理衙门,下到地方督抚,对练兵、简器、造船展开了"海防之议",郭嵩焘也呈上令他一举成名的奏折——《条陈海防事宜》,加入了这场大讨论,直到李鸿章提出"中国造船之银,倍于外洋购船之价。今急欲成军,须在外国订造为简便!"

这话说到了赫德的心坎上。

十来年了,由于"李泰国—阿思本舰队"的前车之鉴,清政府对于通过外国人购置炮船一事这些年来讳莫如深,而赫德为避免见疑,对购船事也是三缄其口。现在,是李鸿章自己主动捅破了这层窗户纸,真是再好没有了。

不过,中国人的胃口很大,不止限于置办一般兵轮,更要购造其时的海上霸主——铁甲舰。这,却不是赫德所乐见的。

在中国,英国的利益最多、势力最大,他们最愿意维持清政府统治的现状,将中国海军限制在有名无实的地步,自己在中国则驻有强大的海军。还是在"同治七年,英国驻香港舰队因英人在台被台人叱骂等小事,遣军扰台,最后由官绅出钱,道歉了事"。同时,为了自身的商业利益,英国也不排斥制造和扩大事端,因为这有利于争夺对中国的包括新式船舰在内的武器供应。

因此,早在日本侵台事件爆发不久,嗅觉灵敏的赫德就命令金登干:

> 我要你不露声色、高度机密地为我搞清楚,买一条外观极为平和的轮船,时速15海里,安装一门能从500码的距离穿透20英寸钢板的炮,要多少钱?……我不想让任何人知道中国有这类打算。

赫德够"独",充当军火供应商这等一举多得的好事,只能是英国的专利。至于到底向中国推销什么样的船舰,怎样一步一步地说动他们,这个掮客心里有数得很。他会精细地盘算好每一个步骤,计算好每一个细节,非常小心。他可不是闯进瓷器店的莽撞公牛,绝不会重蹈李泰国的覆辙。

不久,恭亲王奕訢的耳根便开始填满了赫德有关购船建议的聒噪。想当年,"鬼子六"把同样的一件洋务交给李泰国去办,结果落个赔了夫人又折兵,这次为保险起见,他便把购船任务交李鸿章和赫德"面商办理"。当然,李大人宏观把握,执掌大局。具体一应事务,还是得由赫德经手。在给皇上的奏折里,亲王如此表述:

> 因赫德自上年(1874年——笔者注)日本扰台事起,屡在臣衙门议及购买船炮各事。经臣等详细询究,即量力先行购办(船只),责令该总税务司经理。

"量力先行",正是赫德抓住当时财政捉襟见肘的窘况,首先向恭亲王和李鸿章极力灌输的重要理念。接着，他便开始数落铁甲舰的种种不是：太昂贵，财政负担沉重；铁甲舰易被巨炮击沉，被装甲快碰船撞沉；没有停靠铁甲舰的码头，如果被敌国抢走，无异国际笑话；缺乏合格的舰长，等等。

等到被说服对象的脑子里形成了“铁甲舰已经过时”这样的观念，赫德又不失时机地开始大唱新式武器“蚊子船”的赞歌，说该船“防守海岸最为得力，尤为各国罕有之新式……所有炮位、轮机、器具等件均属精致灵捷”。关键是，这种铁炮船在海战中可攻破铁甲，而购买这种船数只所费尚不及一只铁甲船。连《泰晤士报》都来帮腔：“其舰载火炮的穿透力，超过英国海军所拥有的最可怖武器——‘无畏’舰上的大炮的15%”！如此价廉物美的“好事”，自然使李鸿章“颇为所惑”，原先有关购买铁甲舰的动议便不了了之。

李鸿章拍了板，下面的事就好办了。如前文所述，由金登干从英国阿摩士庄兵工厂代购的两批炮艇，陆续被受雇的英国军官驾驶回国。只不过，这些按希腊文字母顺序定制的“蚊子船”，到了中国本土便入乡随俗，分别被冠以“龙骧”、“虎威”、“飞霆”、“策电”等威猛响亮的船名。所费银两45万，从江汉、九江、江海、浙海、粤海五海关的关税中抽取。

“蚊子船”的到来造成了不小轰动，一时间，沿海各省纷纷上奏，请求购买，竟然形成了一股购“蚊子船”热。总理衙门认为“该船巨炮实足以制铁甲，守护海口最为得力，必当及时添置”，于是奏请再行添置七艘，仍让其时已回国休假的赫德经办。在受命承办过程中，金登干意图按照西方商业操作惯例，获取阿摩士庄的佣金，没想到赫德显得不近人情，说服并打消了他的念头。

赫德的促销获得了极大成功。形势是如此喜人，大清的海防想必愈加牢靠，但在一片叫好声中，也有那么一些不和谐的声音，传到了李鸿章大人的耳里。

代表人物是福州船政局的管带刘步蟾，他不仅对“蚊子船”提出了尖锐的口头批评，甚至呈交了洋洋万言《西洋兵船炮台操法略论》，指出：“蚊子船利于攻人，而无能自卫，只可用于守港。”

更要命的是,“船身不动时,大炮无法进行横向移动”,即便是攻击,“要达到最佳效果,水面必须相对平静”,如此“娇气”,怎能应付战时?况且还要为这些防护性炮艇补充能够执行进攻的舰只,这又得一大笔开销。

其实李鸿章在验收第一批来舰时,就隐隐感到哪些地方不太对劲,炮大船小铁皮薄,行驶迟缓射程近,似乎不像赫德忽悠的那么神乎其神。看来,自己的第一感还是对的,并没有受那颗该死的子弹影响。刘管带的意见虽不中听,确是实情,细加考量,“蚊子船”的确“行驶既缓,风浪宜避,只能在海口及沿岸浅水处驰逐接战,似不宜于大洋……若恃为洋面制敌之具,未必确有把握”。

事已至此,尽管李鸿章已然看出个中弊端,但也只能回护前短,不愿也不敢否定这桩买卖,这倒不仅仅是因为担心失去英国的支持,更重要的是,太后一句“早干吗去了”,他就消受不起。

但与此同时,李鸿章也长了心眼,“可以接受赫德的建议和计划,但并不一定一切事情都要由赫德来办理”。于是,中国驻柏林的公使李凤苞和代理日意格也订购了其他威力大的战舰,包括总税务司口中已经过气了的铁甲舰。尤其是日意格这个赫德前部下,在 1877 年的下半年以每艘 20 万英镑的价格一口气订购了两艘铁甲舰!总税务司原本殷切希望的中国国防采购由海关垄断的美梦,至此破灭。

报应很快来到。1878 年,日本从英国定制的铁甲舰竣工,次年 4 月便以其为主力,灭亡清政府的藩属国琉球,将其改为冲绳县。而清政府订购的铁甲舰还在阿摩士庄兵工厂的船坞趴窝,已购的大大小小的“蚊子船”们无力驰援,只能通过外交途径,向日本提出严正抗议和交涉,徒唤奈何而已。

光绪四年(1878)正月二十六,李鸿章致函郭嵩焘,信中写道:

本年巴黎炫奇大会巨观，鸿章神往，而力不能赴，藉得游目骋怀，亦盛事也。……就近挈随员与会，总署派赫德招商运货前往，闻颇可观，借拓眼界。

这一年，又一届世界博览会将在法国巴黎隆重举行，共有来自世界各地的36个国家参展，可以想见这将是一次具有重要意义的盛会。此时正逢赫德担任总税务司以来第二次回欧洲休假，这个海关独立王国的统治者决定"御驾亲征"，如李鸿章信里所言，亲自挂帅，担任了展览会筹备工作的总负责人。

整整12年了，自从上次回国省亲和结婚，赫德好不容易才争取到第二次回欧洲休假的机会。除了主抓世博会筹备和出席开幕式，他还要继续运作为清政府秘密洽购军舰事，顺便回家省亲并在度假胜地治病与疗养。

海关事务如此繁剧，40岁以后，神经性头痛症——"一种全面的衰竭"，如附骨之蛆，如影随形，折磨着总税务司。"他是否工作过度，过于毫不间断？是不是在中国事务中有什么不可预见的危机使他烦恼不安？是迅速扩大的中国海关业务已非一个人所能管理？是越来越看清楚他的婚姻从来也未能成为一种亲密的伴侣关系"？

问题的答案我们不得而知，只知道总税务司是时候好好歇息一阵了。

但他又怎能歇得下来呢？还是在年初，赫德便开始仔细谋划，如何能在众多参展国里脱颖而出？他与得力干将金登干反复磋商，认为只有浓郁的"中国元素"方能激起西人兴趣，最终决定要"建筑一座轻巧而明亮的中国式展馆"，使之"成为博览会的一颗明珠"。

连中国代表团驻地等一干细节，赫德都要一一过问，更别说代表团团长的住处了。

我所需要的是一所供我从4月20日到博览会闭幕整个这段期间里住的房子，希望房费和家具费一共不超过2000英镑。我所要的房子是一所单独的房舍，而不是别人房舍中的一套住房。我希望有个小花园，供孩子玩耍，至少要有两三间起居室或客厅，五六间卧室……

可怜的金登干又得跑断腿去费心布置，总税务司不是那么好侍候的！这次荣归故里的阵仗必须大大超越上一次，要的就是大场面、大气派，必须的。

我们一定要在5月1日那天做出一个盛装的亮相，我如到达那里，一定和大家一样穿上制服。如果我能成行，从明天算起，离动身的日子还有四个星期，只有四个星期了——好哇！好哇!! 好哇!!!

看来总税务司是真心激动，以至都有些小小的失态。不过，赫德还是担心总理衙门的人会耷拉着长脸，在最后一分钟阻止他成行。

郭嵩焘对巴黎筹备世博同样兴味盎然，尤其在收到总税务司赫德馈赠的《环游地球新录》后，对清政府的展陈准备更是倍加关注。那本据说刚刚新鲜出炉的精装书，居然是李中堂大人赐序，可见朝廷对赛会也是越来越重视。只是当他听闻本次盛会的规模和内容后，不禁在日记中写道，“殆非中国之力所能及矣”。看到有报纸报道“中国赴法国赛奇会，始终赫德一人任之，国家并未一究心”，感到略有不满，尽管他对赫总税务司相当推重，但我堂堂中华，就再无能人？

1878年5月1日，巴黎世博会如期隆重开幕。开幕式结束后，郭嵩焘陪同法国总统麦克马洪和其他外国使节前往中国馆参观。

展馆前龙旗招展，鼓乐喧天，赫德和他的弟弟赫政，以及金登干等手下税务司们，穿着专门定制的海关礼服，列队欢迎。中国馆果然让人眼前一亮，只见它“辕门旗斗，威严壮观如外省公署。左右两辕门，飞檐正厅三间，陈设螺钿几榻。院中央一小亭……”陈列的展品也极富中国特色，瓷器、古铜器、雕刻象牙、折扇等，“奇珍异宝，罔不毕具”。

中国馆如此风光，郭嵩焘当然也倍觉自豪。但或许是熟悉的地方没有风景，他更多的是被其他国家的展馆所吸引。在巴黎的每一天，郭公使都过得如此充实，充满新鲜和好奇，各色各样的新发明、新制造让这位花甲老人激动不已。在美国馆，他对爱迪生发明的留声机尤其钟爱，不仅在日记里作了详细的记录和描述，甚至还购买了一台展出的样品。哪里料到，此举会成为一条罪状，清廷的保守官员讥刺他“喜好奇巧淫具”，不符大国官员身份。

符不符合身份，似乎已不要紧，巴黎世博会结束了，郭嵩焘的驻英法大使生涯也已进入了倒计时。不久，他便接到总理衙门电报，将派曾国藩之子曾纪泽来接替。这已经不重要，郭嵩焘以其第一人的身份，完成了自己的历史使命。就在这一年，陈兰彬被任命为首任驻美国、西班牙、秘鲁公使，一大批大清职业外交家已正式在世界各地的外交舞台上亮相。

但赫德这些“业余外交家”们依然没有退出历史舞台。正是在海关首长的亲自领导下，中国展馆在巴黎世界博览会上大放异彩，取得了极大的成功。一共获得 103 个获奖证书，包括 6 个金奖、29 个银奖、29 个铜奖、39 个荣誉奖，成为这届展会上最耀眼的东方明珠。由于筹备工作的出色表现，赫德和他的海关洋员们被博览会组委会分别授予“荣誉军团司令”和“荣誉军团军官”的称号。

海关事务包罗万象，为什么赫德对世博会如此重视？我们从其筹备巴黎博览会的《总税务司通令》里不难发现端倪。他对各口岸的海关税务司们是这样谆谆教导的：

> 这类博览会，以及很快到来的其它博览会，它的好处在于产生一种有用的结果，一方面，激起（中国人）对别的国家正在做的事情的好奇心，一方面，（博览会）给予中国展品的赞扬可以大大改变过去对这种参与的不情愿，而每一次参与，都使中国可以与外界建立更密切、更友好、更有利的联系。

其实,赫德真正的良苦用心,是不足以为外人道的。那就是向西方显示海关尤其是他本人在中国的影响力。在这次世博会上,他如愿以偿,法国政府授予他荣誉爵位上级爵士勋章。这离他自小就有的获封一个爵士的理想,仅有一步之遥。为什么不是自己的母国呢?难道自己这个不是总督的总督为维护大英帝国的在华利益做了那么多的工作,那些所谓的大人物都视而不见吗?

1878 年时的赫德

不管怎样,赫德本身已经是一颗耀眼的东方之珠,一位了不起的大人物,他回到自己的出生地波塔当,一掷千金买下大片土地;他带着浩浩荡荡的一大家子,在法国、德国和英国的疗养胜地尽情地享受生活。感谢上帝!那个当年怀揣 100 英镑离家闯荡的年轻人,已经走向了人生的巅峰。

作为一个大人物应有的素质,赫德不会裹足不前的。他的军备采购梦破灭了,海岸防卫梦还没做完呢。

"当郭嵩焘到达伦敦开办中国第一个公使馆时,总税务司便显示了控制使馆的野心",现在眼见承办购船任务已办得差不多了,一直以来都在倡导并经办中国海军事务的赫德,怎能不趁机抛出一个统领中国海军的雄心勃勃的计划?

确实,赫德以为试办海防时机已到,继续添船购舰、成立南北两洋海军大可提上议事日程,他在给金登干的信中,甚至把自己的官衔和职权都想好了:"我的官衔简称为总海防司,我的上司是总理衙门和负责海岸防务的总督。"

一年后,总理衙门收到了赫德费尽思量精心炮制的一个海防章程,提出设立总海防署,由他担任总海防司,"总司南北洋海防,再添购蚊子炮船 8 只以及碰快船 2

只,雇用西人,认真操练等”。李鸿章也得到暗示,由赫德来担任总海防司,“尚肯出力”。

赫德的所谓海防,本不过敷衍之局,他已经做了那么多年的总税务司,现在又要染指总海防司。他也不想想,精明如李鸿章者,会一而再再而三地入他的局?

李鸿章当然是一眼就看穿了赫德的企图,但又顾虑会影响与总理衙门及赫德的关系,正犹豫如何处置,谁曾想总理衙门居然接受了赫德的意见,下文委派他为总海防司。由于赫德所拟章程,规定用人、支饷、造械诸事,均由总海防司决定,南北洋大臣不得侵越,这不仅侵害了南北洋大臣的权限,实际上也是对中国主权的侵犯。

关键时刻,李鸿章幕府薛福成站了出来,呈上一道犀利的折子——《上李傅相论赫德不宜总司海防书》,指出:

> 夫赫德之为人,阴鸷而专利,怙势而自尊,虽食厚禄、受高职,其意仍内西人而外中国。彼既总司江海各关税,利权在其掌握,已有尾大不掉之势;若复授为总海防司,则中国兵权、饷数皆入一人之手。且以南北洋大臣之尊,尚且划分界域,而赫德独综南北洋。……数年之后,恐赫德不复如今日之可驭也。

如此鞭辟入里的分析让总理衙门如梦方醒,但委任札文又不好轻率撤回,好在李鸿章自有妙计。他上文提出具体的解决办法,由总理衙门面示赫德,“总海防司须亲赴海滨专司训练,故不能再兼任总税务司”。

呵呵,鱼和熊掌不可兼得,你赫德如果舍得下总税务司,你就去“海滨贫瘠之地”当总海防司吧!

就这么一句话,便让赫德的春秋大梦彻底破灭。而李鸿章就此也更加坚定了一个信念,“办海军,必须权自我操”。

13

业余外交家

大清社稷，大好江山，既是中国的，也是世界的。大英帝国在华占绝对优势的贸易使所有大国感到嫉妒，如此甘美的肥肉，谁不想分一杯羹？还是在1864年，浩罕国军官阿古柏借民乱之际窃踞新疆，自立为王，这标志着160万平方公里的万里腴疆，脱离了大清的实际版图。眼看阿古柏在新疆得手，俄国便有了可乘之机。此前，俄国已经利用第二次鸦片战争，趁火打劫，侵占了中国100多万平方公里的领土，但沙皇的野心远不止此，又以“安定边疆秩序”、保护陆路贸易为由，于1871年出兵号称“代清朝占领伊犁”，次年却又承认阿古柏政权，换取了在南疆通商的权益。

受命于危难之秋，带着林则徐当年绘制的新疆地图，“中国著名的老将左宗棠”率领大军西征。对于陕甘总督左宗棠而言，这是一场只能取胜不能失败的战役，他没有退路。

这是一次来之不易的征伐。

阿古柏侵入新疆，正值日本侵犯台湾、东南吃紧之时，一时间，朝廷内部引发了一场“海防”与“塞防”的大辩论。李鸿章认为平定新疆年需兵费300余万两，“纵令收复，徒增今后漏卮，殊为不值”，而日本为中国大患，主张暂停西征，节饷以备海防。所谓“新疆不复，于肢体之元气无伤，海疆不防，则腹心之大患愈棘”。

左宗棠不这样看，大清的江山社稷已然丧失得太多，作为陕甘总督，不能再让哪怕一寸国土从他手中溜走。他主张塞防，“宜以全力注重西征，俄人不能逞志于西北，各国必不致构衅于东南”。

各地方督抚除少数支持左宗棠的“塞防”主张外，多数官员支持李鸿章的“海防”建议。其中最主要的原因，还是朝廷财政困难，经费奇缺。对于年收入不足8000万两银子的清政府而言，无论是海防或是塞防，均难以应付。关键时刻，文祥挺身而出，既积极主张筹办海防，又极力支持左宗棠进军新疆，加强塞防。

他相信左宗棠，相信他那支无坚不摧的军队。在廷议时，他力排众议，坚决主张西征，坚决打响新疆战役。文祥的显赫地位和坚定态度直接影响慈禧太后终于下了决心。

1875年5月30日，总理衙门奕訢等上奏，给这场大辩论画上了一个句号。当天，清廷明发上谕，派李鸿章督办北洋海防事宜，派沈葆桢督办南洋海防事宜。这就是所谓的“分洋分任”。至于海塞防之争的另一位主将左宗棠，清廷任命他为钦差大臣督办新疆军务，“速筹进兵，节节扫荡”。

而左宗棠也的确没有辜负朝廷的希望，西征大军兵锋指处，所向披靡。阿古柏见大势已去，日夜哭泣，服毒自杀。于是，天山南北两路收复后，整个新疆只剩下伊犁仍被俄国占据。

伊犁土地肥沃，有丰富的石油和矿产。赫德断定，“俄国肯定要掠夺这块宝地”，不会轻易吐出这块到嘴的肥肉。果如总税务司所料，当年俄国信誓旦旦，一旦清军收复北疆就立即归还，如今左宗棠的西征大军连南疆都克复了，俄国仍恋栈不去。

“新疆”之名为乾隆所起，意思是“故土新归”，伊犁为维吾尔语，取义于“犁庭扫闾”，只要“塞外江南”伊犁一天不回归故土，新疆危机便一天不能解除，“犁庭扫闾”的寓意“西陲永保安宁”就只能是一纸笑谈。

既然俄国许下了诺言，没实现怎能就作罢？清政府指望通过外交途径进行交涉,谁想到,昏聩无能的外交大臣崇厚,出使圣彼得堡后擅自带回一纸《里瓦几亚条约》。“一回到北京,这个自鸣得意的特使就得意不起来了:他被逮捕革职”,原来,崇厚签订的条约中,俄国虽然交还伊犁,但割去霍尔果斯河以西、特克斯河流域等战略要地,使得伊犁以西、以南险要尽失。“实际上把伊犁富饶部分的土地和天山关隘拱手相让,由于如此罪大恶极,刑部判处他砍头死刑”。1880 年 2 月,清廷再派接替郭嵩焘的驻英法大使曾纪泽前往俄国重新订约,同时命左宗棠统筹新疆南北战守事宜。左总督当即调兵遣将,定下兵分三路、武力收复伊犁的战略方针。

中国政府表现出了难得的硬气,不仅直截了当地拒绝批准《里瓦几亚条约》,还厉兵秣马、磨刀霍霍。“在北京的中国人和外国人都感到战争是不可避免的。”

俄国代办谴责如此判决崇厚,说是“中国的阴谋。他要外国公使联合起来,要不就会一个一个被赶走”。德国公使并不反对战争,因为战争往往给中立国带来巨大利益,他乐观其成。而法国代办则认为,法办崇厚乃杀鸡儆猴,实际上是排外的一个信号!

英国人又怎么看呢?英国驻华全权公使威妥玛面对就要爆发的战争,感到非常吃惊!赫德担心中国马上就会被打得四分五裂。考虑到英国巨大的利益受到威胁,威妥玛甚至有了与中国结盟,帮助中国组织自卫的打算。如此这般,英国军官又能加入中国军队,就像当年一起对付太平军。热心的赫德这样表示,假如“没有法律上的障碍,他明天就可以得到授权,招募 100 个英国军官,开始训练一支 10000 人的中国军队”。

同威妥玛一样,赫德与已是直隶总督的李鸿章也保持着密切联系,“很自然,一讨论到中国需要现代军队时,就要提到戈登的名字。16 年前,赫德是李鸿章和戈登之间受欢迎的中介人”,过了这么些年,当赫德再次提出建议,要邀请戈登来中国了解情况时,李中堂大人又作何感想呢?

在所有的洋人中,李鸿章打交道最多的当属赫德,但论到对他影响最为深远的,非戈登莫属,正所谓不打不相交也。在当年苏州杀降一事上,戈登无疑站在了道德的高地。连李鸿章自己都在私信中说:“此事虽太不仁,然攸关大局,不得不为。”尽管李清楚戈登鄙视他,但他一方面得意于自己的驭夷成功,一方面又佩服戈登的契约精神。其实李鸿章有所不知,两人还在因杀降事件闹僵时,戈登就曾致函英国公使称,“彼所认识之中国人中,只有鸿章最杰出之人才,最热心于西化”。

看来,这对冤家还真是惺惺相惜,再加上赫德这样出色的中介人,缘分还未到结束的时候。

1880年5月26日,68岁的左宗棠率领大军离开肃州大本营,向伊犁进发。抱病出征的他命人抬了一口空棺材,紧随其后,表明战死沙场的决心。《清史稿》里记载的“宗棠舆榇发肃州”,便是这悲壮一幕的真实记录。与此同时,曾纪泽也辗转抵达圣彼得堡,重开谈判。五天后,身在英属印度的戈登接到了赫德通过金登干转给他的电报。电文如下:

> 戈登上校,我奉命邀请你到中国来。请你务必要亲自来看看,这个干一番大事业的机会,不要贻误。工作、地位、条件可以在你来时同你本人商定,会令你满意。一定要请六个月假到这里来一趟,通过金登干回电。

如果说这世界上有一种雨叫作及时雨的话,那么这封电报就是从天而降的甘霖。“对于戈登来说,赫德的邀请是上帝的召唤”,此时,他刚刚辞去印度总督私人秘书职务两天。秘书这个职务,完全不适合暴躁好斗的战争狂人,他从不愿接受哪怕是来自总督的任何命令,他极端厌恶英印社会虚设的职业和虚伪的奉承,他至死也弄不明白英国陆军部的蠢蛋怎么会做出如此荒唐的安排。

戈登当即决定接受邀请,就像上了发条一样,他立刻就有数不完的事情要去做。先通知陆军部他要到中国去，要不准假，要不就接受他的辞呈，然后要制定中国如何对抗俄国从满洲的入侵的计划，还得仔细研究怎样切断俄国的交通？

离开孟买前，戈登向新闻界发表讲话，说他到中国去，决心要说服中国，为了中俄两国的利益，特别是英国的利益，不要同俄国打仗。他的话很有轰动效应，很多人都知道这话应该反着听，上校是在明确地向世界宣布：他将再次为中国效劳，只不过这一次不是去镇压反对朝廷的叛逆，而是去同强大的俄罗斯帝国作战！

“这个古怪的天才，一直都在追求冒险，幻想如果发生战争，中国再一次给他领导权，组织和装备一支现代化国防军的问题就会基本上得到解决。”

现在，机会来了。

戈登也许是太长时间没有仗打，或者说他应该是被憋坏了，这一连串行为怪异、举止乖张、口无遮拦的举动，不能不让英国有关方面感到紧张，“对戈登独断独行的态度很不满意”。这下，又轮到赫德出场了。他通过金登干向英国陆军部这样解释为什么要邀请其麾下的上校军官到中国去。

> 在目前的情况下，中国政府还不能向英国政府申请要戈登上校为他们服役，因此只是通过赫德，请他出来看看这是什么工作。就是戈登上校什么事也没做，他到中国就会有巨大的道义影响：也许就会挫败围绕在中国当局的冒险家和别有用心的顾问。实际上，这可以看成是阻止战争，保护和平的一个步骤。

有理由相信戈登并不清楚赫德在背后所起到的推动作用，否则他不会在回到阔别16年的中国后，干出抛开总税务司的举动。7月初，当上校终于抵达上海时，他所熟悉的太平军时代的落后旧中国已经过去了，不过兜头给他一盆冷水的是，他发现过去战争时代的中国朋友都发胖了，“发胖的过程使他们失去了社会和政治冒险的雄心。他们成家立业，不打算为了国家的利益而牺牲生命和财富”。戈登了解得越多，情绪就越是低落。记得他当年离开中国时曾经这样寄语：“中国人民耐劳易使，果能教练，当可转弱为强。”如今危机四伏，哪有半点转强的影子？

这时，他收到赫德热情洋溢的信函，催他直接到北京，越快越好。没人知道当时到底发生了什么，是不是总税务司的信来得不是时候？反正“对于戈登的脾气来说，这样的建议是不妥的”。他倒是往北一路进发，却直接到了天津，并待了好几个星期。直隶总督兼北洋大臣李鸿章热情地欢迎他，希望值此中俄战云密布之际，利用他的声望来说服各主战大臣。

从老上司口中，戈登获悉了此时中国复杂的政治局面，“以醇亲王，左宗棠和沈桂芬为首的反革命分子的势力正在上升，他们叫嚷要进行战争，而尽管中国作了广泛的准备，但还无法同俄国开战，而且国外还有一股强烈的反满情绪，因此一宣战，中国就会被打败，也许就成为满清王朝的末日了”。

戈登还从其他的渠道听到，外国正阴谋通过兵谏来拥立新的皇帝，皇帝的人选，就是李鸿章本人！出于对老上司的忠诚，戈登决定留下来，帮助他对付反革命。

这个天才古怪倒也罢了，天晓得他怎么超前到了如斯地步，在 19 世纪 80 年代就能冒出“反革命”这样高级的词汇。

然后戈登就到了北京，他绕过赫德，直接就来到了总理衙门，拿出一份详细分析中国西北危机的备忘录，开始高谈阔论：“他鼓吹和平，就是支付赔偿也要和平，但是如果他们决心要打的话，要把皇帝和中国政府搬到中国的中部，使北京郊区和农村成为荒地。这样就是俄国要占领北京，也会感到尴尬，战争以游击战为基础。”

大臣们听得目瞪口呆。如果让皇帝离开北京的话，那么大清帝国岂不是有垮台之虞？真乃朽木不可雕也！戈登发现他的建议得不到附和，当即又叽里呱啦好一顿数落，吓得译员连气都不敢出匀，更别说翻译了。戈登于是拿出一本字典，翻到某一页，将他想说的关键词指给大家看。

这个词是“愚蠢”。

对戈登这一切匪夷所思的言行，包括刻意回避自己之举，总税务司并没有生气，他认为那是“因为误解，一时冲动的行为”。赫德写道：

> 戈登还在天津，非常古怪，他几个小时的祈祷，以灵感来行事。他到北京来，吹嘘中国弱小，俄国强大，必须和平，而总理衙门根本听不进去。他从不和我见面——认为我是麻烦的起因——他写信给法国和英国公使来谴责我，他已放弃了他的使命，可能还想吵架，过几天又会放弃李鸿章。

看来，最了解戈登的人还只能是赫德，他的预言真的成为了现实。就在前些时，戈登还打电报给英国陆军部，说为解决中国目前的危机，他无法离开，要求辞职以便支持李鸿章。这使英国当局大为愤怒，立即由陆军部电令他回国，但戈登“说他不理睬，继续干他的！”谁曾想，还没过几天呢，“戈登，可怜的家伙，他放弃要与李鸿章共命运的使命，现在又向李鸿章说再见，启程回去了！”

据说戈登向李鸿章辞行时，面对李大人慷慨解囊的1000两赠银，展现出他并非赳赳武夫的一面，将他这些年来对这个帝国未来的思考，化作20条赠言。择其要者有：

> 一，凡中国与外国议约须在中国商议，因中国官员若往外国则易于受蒙必致失其本心，终于获罪；
>
> ……
>
> 五，中国必为自强之计，否则洋人不能相助整顿一切。务须逐渐兴办此条，必当切记……
>
> 六，中国一日以北京为建都之地，则一日不可与外国开衅。因都城距海口太近，洋兵易于长驱直入，无能阻挡，此为孤注险……
>
> ……
>
> 九，中国须遍地设立电报，修理运河。此二事较整顿水师尤为紧要。中国有不能战而好为主战之议者，皆当斩首。中国欲与外国争胜，当使华商自往外

国，径向制造厂家购买各货，则洋商不能于中取利……

……

十三，中外交涉未结之案甚多。中国宜派专员查究并从公了结。因各案不结，外国不无介意，实于中外交情有……

……

二十，中国急宜设立税务学堂，令华人学习关税事宜，以备接替洋人。

这最后一条逆耳忠言，仿佛就是说给赫德听的。天啦，这个仿佛失心疯了的武人，怎么能发表这么多富有见地的高论？他好像一下子又清醒了起来，一回到英国，便通过金登干给赫德写信，“说是个误会”。

真是此一时彼一时，赫德再次领教了这个中国成语的深刻含义，除了那些临别赠言，看不出戈登的中国之行还有什么别的价值。或许，邀请他来，本身就是个错误。没有他掺和，曾纪泽在圣彼得堡不是照样干得不错？

的确，“传统科举出身的、以曾纪泽为代表的清政府早期外交官群体”，尽管在外交交涉中尚显稚嫩，但也并非乏善可陈，至少敢与老毛子叫板就勇气可嘉。实际上，曾公使此行带来的两个左膀右臂都没有派上用场，“马格里和日意格都没有参加在俄国外交部的谈判。他们都留在背后。曾侯到达彼得堡时就得到暗示，如果英国人和法国人来指点他，那谈判就不能顺利进行”。

谈判是战争的延伸，彼时，“中国军队结集在边界上，而俄国的军舰则结集在日本海”。俄国在谈判中还是像对付崇厚一样蛮横无理，几次恐吓曾纪泽要开战，但得知清军在前线调动频繁，左宗棠更是抬着棺材到了新疆，也不敢贸然启衅。

以左宗棠在新疆的布防为后盾，经曾纪泽据理力争，总算为中国争取回部分主权和领土。1881 年 2 月 24 日，清政府与俄国签订《中俄伊犁条约》。“俄国退还所有窃据的领土，换取在伊犁最西部边境的一片狭长的土地和 900 万卢布的赔偿金。”这一条约依旧是不平等条约，但相较崇厚所签的条约，实在是不能以道里计！

就算戈登不去信解释，赫德也不会生气，他只是有些想不通，戈登上校军事才能了得，可在其他方面怎么如此不可理喻。

确实，战场上 100 个英国军官未必抵得上一个戈登，但在外交战线，戈登的糟糕表现只能证明——每个人只有在适合自己的舞台上才有用武之地。大千世界，又有几个罗伯特·赫德呢？又有谁像他那样具有卓越的无师自通的外交才能呢？在赫德看来，自己的密友金登干，那个忠实实践他的“业余外交”理论的伦敦办事处主任，倒也是个难得的外交人才。他所负责的大清海关驻伦敦办事处，本来就担负着这样的职责。

还是在 1867 年底，赫德鼓动恭亲王对贫弱的葡萄牙“乘机动之以利”，设法赎买澳门。经他提议，西班牙驻华公使玛斯任满回国，是办理这一交涉的合适人选。于是，金登干便随同公使前往欧洲，执行这一借款“买回”澳门的所谓“玛斯计划”。无奈人算不如天算，玛斯回到西班牙后，来不及与葡萄牙交涉，就于 1869 年 2 月在马德里病逝，这一秘密外交计划便被搁置下来。

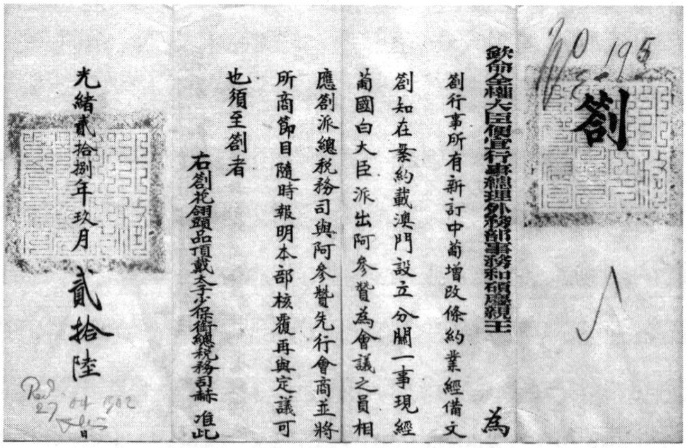
劄

欽命全權大臣便宜行事總理外務部事務和碩慶親王 為
劄行事所有新訂中葡增改條約業經備文
劄知在案約載澳門設立分關一事現經
葡國白大臣派出阿參贊為會議之員相
應劄派總稅務司與阿參贊先行會商並將
所商節目隨時報明本部核覆再與定議可
也須至劄者
右劄花翎頭品頂戴太子少保銜總稅務司赫 准此
光緒貳拾捌年玖月 貳拾陸 日

外务部关于澳门设立分关给总税务司赫德劄文

计划虽流产，纯属不可抗力，金登干的才能赫德却看在眼里，而最令总税务司满意的，当属操办 1884 年世界食品与卫生博览会。这也是金登干的登峰造极之作。

这届博览会因在赫德的祖国——英国伦敦举办，而且英国王储威尔士亲王亲自担任博览会的名誉主席，故而海关上下均格外上心，尤其是总税务司本人。

20 年来，赫德在大清海关已经确立了他的绝对统治地位，并成功地将威慑力扩张到中国政治、军事、外交、文化、教育等诸多领域，可是，在他的英国老家，人们似乎并不了解他在中国建立的伟大事业，英国政府对此也未予以足够的重视，这与他在中国如日中天的声誉实在是不相匹配。

因此，赫德认为这届博览会是个千载难逢的好机会。只有通过办展之机讨好王室，在上层社会和英国民众中间广泛宣传海关的功绩，才能让他名扬英伦三岛。

金登干很有些跃跃欲试。但时值中法在越南北部军事冲突不断，东京湾硝烟味越来越浓，战争随时可能爆发，总理衙门一时犹豫到底要不要参会，迟迟未予答复。这下赫德急了，一面不停地在恭亲王面前聒噪，一面索性先斩后奏。

于是，在总理衙门没有同意的前提下，赫德就和金登干一起“加紧筹划备办，以迎合英国方面对中国参展的热切期望”。1884 年 1 月 14 日，他指示金登干拟好工作进程，并作出最坏打算，“3 月 20 日以前开始干这项工作。到 4 月底你可把东西、你的建筑物准备好。到 6 月 1 日就可把展品等准备好。如和法国发生战争，我们可能不是在一方面而是更多方面完全停下来。或者是，如果总理衙门决定不予合作(虽然我认为不大可能做出那样的决定)，那我只能给你寄去少量的物品以帮助展览会。”

赫德真的是有些急不可耐了。当总理衙门又以经费不足而期期艾艾时，总税务司表示可以直接动用他的特别账户，先行垫付。看来，他是铆足了劲要以精心打造一场中国传统文化盛宴为名，向英国王室和家乡人民宣扬他的“海关成就”。好在这一番诚心也终于让恭亲王松了口。

既然是食品与卫生博览会,那就先从“吃”入手。曾几何时,中国美食一直为西方人津津乐道,但也只有少部分洋人有此口福。赫德决定借博览会的东风,让中国菜走向世界。按照他和金登干的精心策划,中国展馆里应该有一家中国餐馆、一家中国茶馆以及出售中国土特产的商店。餐馆里还要配备能歌善舞会乐器的演员,在客人就餐时伴唱伴奏伴舞,以增进食欲。于是,一支“由海关征召,分别来自北京、九江和广州,由乐师、厨师、侍者、店员,木工、泥瓦匠、油漆工等30人”组成的浩浩荡荡的队伍来到伦敦。

彼时,不远万里横渡重洋去英国参展,确实不容易。这些海关洋员口中的“中国佬”都是第一次出国,都不会英语,金登干让伦敦办事处工作人员发给每个人一张卡片,系在胸前,上面用英文写明“系博览会工作人员,若是迷路,请指明回博览会的路”。赫德对这支海关“雇佣军”也分外“关心”,甚至在许多细节上亲自过问。他指示金登干,“他们不需要宫殿似的套间。你应把他们安排在一起或彼此很近,最简陋的住处也比他们在中国的房子好些。我们须管他们的吃住:大米、蔬菜、咸鱼和猪肉就足够了。可以这么说,他们都是些苦力,他们往返的路费要花一大笔钱,但我希望他们带回好的报道”。

生活起居条件简陋也就罢了,他们在人格上也得不到应有的尊重。中国乐师和厨师刚到伦敦一星期,就发生了比利时籍海关洋员阿里嗣当着警察的面脚踹中国人的事件,虽然金登干出面调解平息了事端,但阿里嗣的行为正是海关洋员长期歧视中国人的结果。可就是这些在赫德和洋员们眼中的“苦力”,凭借着勤劳和智慧,出色地完成了本职工作,可以说如果没有他们的参与,就不会有美轮美奂的中国展馆。

就在赫德与金登干各自分头为博览会忙碌时,前线传来了军事挫败的消息,慈禧以“委靡因循”之名,将恭亲王为首的军机五大臣全部罢黜,总理衙门改由庆亲王奕劻主持,同时授权李鸿章与法国代表举行和谈。在津海关税务司德璀琳的协助下,李鸿章在天津签订《李福协定》,承认法国对越南的保护权。

这其中，赫德也功不可没。不用威尔士亲王夫妇美言，女王也高度肯定赫德这位“中国新海关的实际缔造者”的能力。正是因为他为英帝国带来巨大的利益，仅仅半年以后，英国政府便决定由赫德担任英国驻华特命全权公使。但赫德不愿放弃总税务司之职，婉言谢绝，此乃后话。

为了让英国民众更好地了解中国音乐，金登干在伦敦安排了一个正式的剧场，邀请一流的英国乐队和演员来与中国乐师同台演出。这本是赫德与其商量好的规定动作，但英伦三岛刮起“中国风”，金主任也刮起“头脑风暴”，他别出心裁，要求不识五线谱的中国乐师跟着钢琴和八音盒，学习演奏英国的流行乐曲，以此来表达对英国的友好。

这个创意看起来不错，可是赫德认为他们在这么短的时间内是不可能学会的，担心不伦不类的，惹人嘲笑，如果出洋相岂非前功尽弃？要求乐队只演奏中国乐曲。一向言听计从的金主任却坚持己见，好在中国乐师聪明好学，居然很快就学会了英国乐曲。在专场演出时，英国观众不仅欣赏到美妙的东方丝竹，也被《上帝保佑女王》《上帝祝福威尔士亲王》《快乐的家庭》《再见吧老友》等耳熟能详的乡音所深深打动，在中国乐师谢幕时发出由衷热烈的喝彩，久久不愿离去。

如果说精致华美的中国展品在之前的博览会上只是给予世人悦目的视觉享受，那么，这次赫德遥控、金登干操办的世界食品与卫生博览会则另辟蹊径，在味觉和听觉上也给游客们带来了全新体验，以至于金主任在给赫德的总结报告中得意地写道：“这次成功是辉煌的！”

就在伦敦的那支六人小乐队咿咿呀呀地演奏中国风乐曲时，中国的东南沿海出大事了！

1884 年 8 月 22 日，法国远东舰队司令孤拔率 6 艘军舰侵入福建马尾港，福建水师坚决执行朝廷“彼若不动，我亦不发”的旨意，待法舰从容发起进攻方仓皇应战，多艘舰只未及起锚，便被击沉或重创。不到30分钟，兵舰11艘（扬武、济安、飞云、福星等9舰被击毁，另伏波、艺新2舰自沉）及运输船多艘沉没，官兵殉国760人，经此马江①一役，南洋水师即福建水师全军覆没。

原来，早在20年前，闽浙总督左宗棠聘用日意格等一帮法国人，在闽江海口江畔一个叫马尾的地方，办起了中国第一所船政局和福建水师。有此渊源，法国对福建特别是马尾的方方面面都了如指掌，因此，当中法重新启衅后，法舰便陆续进入马尾，袭击中国马尾海军并炮轰福州船政局，日意格先生忙乎半天，他倾注毕生心血的远东第一大造船厂，最终却毁在自己国家舰船的炮口之下。

想当年，日意格在合同期内，共计建造近代舰船15艘（军舰10艘、商船5艘），其中所造1560吨级的兵船“扬武”号，相当于国外二等巡洋舰水平。这些舰船不少入列福建水师，如今也被法国舰队毁于一旦，这让日意格先生情何以堪？十几艘舰船承载着日意格的使命，一同悲壮地沉入闽江的滚滚波涛，当然，还有朝廷撒下的3000多万两银子。

中法战争期间，日意格几乎使尽浑身解数，为尽快终结战争做了最大的努力。但是，一个法国人对中国的情怀，在拿破仑三世皇帝的威严号令面前，显得是那么微不足道。而此时的他，早已病入膏肓，即使在病榻上，日意格还坚持着为再次回到中国马尾，做临行前的各种准备，并梦想着能为中国打造一支全新的海上舰队。

1886年2月19日，带着对中国船政事业的遗憾，怀着对中国古老文化的眷恋，日意格在法国戛纳走完了人生的最后一程。一周后，他的葬礼在巴黎玛德琳教堂举行。保存在法兰西国家图书馆里的“纪念日意格”档案，忠实地记录下葬礼当天的情形。

① 闽江下游从福州东南乌龙江与南台江汇合处，至入海口的一段俗称马江，又名马尾。

主持仪式的神父手捧着一个黑色的天鹅绒蒲团，上面摆放着死者生前的遗物，战争中所获的若干纪念章和一件满清朝廷的御赐黄马褂。

明黄色的丝质马褂，实在是日意格先生的生前最爱。这件只有极少数外国人才能得到的来自满清皇帝的最高赏赐，永远失去了它的主人。

马江海战，本在赫德意料之中。当法军在台海肆虐，将基隆“炮台的炮火打哑了”时，总税务司就断言，如果不采取相应措施，福州岌岌乎怠哉！

彼时，身在上海插手中法谈判的赫德，建议中、法各请一国调处，为法方拒绝，又建议邀请三国调停，但均无结果。面对法国方面节节升高的漫天要价，他派遣税务司贺壁理到总理衙门称：“基隆现被法人轰没炮台，占据煤矿。总税务司面见法国巴使，据云前议四百万恤款，中国不允；现在情形不同，改恤款为边界经费，加至一千万两，仍可了结，基隆亦即退回中国，法不占据。如不肯允，定要轰夺船厂并福州省，再驶船北来索款。到那时候，台湾地方即归法国，是不退还的了！”

如今，法国远东舰队不仅“轰夺船厂”，连南洋水师都一锅端，“发生福州事件后，就只有战争，没有其他选择了。退让来换取和平是办不到的。应该是法国必须为袭击基隆和福州进行赔偿”。

的确，这一届的法国内阁，其政治主张中最核心的一项就是殖民扩张，总理茹费理曾直接参与镇压巴黎公社，被恩格斯讽为“镇压公社的可耻的刽子手中最可耻的一个”。如此看来，法国人违背对英国的承诺，撕毁《李福协定》，继中越边境后，又在中国东南海疆点燃战火，实在不足为奇。

但是，此举严重影响了英国的在华利益，因此赫德在他的私人信件中忧心忡忡地表示，“五年战争，完全可以扼杀二十五年的贸易”。值得欣慰的是，赫德这一次看到了中国人抵抗侵略的决心,他评价道:"法国人尽管在福州取得了所谓的胜利,但那天真正的荣誉应归于战败的人们,虽然他们无力抵御敌人有预谋的进攻,但他们奋战到底,并且和燃烧着的、千疮百孔的船舰一齐沉没……"这位"中国通"认为,战争拖得越久,中国越不会退让,也越可能发生对中国有利的事情。

8月26日,清政府下诏对法宣战。上谕除了强烈谴责"法人先启兵端"并在军事上作了相应部署外,还严厉声明,今后满朝文武如有再敢陈言赔偿和解者,即交刑部大狱伺候。

这样的态度,无疑对言和妥协的人是个打击。但凭着对清政府数十年的了解,赫德深知,朝廷的抵抗是被迫的,抵抗不可能持续太久,它随时都需要通过谈判和第三者的调停来与法国达成妥协。同时他也看到,对调停充满兴趣的人,远不止他一个。

单单那个在《李福协定》上牵线搭桥的德国人德璀琳,便已经让赫德十分不爽。他甚至有些后悔,不应该将他从东海关税务司任上调任津海关的,正是在天津,他与直隶总督兼北洋大臣李鸿章越走越近,已经不把总税务司放在眼里了。

不是吗?现在的德璀琳不仅自诩"是李鸿章总督的忠实朋友",甚至还想和赫德一样,"成为可信赖的指导者,哲学家和中国政府的朋友"。由于"他比一些外交家对东京湾争议的细节更熟悉",因此李鸿章委托他趁回国度假期间,为中法之间的调停而奔走,尽管赫德对他在欧洲的活动感到不安,写信叫"他好好度假,不要管这里发生的事",没想到反而刺激他更加积极地进行活动。因为"他把李鸿章比作没有舵的大船,在天津他就是李鸿章的舵!"饶是赫德将他调任粤海关税务司,但德璀琳硬是在广州,便一手完成了《李福协定》的所有前期准备,最后由"李鸿章马上建议总理衙门,指示赫德叫德璀琳赶快到天津来"。

这已经摆明了是让总税务司下不了台,与总税务司对着干了。他比当年的日意格还要有过之而无不及。那日意格多少还有些骑士精神,脱离了海关,这个叫作德璀琳的税务司,牢牢地占据着粤海关这样显赫大关的负责人职位,却公开地"身在曹营心在汉”了。

眼下,中法两国一直在军事和外交两条战线上纠缠,这不仅会削弱英国的在华势力,也会殃及自己在海关的地位。中法争端的解决怎么能离开得了他总税务司呢?又怎么能让德璀琳之流专美呢?

转眼就到了10月下旬,清政府收到法国总理茹费理提出的议和条件:中国从越南撤兵;重新批准《李福协定》;在条约完全履行之前,法国占据基隆和淡水等。

一时间,英、美、德等国又纷纷打着“调停”的旗号,前来怂恿清政府向法国妥协。总理衙门门庭若市,恭亲王被罢黜后的萧条一扫而空。正当其时,法国人在台湾淡水遭到的挫败,让清政府有了足够的底气去拒绝法国政府的所谓“和平”方案。

列强的调停陷入了僵局,但是,私底下,在慈禧太后、奕劻等人授意下,李鸿章明里暗里向法国人的求和行动,就一直没有消停。

天津的李鸿章俨然已是可以和总理衙门分庭抗礼的人,“由于他的地位,他的身份,他的老练,他毫无疑问的能力和他对外国人和外交事务的充分了解,他逐渐成了没有委任的外交部长”,“马嘉里事件”最后的终极谈判便是在这位老练的总督手里完成的,但这一次,赫德有“决心要把他与茹费理的谈判完全掌握在自己手里!”因为他也从来都是唱主角的人,号称业余外交,其实活干得异常漂亮,绝不能比职业外交家逊!

赫德知道从哪里入手。清朝最高统治层在对法国战与和的问题上充满矛盾,满、汉官僚之间,不同派系之间,纷争不断,展开了激烈的权力角逐,导致对法和谈缺乏连贯政策,加上总理衙门信息不灵,对法国国内状况知之甚少,这一切,都给他操纵中法和谈提供了可乘之机。

他所希望的机会,由于下面两件事情的失败更有了可能。

一是英外相格兰威尔出面,在中国驻英公使曾纪泽和法驻英公使瓦亨顿之间的斡旋宣告失败。

二是美国和德国劝中国赔款的调停,因清政府拒付赔款而终止。

赫德喜不自禁,电告金登干:“两者都已失败,我们即可自己着手!”他指示金登干不妨直接与茹费理打交道,另辟谈判的新途径。

可是,似乎还缺少一个契机。到了1884年冬季,清政府在新疆设立行省,使西北得以久安长治,法国人却发出了扩大侵华战争、进攻中国内地的威胁。尽管在赫德的多方奔走努力下,清政府总算表示愿意接受英国的调停,但他还是无法真正走到前台。外交谈判很多时候都是很微妙的,中间隔着一个英国外交部,要多麻烦有多麻烦,许多事情操作起来,那是相当的不方便。

每每到了关键时刻,命运之神似乎总会关照赫德,这次也不例外。还是在这年的10月,发生了一起海关巡船被法军扣押的事件,这起本来毫不起眼的纠纷,居然让总税务司一下子脑洞大开。

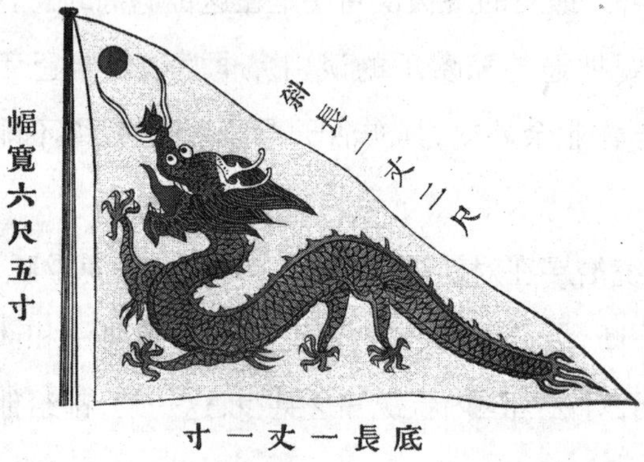

1873年总理衙门令海关巡船必须挂用新式龙旗(此为大号龙旗)

彼时,法国海军已经宣布封锁台湾海面,但海关方面并没有当回事,因为“这种基于一般人道主义考虑的国际工作,不应受到干涉”,负责这片海域各灯塔给养的海关巡船“飞虎”号,照常执行任务。不知是否出于对中国海关因战争爆发拟解聘法籍雇员一事的报复,法国海军以“飞虎”号想冲破封锁为由,将其扣押。

“飞虎”号巡船在光天化日下进入台湾海域例行公事,既没有进行掩盖,也没有回避检查。所有的证件完整无缺,携带的货物明显是灯塔用品,只是,和往常一样,带有少量对付海盗的武器弹药。或许正是这些“可疑物品”，让法国人抓到了把柄。

赫德原先并不以为然，“认为这可能是两个船长间的误会，‘飞虎’号上的英国船长不懂法语，而法国船长不懂英语。当要求释放‘飞虎’号时，得到的答复是，这个问题只能在巴黎解决”。

这样的回答纯粹是推脱搪塞，其用意无非是回避进一步的询问，却在无意间给了赫德一直等待的契机。能不能以此为突破口呢？谁又敢说“飞虎”号事件不是老天刻意安排的呢？

现在，伦敦谈判破裂，清廷拒付赔款，该是打出王牌的时候了。他写道：“这种非职业的外交手腕，所处理和影响的问题非常重要，就像纸牌游戏……我认为我手上的这张牌是这副花色的最后一张！”

1885 年 1 月 7 日，赫德指示金登干到巴黎去，直接去找法国总理解释“飞虎”号事件。如果茹费理好相处，就和他泛泛地讨论东京湾的问题，解释停火和最终和平的条件，以改善谈判的机会。他再三叮嘱，务必要严格保密，“那些被授权和没被授权在中国或欧洲插手调解的人中，有许多人还很活跃。在伦敦有曾侯和马格里，在中国有李鸿章和德璀琳，他们同以前一样忙碌着……”

四天后，金登干第一次受到茹费理的接见。法国总理不得不俯下身段，因为连《泰晤士报》都开始炒作了，“台湾南部的两座灯塔已经失灵了，中国大陆有 11 座归‘飞虎’号照料的灯塔很可能要熄灭了，因此将使所有航海的人受到威胁”。金主任并不仅仅代表大清海关，他还代表所有航海人的利益。

会谈主题始终围绕“飞虎”号事件，并未跑偏，没有涉及金登干希望的话题。又过了两星期，当第二次会谈即将结束时，法国总理突然问道：“还要我告诉他(赫德)什么事吗?”

这正是金登干需要的机会！他顺杆上爬接上话茬回答茹费理说，“如果要提起总体局势的话，他得到指示，有个机密信息要让阁下亲自考虑”，那种敏捷的样子让人很难想象他是一个瘸子。

1883 年落成的台湾鹅联鼻灯塔

然后,金登干询问茹费理,可否接受赫德的建议,在《李福协定》上增加单独条款。得到否定答案后,他像变戏法一样立刻抛出赫德的另外一个建议,如果中国放弃其所建议的边界线,法国放弃对淡水的关税和基隆矿产的要求,就能达成妥协。如果法国愿意讨论这样的妥协,赫德相信他能够使中国接受。

金登干尽力让茹费理相信,“总税务司可与中国最高当局直接联系,如能得到关于以上各点的确实意见,或可能使活动成功,如法国要在现阶段和平解决,这就是最合适的机会。总税务司是中国的官吏,自然要求能有对中国最好的解决方法,但也渴望推动任何可能的方法”。

此言不虚,或许,相对于曾纪泽的血气方刚、李鸿章的圆滑老练,赫德的左右逢源更对法国总理的口味。茹费理说“这种办法从没有人向他提过,这是他所听到的惟一合理办法”。不过目前他还不能就这个建议作出任何承诺,除非这个建议是从中国的总理衙门传递过来,正式递交给他。

“茹费理的反应令人鼓舞”，不管怎样，终于又有了和平谈判的希望。

对赫德来说，只要打进一个楔子，下面的事就好办了。至于取得清政府对法谈判的授权，以他的功力和能量，并非难事。接下来，经过金登干和茹费理2月8日、20日的第三、四次会谈，事情很快就有了头绪。又经过讨价还价的拉锯，赫德已经可以自豪地告诉金登干：“目前的谈判，完全在我手里，我要求保守秘密，并不受干预。皇帝已有旨，令津、沪、闽、粤各方停止谈判，以免妨碍我的行动。”

到了2月26日的第五次会谈，茹费理明显对谈判的进展感到满意，会谈结束时，他用法语通过金登干传递信息给总税务司：“我对赫德爵士给我的希望，感觉满意。我同意只通过一个唯一的居间人，即他自己，并对每一件事保持极度的秘密，直到我们能恢复公开谈判为止。”

2月28日到3月1日，应该是法国军队在越南谅山附近的胜利促进了谈判，赫德电告金登干：“中国政府真诚希望和平，批准津约，宣布媾和。”①他还让金主任向茹费理转达中国方面的议和条件。这是御前会议刚刚结束后总理衙门王大臣请其转递的，与法国方面的要求基本一致。

虽然中法双方的底牌已经摊开，但真正达成协议仍须经过艰苦的博弈，特别是在谈判期间，中国方面取得了镇南关大捷，法国军队损兵折将，被迫退出谅山。

战败消息传到巴黎，激起公愤，茹费理内阁被迫倒台。被中国人打败后，这位“第二帝国的民主斗士”再也没能爬起来，成了巴黎人的笑柄，直到数年后临即将离世他还耿耿于怀：“是那些中国人毁了我的一生。”

但中国人的做法茹费理是到死也不会明白，明明在军事上取得了决定性胜利，但他们却将此作为妥协求和的资本，主张“当借谅山一胜之威，与缔和约，则法人必不再妄求”，要求赫德赶紧解决谈判问题，否则，“拖延一个星期就可能使几个月的耐心和坚持不懈的努力化为乌有”。

---

① 津约指在天津签订的《李福协定》。

总税务司心领神会，叮嘱他在前方的代言人："如果同意，马上签字，但决不要在4月1日签字。'愚人节'是个不祥的日子。"

1885年4月4日，金登干和法国外交部首席政务长官比洛，分别以中法双方合法授权代理人身份在议定书上签字。"赫德像东方人一样，若无其事地向总理衙门宣布这条消息，说从他们把同法国的谈判交给他处理刚好九个月。大臣们顿感轻松快活，欢呼道，'孩子降生了！'"

岂止是总理衙门当值大臣，整个满朝文武都有理由好好庆贺一番。这终归是中国近代史上唯一一场在军事上不败的战争，签订的和约尽管被法国人打开了西南门户，但一没割地，二没赔款，还有什么不满足的吗？

这一天，正是中国传统的清明节，可以向列祖列宗报喜了。

总理衙门大臣奕劻

对赫德来说，议定书也就是停战协议的签订是"巨大的胜利"，不仅在很大程度上确立了总理衙门作为外交部的合法地位，也使总理衙门的新首领庆亲王成为海关的亲密朋友。尽管利用"飞虎"号事件有赌博之嫌，却又堪称神来之笔，以至于他在给金登干的信中反复回味："我甚至都没让李鸿章巨头知道，或插手这个问题……我肯定直接找茹费理，我们不会有损失。这样做，如果不是厚颜无耻，也是充满风险。但是'飞虎'号事件正是上帝安排给我们的钥匙，来打开茹费理这扇门。"

或许，除了金登干，没人知道这段时间赫德

的焦躁和不安，成功的花，人们只羡慕它现时的明艳，对这次堪称典范的外交斡旋，自然是一片喝彩，“大多数的评论，特别是巴黎、伦敦和华盛顿政府官员的评论都是热情的赞扬”。

但令人遗憾的是，英国驻华公使巴夏礼却没有发出一丁点声音，这位老资格的外交家，在协议签订的两周前就死于北京。

要说赫德担任总税务司以来，一共与四位英国驻华公使打过交道。与第一、二位卜鲁斯、阿礼国关系尚可，毕竟前者曾推荐赫德进京晋见恭亲王，后者是募用洋员海关制度的设计人；第三位威妥玛，那是相当不喜欢赫德，《烟台条约》谈判期间两人彻底决裂；第四位就是因疟疾刚在北京去世的巴夏礼，他和威妥玛一样属于对华强硬派，“对中国人又暴躁又傲慢”，对赫德也是不无微词。

海关首长是大清政府的雇员，至少名义上应维护中方利益，驻华公使是女王陛下的使臣，代表的是大不列颠及北爱尔兰王国的利益，这两者的关系本就对立的时候居多，相处大为不易。因此，赫德在 3 月 30 日参加巴夏礼的葬礼时，很有些百感交集，但就在此时接到的一封电报，更让他五味杂陈了。

这是一封来自伦敦的电报，英国外交部任命赫德担任大英帝国驻中国公使。

赫德的第一个反应是感到茫然不解。巴黎议定书的谈判正处在关键时刻，在安全签字并得到圣旨批准前，千万不能透露这个消息。4 月 4 日大功告成，紧张的时刻一过，一股幸福的暖流将总税务司包裹。从 19 岁时被英国外交部录取漂洋过海来到中国，到如今的知天命之年被任命为特命全权公使，难道不是达到了他当初投身外交事业的巅峰？又难道不是对他海关成就的充分肯定？

尽管与夫人长期两地分居，但这样事关整个家族荣誉的大事必须与之商量。在加急电报中赫德说，“如果他接受，他呆在中国的时间也许还得延长，工资也比较少，可能还没有退休金，不过这给他机会做有用的工作，使他在中国的事业达到顶峰。”

电报是明码的，有些事却不能说在明处。谁不知道公使职务是个大大的肥缺，好处多多呢?

赫德要求远在英伦的夫人迅速答复,因为他得立即打电报把最后的决定告诉英国政府。可当夫人回电明确表示接受,而自己也做好履新打算时,不知怎地,那封电报却一直没能发出去!

难舍难分啊!26年的海关生涯,不是挥挥手说离去就离去的。但除了那些近乎血缘般的牵绊,似乎还有些不足为外人道的缘由。

一言以蔽之,接班人问题。

当总理衙门征求赫德意见谁来接替他时,总税务司提议了他的弟弟赫政。

虽然赫政"喜好游乐,不太喜欢长时间的持续工作",是仰仗乃兄"在海关内的被保护者",但经过前文述及的多方历练,他现在即使离开了哥哥的关照,也是个有能力的管理者。由赫政出任海关首长,加上赫德的指点,海关不会偏离既有航向。

按理说举贤不避亲,况且此项提议也得到英国政府的支持,但事实证明,这只能是赫德的一厢情愿,觊觎此职位的,大有人在。不要说海关内部风头最健的德璀琳,甫立新功的金登干,连老朋友丁韪良博士也得到了提名。当然,中国方面也认为必须"抓住这个机会,把一个高级的中国官员安插到海关首脑的位置上"。

自从李泰国上位,英国人已经把持海关26年了,或许风水也该轮流转转不是?

接下来的几个月,去或者留,赫德陷入两难的抉择。尽管他无法抗拒出任公使这样崇高的荣誉,但为了海关的信誉和效率,他的底线是必须由自己人来接班。在这场激烈的博弈中,赫政一度胜出,以至于赫德向各口税务司们发出了通报,"充满感情地向他多年的战友告别",他甚至定在了8月22日去公使馆履新。因为这天不仅是他的结婚纪念日,而且他担任总税务司的年头也恰恰是22个。

但在最后的关头,赫德终归还是没有成行,因为他已经明确地得到消息,不管赫政会不会得到任命,总理衙门都无法承受来自李鸿章的压力。一直以来,手握重权的李鸿章大人认为自己才是外交谈判的适当渠道，虽说赫德当下的影响已经达到了顶点，但海关业余外交家们在中法谈判上的得瑟表现显然惹恼了李鸿章，他不得不把赫德“看成是在顾问事务上的批评家和竞争对手，而不是合作者”。

现在，业余就要转正了，就让赫德成为职业外交家吧！李鸿章意识到，他的机会也来了。“让能听从他的指令的人来担任总税务司对他很有利。这会加强他在总理衙门的权力，使他能够容易地利用海关组织来执行他批准的计划。”因此，他千方百计为他提名的候选人德璀琳争取这个空缺。

德璀琳

赫德不能容忍。“德璀琳要比赫政更出名，他是李鸿章巨头的信徒，在天津促成很多官方事业，如果德璀琳要来担任总税务司，德璀琳就会受到野心家李鸿章的支持和支配。对海关将是有害的！大家都知道，为了使他的靠山高兴，德璀琳很可能会实际改变海关人事和一般组织”，这会使海关冒着倾覆的危险，而且这个危险已经迫在眉睫！

总税务司知道他要怎么做了。要维持海关的现行路线，唯一绝对安全的解决办法就是保留现任，就是恋栈不去！由于他在工作上业已取得的成就深受慈禧太后的欣赏，因此，只要他在，纵然李鸿章想干预海关，也是枉然。

在给英国外交部的一封长长的电报里，赫德既阐明了留任的原因，又直白地向自己的祖国表了忠心。

我离开海关，就会使海关受到某些伤害，我就任公使，除了我个人能得到的好处外，我看不到会有相应的益处，经过充分的反思，我决定留任总税务司，我觉得我这样才能对英国最有用处，当然也对中国有好处。我个人对公使馆并不重要，但对海关却是很重要。担任公使职务，环境会削弱我的地位，担任总税务司，则会使我的地位加强。外交部可以相信我，在争取英国的进一步利益上会得到我的合作。

这真是以不变应万变啊！赫德情不自禁地写道："中国人对我的决定很高兴，作为总税务司，我的地位比以前更强了。实际上，海关现在可以吹嘘，我们的总税务司被任命为公使，但他拒绝了！"

是的，做一个业余外交家，也挺不错！

14

梅生走私军火案

江汉关洋员格林不知道有没有听说过李泰国的事迹，1861 年在上海，第一任海关总税务司为解救被暴徒围殴的同类，肚子上被捅了几个洞。30 年后的湖北武穴，当格林也依葫芦画瓢，企图去营救一群女传教士时，英雄救美变成了一出悲剧。

伤感之余，赫德还是将希望寄托在清朝地方政府上，相信他们只是疏于防范，“总的说来，当中国官员及时地注意到必须采取保护措施时，他们总能在保护外国人方面做得很好”。

赫德与税务司人员的合影

实际上，自从中法战争后便愈演愈烈的反洋教运动势头正猛，尤其是在长江流域，“谩骂、反对洋人的小册子和传单到处随便散发和张贴于长江沿岸的城镇和村庄”，一起接一起的骚乱或暴乱大有失控之虞。值得注意的是，出现在芜湖的煽动性传单，吩咐人们不要去骚扰海关，但失去理智的人们，最终还是将海关洋楼等同于教堂、育婴堂，一并给予捣毁。

在外交使团的强烈抗议下，光绪帝发布敕令，责令立即逮捕并审判“闹教者”，处决首犯，以儆效尤。然而，动乱仍在继续。许多人都倾向于认为，这些暴民与其说是反对外国人，不如说是为了反对朝廷，其真正目的无非是要在政府和外国列强之间制造更多的麻烦，使政府难以自拔。在确认这一观点时，人们将注意力集中在了哥老会身上，这个组织以反对朝廷而著称，而且已经将发动起义的时间定在了 1891 年！

赫德治下的海关，与朝廷是唇齿相依的，或者说皮之不存毛将焉附？除了提供真金白银的税收，海关还利用自己的特殊地位，搜查、扣押出入境的“反贼”和军火，充当清政府的守门员，试图把“谋反”扼杀在襁褓之中。但令赫德倍觉痛心的是，在他的海关洋员中，居然就有这么一个“内鬼”，在动乱的长江流域地区，“积极地参与了中国人颠覆清朝和推翻政府的阴谋”。而且他加入的，还正是哥老会。

这个“内鬼”，曾经被金登干当着希望之星招进海关担任帮办，记得他是这样向赫德报告的。

> 梅生很可能会成为刻苦钻研中文的人，也一定会成为一名好的文职人员，但是，他缺乏莱迪似乎拥有的和蔼的性情……他的脸庞像中国人，这可能可以说明他为什么受到当地人的喜欢。

莱迪是和梅生同时被招录的帮办，都被派到镇江海关。也许他不像梅生那样具有天生的“受到当地人的喜欢”的条件，但这又有什么要紧呢？那梅生最终出事，就是因为太招“当地人的喜欢”了！

镇江关外班公寓

其实梅生刚刚踏上工作岗位时，各方面的表现还是不错的，他“成为一个高效的文职人员，出色地写出了官方出版的《镇江的外运子口税单手续》一书，并投身于热心研究中文、中国历史和政治制度”。他甚至凭借运动天赋，在当地“发挥了领导外国人体育运动生活的作用”。

事情坏就坏在梅生的研究太热心、太投入了，他研究“中国政治制度”简直走火入魔，以至于“使他终于和臭名昭著的秘密反清组织哥老会有了联系”，而一旦加入这个秘密组织，想要全身而退，恐怕就没那么容易了。

刚开始得知自己的雇员卷入走私军火这样的大案时，赫德还有这样的幻想，梅生是不是打进哥老会的呢？他应该会在获取情报后向政府报告的。事实上，海关洋员开展对华情报活动，本身就是新型海关的一项特异功能，只不过是梅生走得太远。

但随着梅生的供认不讳，案情逐渐明朗，他并非海关高层臆想的所谓卧底。如果说格林之死貌似偶然，那么梅生走私纯属自找。

赫德的愿望彻底落了空。

没有人能理解梅生,包括他自己。

大凡有志于报考中国海关,漂洋过海来到这个古老帝国的欧美年轻人,并非都是看重优厚的待遇,比如梅生这样的英国小伙子,也渴望以前辈李泰国、赫德为榜样,在中国建功立业。只是,他那颗驿动的心,未免跳得过快,这使他不是行进在正确的道路上,而是在刀尖上跳舞了。

彼时,赫德一手擘画的新型海关早已走上正轨,海关各项业务都有一定之规。

梅生们只需要按部就班做好本职,就有机会晋升,再不需要像他的前辈那样劈荆斩棘了。对大多数海关洋员来说,这是一只金饭碗,但梅生不这样看,每天机械重复着从申报、查验、估税,到审核、交款、验放等呆板环节,他觉得是在浪费生命,也就在这时,曾经出现在他研究视野中的一个神秘团体——哥老会,向他抛来了绣球。

"梅生对哥老会的价值在于,作为一个可敬的外国人,尤其是作为海关的外籍内班工作人员,在开展获取和运送武器和军需品,和招募不安分的外国人这种负责任和棘手的工作方面,他将比任何中国人更不容易受到怀疑。"这样的工作实在是富有挑战性,很对梅生的胃口。尽管他也知道这是脑袋掖在裤腰上的买卖,可他已经管不住自己。想当年,那些太平军时期的先辈不是曾"为了战利品和冒险而受诱参加叛乱起义"吗?只不过那些有奶便是娘的家伙层次太低,他梅生绝不是为了几个钱,"如果哥老会策划的起义成功,谁也说不准他会如何出人头地!"

在梅生"一阵阵稚气、狂妄的臆想中,他把自己看成是中国未来的君主。哥老会的革命把他抬举到令人晕眩的高度,他那些装备良好的勇士们感激地维护他的地位,他们都相信他不是个冒险家,而是个受到鼓舞的信使,受命来把他们从一个天命已尽的王朝统治下拯救出来"。

不，哪是什么信使，简直就是天使！这种念头一旦产生，便再也无法抛开，梅生不明白自己为什么挡不住这种诱惑，明知无比虚幻，可理想万一实现了呢？

既然梅生加入了这个戒律森严的组织，冒险的香饵便不断地引诱他干下去，直至1891年9月案发。

李鸿章是这样记述的，“初十，沪关拿获镇关帮办税务英人梅生代会匪购运洋枪三十五箱。梅生自带炸药五磅，由镇关盘出。押解赴沪，经沪道讯，据供称镇江会匪雇英人受司美在港购军火，并雇二十洋人代其乘坐致远轮船至镇江。内有头目英人名泰山，原在商局为大副。又沪道访得助匪洋人六名，现住上海虹口，泰山亦在内等语”。

那么沪关也就是江海关是如何查获的呢？按照清朝官方的说法，轮船在香港出发前，“报装货物是铁铲8件、钢铁27件，而到局取货单时，语言支吾，因而访查，知系军火。港局当时来电，职局即密告沪关……”

果真是海关工作人员不放过任何一点蛛丝马迹，私运军火一事才败露？这似乎也太小瞧镇江海关帮办梅生了。事情的真相究竟如何？我们不妨顺着梅生的足迹，来看看这出他自编自导的大戏是如何从开场到落幕的。

1891年7月，梅生以去日本度假为由，拿到了两个月的长假，但他并没有东渡扶桑，而是直奔香港，去找一位叫作受司美的哥老会代理人，他此行的任务就是，购买一批武器和弹药并运到镇江。

按理说如此性命攸关的大事，应该绝对保密才是。但头脑发热的梅生在出发前便“走了非常冒险的一步，试图把他的同事克劳斯凯和他的中文老师郑先生争取过去。前者警告他，这很危险，但又忠于雇主，非正式地向他的上司报告了这件事。他的上司并不重视此事，但却劝克劳斯凯稳住梅生，假装顺从，以便了解更多情况”。

所谓中文老师，其实也是梅生的同事，一个姓郑的镇江海关职员。梅生告诉他闹教之事是哥老会所为，许诺郑说：“你若肯进入哥老会，即可指日做大官。”或许是更加相信自己的洋同事,梅生竟然用密码命令克劳斯凯,指示他按照事先约好的暗号,某月某日占领镇江电报局,进攻崇明岛炮台,以便控制长江的一切交通。可怜的梅生,显然已经陷入一种谵妄的状态,却自以为把一切都安排得妥妥的。如此,他便怀揣一大笔经费,放心地登上了赴港邮轮。

在香港,梅生乔装开展地下工作,在英国人受司美的协助下,购买了一大批武器弹药,并伪装是钢材、铁锹,装进 35 个箱子,由“济云”号轮船经上海运往镇江。他还通过一个英国海员发展了二十几个人,为这些人提供了武器装备,最后遗憾地发现只有六到七人准备冒险。还写了一封匿名信给著名的雇佣军头头麦士尼将军,许诺让他在哥老会起义中担任高官,要他招募 1000 人,准备攻占吴淞和江阴炮台。

一切都是那么完美! 也许是嫌还不够刺激,梅生又在自己的行李中夹带了 5 磅炸药,一路有惊无险,志得意满地安然抵达上海。殊不知,他自认是天衣无缝的一连串行动,却早已处在监视之下了。

上海从来都是一座不乏传奇的城市。浸淫其中,梅生又有惊人之举。他写了一封信给江海关税务司裴式楷,警告他说哥老会已经策划了反对政府的起义,为这次起义准备的 35 箱武器弹药已经由“济云”号轮船从香港运出,不日即将抵达上海。梅生敦促裴式楷准许这些在报关单上名为钢材和铁锹的箱子不用检查,直接转运镇江,这样才能进一步了解这次叛乱的情况。

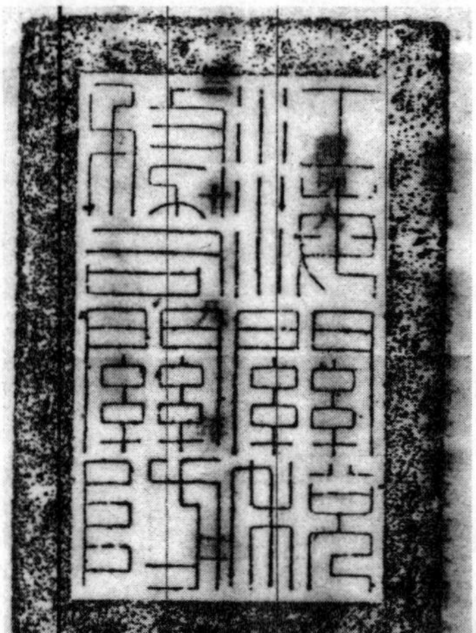

江海关税务司关防

梅生也许也认识到了,这么一大批军火要通过海关,如果没有许多海关内部人员共谋,就是一种毫无希望的愚蠢行为。而他将实情捅给江海关税务司,或许还有一个好处,那就是一旦那 35 箱军火被海关截获,“他在哥老会面前也会是无罪的”。因为据说 45 岁的裴式楷是赫德的内弟,谁叫大权在握的裴不一路开绿灯呢?“无论如何,他的行为证明他思维错乱,证明这个阴谋和他的参与都不可置信地缺乏远见,缺乏对所有将出现的困难和危险的确切认识。”是的,假如是从某个没人监视的沿海地点或长江口偷运军火,似乎还有成功的胜算,梅生的计划,怎么看都是不可能完成的任务。

果不其然,裴式楷拒绝了他的建议。梅生想当然的所谓“巨大的恫吓”,并没有威胁到未来的代理总税务司。这个当时税务司队伍里唯一的硕士当即建议梅生马上到北京去,把他知道的和所做的一切都告诉赫德。

这实际上是在救梅生啊!已经处在悬崖边上的梅帮办,再往前走一步就是万丈深渊,除了自首,还有别的出路吗?事后,裴式楷在审判庭上作证时,回忆了当时的场景。“9 月 12 日傍晚,梅生与他共进晚餐,他们详细地讨论了这件事,裴式楷的印象是,梅生准备采纳他的建议,到北京去见总税务司。但是,梅生直接登上当晚就要开往镇江的‘芜湖’号江轮,为了安慰自己的良心,他写信告诉裴式楷说,他收到数封威胁他的生命的信,已经没有选择的余地了。”

既然梅生一意孤行,那真的就没有选择余地了。13 日上午,当梅生兴冲冲地踏上镇江码头时,那位拥有“和蔼的性情”的莱迪帮办等昔日同事已经板着脸孔,不由分说将其拿下,并把他带到税务司的寓所检查行李,结果查出梅生携带的炸药和几支填满子弹的手枪。“梅生求告说他危在旦夕,于是,被送上当时正在镇江港的英国炮艇‘莱普尔’号。”后又因担心当地哥老会势力太大,强行劫人,就将梅生押解到上海,“交由江海关禁诸凌风小轮船中”。

也许,只有此时此刻,身处摇摇晃晃的狭小舱室中,梅生才终于清醒。他赌输了!只是,“他下的赌注使海关陷入它从未面临过的最严重的危机”,却是所有人都想不到的。

梅生走私军火并非个案。在这个多事之秋,各地海关还陆续发现了“太古松江船由香港私自运输洋枪大小五百余支,英籍广生轮自香港到汕头,自行查出呈缴手枪二十六支、六口连四支,铜帽四箱,药弹二千”。与一般教案的小打小闹相较,这猛然间冒出的众多购枪买弹案件,对于清廷意味着什么,自是不言而喻。

两江总督刘坤一尤其紧张,案子发生在他的地盘,朝廷怪罪下来,他担待不起。能不能将坏事变好事,通过审理此案,将梅生背后的哥老会一网打尽呢?想法是好,但却实现不了。原来,梅生虽然长着一副中国脸,却是道地的英国人,享有治外法权的保护,因此尽管案子发生在中国境内,梅生还是中国海关的雇员,刘坤一却无法逮捕梅生,更无权独立审理梅生一案,只能按照英国法律,由中英两国进行会审。

好在人赃俱获,案子很快就在上海审理。那梅生先还诡称:“五月间各处闹事,欲知底细,佯入会为办军火,用已钱买炸药,未知定例,不准携带,亦不解何用法,并无害人意。”闪烁其词的供述,明显的底气不足。海关待遇再优渥,也不至于有多到可以购买大批军火的银子啊!

直到与他同住一室的美国人克劳斯凯作为第一证人走上法庭,梅生索性好汉做事好汉当,将所有事情都一个人扛了。他“公开说自己是哥老会的成员,承认他在香港为哥老会购买了大量的武器,还设法把武器运入中国,还承认为参加推翻中国皇帝的阴谋而招募并武装了一些外国人,以及他自己为非法使用的目的,把一些炸药秘密带入了中国”。甚至豪言:“此案我若不认错,则将供出中国人姓名,一经供出,伊等必遭杀戮。如有与我国家为难之事,则吾不能不说,今若此,则吾一人受苦。”如此义薄云天,那会匪匪首真的是睡着了都要笑醒了。

梅生走私大戏唱完了,又在法庭上演个人英雄主义的闹剧。他倒是过足了瘾,但无论是英国方面,还是清廷上下,都不满意。在英国驻沪总领事看来,“梅生与任何秘密组织都没有丝毫关系”,他“要避免陷入因出现英国人受控参与一帮叛逆谋反而造成的尴尬处境”,因而绝不能让梅生因为加入颠覆中国政府的秘密组织而接受审判。

中方则惊"闻港匪接济镇匪军火之洋人,不止美生[①]",可现在连一个梅生都搞不定,而且此案之复杂,超过想象。"访闻美生在镇所用细崽[②]九江人徐春庭,为会匪首徐春山之弟。……并闻徐春山现在福建海关税司处为细崽,当赴税司处面询,据云八月十一夜在美生行李内检出希腊文号码杂记,甚难翻译,已译出美生由致远轮船致沪关税司函,显系欲骗过沪关至镇滋事。兹据税司劳译出面交,声明原件已寄总税司"。

两江总督真的是给惊住了,哥老会似乎已打入了各地海关,那搜出的梅生日记和寄赫德密函,都写的是些什么呢?湖广总督也很生气,致电总理衙门,"匪首姓名,梅生断无不知之理",要求将"中外罪魁"梅生"严拿重办以示炯戒"。

事与愿违,尽管清廷政府多次向英国政府施加压力,要求严讯梅生,究出会首姓名,以凭缉拿,但最终开庭时,英国律师对梅生唯一的指控只是随身携带炸药,从而违反了1883年制定的爆炸物法案的第四部分。梅生当然知道好歹,表示认罪服判,结果被判处九个月的监禁,不仅不需要做苦工,还可以在保证循规蹈矩后交保释放。

重罪轻判的结果,自然是哗声一片。总理衙门并非对外面的世界一无所知,"针对梅生被控的罪行,根据1883年的法案,在英国的犯人会被判处终生监禁和长期苦役",要是搁国内的人犯,如此弥天大罪,还不得凌迟处死!

关心时务的知识分子,对英方审判官员在审判梅生一案中的偏袒行为也表现出极大的愤慨,要求将梅生"即解回本国监禁,永不准其来华"。

刘坤一身兼南洋大臣,也主管外交事务,面对群情汹涌,他建议总理衙门"商请公使再嘱惩办",哪知英国公使对此置若罔闻,梅生一案仍维持原判。无奈之下,总理衙门便责令驻英大使薛福成与英方进行交涉。

---

① 美生即梅生,下同。
② 又称西崽,清末民初洋人在我国开设的洋行、西式餐馆等所雇男仆的称谓。

薛福成的外交生涯始于1890年出使英、法等国，刚刚履新，便遇到了梅生案。这个既有赤子之心又有杰出才能的外交官，对赫德及其海关非但不陌生，更有入木三分的洞察。早在李鸿章门下，他便以一纸犀利的札文，让赫德染指总海防司的梦想破灭。

接到总理衙门的旨意后，薛公使敏锐地意识到，“中英双方在梅生一案上的分歧，在于其审判结果与相应法律、法规的规定是否相符。在中方看来，梅生一案显然是重罪轻判，而英国领事则认为此案的判决符合各种规定”。于是，薛福成在筹划整个交涉时，把重点放在寻找法理和事实依据上。

经过周密的准备后，薛福成正式就梅生一案与英国外务部展开交涉。薛福成在光绪十八年(1892)正月十三日就梅生一案正式照会英国外务部。在这封照会中，薛福成根据梅生口供、各证人供词及其他所查获的各种实证，证明梅生至少有三项罪名：一是私通会匪，二是违例雇人，三是偷运禁货。同时他还指出，英方审判官员将梅生监禁之期减轻为九个月的做法，“实非秉公办理之道”。据此，薛福成明确提出重新审理此案，“欲望英廷俟梅生监禁期满之时，解至香港再审，判其所犯别项之罪”。

英国外务部接到中国领事馆发出的照会后，处心积虑地寻找理由，对中方的正当要求予以粗暴拒绝。薛福成针锋相对，抓住英国枢密院所定管理条例，以其之矛，攻其之盾，反驳外务部的牵强之词，再次提出重新审理梅生一案，严正声明“本大臣欲其再行提审，分别定罪，不许再至中国”，要求将这个危险人物驱逐出境。为避免事态扩大，英国外务部最终同意将这个不省事的小人物押解回国，这已是英方在梅生一案上所做的最大让步。

薛福成退而求其次，采取下策“促其解回本国，并不准再行来华”，实属无奈。那梅生之所以能逃脱中国法律应有的惩罚，靠的就是治外法权，这实在是中国立约以来所蒙受的最大损失。因此薛公使痛定思痛，主张“参照中西律例”或“专用洋法”，来逐步废除在华洋人所享有的治外法权。这事还得慢慢来，能将梅生驱逐出境,已经是中国外交的胜利,否则,英国在梅生监禁期满后“先行释放”,然后再以“不能捕得为词”搪塞中国,那也没辙。主犯也就这么着了,梅生“供出的与他有联系的英国公民,不管是海关或是领事馆的雇员,都应该彻底清查”,一个都不能少!

难道各口海关果真潜伏着许多危险分子,与会匪沆瀣一气? 还要“彻底清查”?金登干认为:“这事是伦敦使馆里某些乐于看到赫德领导的海关受到质疑的人干的。”他没有指名道姓,但明眼人都知道他说的是谁。

赫德比任何人都更清楚地认识到,梅生那幼稚的行为给海关招致的危险有多严重。在任何一个中国省份,都有那么一些中国官员,“他们怨恨这个由外国人管理、监督方法严格而且在提取税款上过分严谨诚实的中国海关的存在和活动”。

不是自夸,与清廷的颟顸腐败形成鲜明对比,赫德治下的海关,进出口货物须按章征税,申报、查验、估税、审核、征税、交款直至验放各个环节,都有一整套严密的章程作为依据,使得海关意外地保持了高效和廉洁,也使得过去的一些既得利益者食不甘味。

这些人充分利用梅生反对朝廷的罪行,将攻击的矛头指向了海关首长赫德。“极力强调被告(梅生)在外国人管理的海关里是受到信任的雇员这一事实,这是个有损那个组织的外籍领导人的荣誉的事实,因为,根据条约规定,他(赫德)是唯一要为所有受雇的外籍雇员的聘任、品德和行为负责任的人”。

赫德将这一严峻的事实写信告诉金登干:

你将会在上海的报纸上看到关于梅生事件的一切报道。它给海关造成了巨大的伤害,而我们的敌人们正在用各种方法利用它来反对我们……梅生事件的后果之一,可能会把推荐雇员的权利交给中国的驻外使团,撤销伦敦的办事处,也许把我也一起撤掉!

这可万万使不得，假如海关驻伦敦办事处被裁掉了，金主任这一大家子该怎么过啊？且不说那可观的薪水，光是购置军火的佣金，就不是一个小数字呢！

好在总税务司署的顶头上司还是通晓事理的。经过30年的历练，“总理衙门比批评赫德的人更了解赫德和他所管理的海关。尽管梅生的劣行触犯了法律，应当受到谴责，却还有一个好处：在长江流域反对洋人的骚乱方面，它为总理衙门在答复北京的外国公使提出的严惩伤害外国人的生命和财产的罪行的要求时，提供了无价的反唇相讥的理由”。不是吗？既然你英国法官在处置像梅生这样的阴谋颠覆中国政府的罪犯时，能够这么麻木，这么宽大，那么，你们凭什么指责“已经更为严厉地惩罚了袭击外国人的生命和财产的中国凶犯的中国法官呢？”

整个事件中，赫德始终保持克制，静观其变。只是来到不能不经常走动的总理衙门时，尴尬的总税务司无法为梅生的行为找到任何借口，只能说也许梅生真的是为了掌握哥老会的秘密，以便为中央政府效劳，这怎么听都像是在找台阶下。所幸那些当值大臣并没有当面和他辩诘，他们甚至还安慰总税务司，告诉说他们是怎样利用“梅生事件”做文章，来对外交使团关于骚乱的抗议进行有力回击的！

于是，赫德干脆听之任之，既不采取行动代表被告进行干预，也不反对被告。他知道，反对海关的风暴将怒吼一阵子，然而，假以时日，一切都将归于平静。

赫德的策略无疑是成功的，尽管当事件遽然爆发时，他相信梅生的谋反使海关深受其害，但到了1892年初，总税务司已经可以很淡定地说：“现在，人们已经不怎么谈论梅生事件了。好像它没有发生过一样，好像我脚下的土地没有动摇一样。”

可有一个人却生怕世人淡忘了如此惊天动地的大事件。当1892年夏天，镇江海关原帮办梅生走出监狱大门，离开这座让他伤心的城市时，“这种激愤已经偃息下来了，报界几乎忽视了他离开上海之事”。怎么可以这样呢？梅生回到伦敦后，实在无法抵制把公众注意力吸引到他身上的诱惑，给《帕麦公报》和《纪事日报》各写了一封长信，声称他曾经“采取的行动完全是基于为被压迫的人民争取自由的激情”，并风马牛不相及地发出悲叹，“在希腊被视为荣耀的诗人般的献身精神，在中国职员身上却是犯罪的！”

不知道伦敦使馆的薛公使有没有机会听到梅生的呐喊，假如有所耳闻，一定会告诉他——这就是中国的国情。

15

天朝“奇葩”是怎样炼成的

梅生走私军火结案，海关危机告一段落。赫德写道：“人们正在恢复理智，梅生事件只会使 30 年来的良好管理显得更为卓越，更加值得称赞。”如果从这个角度考虑问题，那此案又何尝不是一块试金石呢？只不过，梅生那不可思议的言行，那几近癫狂的举动，让总税务司百思不得其解，海关为什么总有这样的狂人存在？

要论狂妄第一人，那得属第一任总税务司。想当年，李泰国也想住上和王爷一样的华美大屋。想法好是好，但王府不是什么人都能住的。他的僭越之举最终落得个卷铺盖回家，这就成全了赫德。住在北京的总税务司官邸——一座四合院里，也很惬意。

赫德北京住所

赫德住所花园的小亭子

赫德住所的马厩

其实赫德也可以像他那些外交官同胞一样，住在一幢舒适的英国式洋房里，但赫德不。他牢记自己的身份，作为一个中国政府的官员，他就应该住在中国政府提供的官邸里，所以只能是一所中国式房子。显然，赫德吸取了前任被免的深刻教训，时刻提醒自己是清政府的雇员，干不好，是会被解雇的。

但这座四合院恐怕在全北京都独一无二，因为金登干给赫德订购了一个洋玩意儿——抽水马桶。

不知是否有意安排，四合院所在的勾阑胡同和恭亲王王府所在的柳荫街相距不远。所以，除了到总理各国事务衙门公干，王府也是赫德经常登门拜访的所在。

这都是很久很久以前的事了，但赫德依然清晰地记得每次拱手作别时亲王眼神里的期许。无疑，对到处弥漫着腐朽气息的晚清政府来说，新型海关就像从外部世界吹来的一阵清风，令人心旷神怡。在亲王看来，那些贪腐成癖的“自己人”实在不靠谱，把海关交给“虽系外国人，尚属驯顺”的赫德打理，放心。

更加忘不了的，还有一次人数不多、规格很高的饭局，就在那道山西名菜糖醋鲤鱼端上桌时，亲王意味深长地说起了一个典故。

话说东汉南阳太守羊续，为官清廉，在拒腐方面很有一套。作为地方长官，自然有许多人前来巴结他，给他送东西，但羊续却下定决心，要以自己的清俭来抵制不良的社会风气。一天，羊续的属下府丞焦俭见羊太守过于清苦，便给他送了条活鲤鱼。面对这条鱼，羊续左右为难，无奈之余，只好暂且收下，等焦俭一走，便叫人把鲤鱼挂在府邸屋檐下，没过几天，风吹日晒就成了一条枯鱼干。直到有一天，焦俭又笑嘻嘻地拎着更大更鲜活的鲤鱼来拜访羊续。羊续不说话，只是笑着指指那条悬挂着的枯鱼干。领悟到长官的一片苦心，焦俭红着脸，收起鱼退了出去。

从此，风干之鱼便成为活生生的教材，瞪着苍白的死鱼眼，警示后人别再行贿进贡。这件事传出去后，府吏们被羊续的高风亮节所折服，以后再也没人来礼贿他了，“羊续悬鱼”的典故也就流传下来。

那时赫德来华已有十年，刚刚坐上总税务司宝座。纵然好学的他博览群书，可中国历史实在太悠久，羊太守的故事，他还是第一次听说，但赫德马上就明白了亲王的深意。是啊，1700 年了，有几个熟读典籍的帝国官员不知道这个出自《后汉书》的典故？他们却依然前腐后继，身不由己地陷入了贪渎的怪圈。

确实，大清入关后，顺康雍(顺治、康熙、雍正)三朝亦如前明，贪渎横行。“自乾隆朝开始，至嘉道咸(嘉庆、道光、咸丰)间，吏治日复败坏。京官吃外官、大官吃小官、小官吃小吏、小吏吃百姓，胃口越吃越大。官吏中，即非贪得无厌者，也不得不取给陋规以资挹注，否则难以立足；而不肖者，则以为多取是贪，少取亦是贪，等贪、多贪可乎？上行下效，一部、一省、一郡官员莫不皆然！”

不能说大清的统治者们无所作为。前清时代，对官员的考察、监察、惩罚，沿袭了历代王朝的一整套制度，比如设立专职御史官，其职责就是弹劾贪渎官员，但这套监察制度是为专制君主量身定做的，人治色彩很浓，其效用受皇帝的性格和能力影响较大。御史制度通过以官纠官的形式来进行反腐，其调控官场的意味应该更浓。在统治集团日益腐化、政治腐败每况愈下的情况下，他们也不例外地会不断腐化，“专徇赃私，骄恣跋扈”，成为内部政争的工具。

或许，这个“几无一处衙署干净”的庞大帝国，就像未经处理的鲜鱼一样，早已糜烂腐败了。

为报答亲王的知遇之恩,赫德不止一次许下诺言,要在林林总总的衙门中,保证"海关税司一枝独清"。亲王借鱼说事,敲打自己,一定是情非得已啊。要知道,海关税收可是亲王最后的依靠。国家羸弱如斯,没有他把好海关这扇大门,管好"大清的钱袋子",亲王哪来的银子,去致力于"同治中兴"的改革呢?

记得是在年轻的总税务司第一次南巡时,当得悉"唐阿七案件"的谜底后,他在日记里写下了这样的誓言:"从海关做起,从而制止敲诈勒索,保证有一个廉洁的政府!"

现在,事实证明还是外来的和尚会念经,他的表现没有让亲王失望。不和别的衙门比,就拿海关自身来说,由总税务司管理的"洋关"(即"新关")就是比清政府官员主管的"常关"(即"旧关")要好太多!前者负责外轮货物的稽查征税,工作效率高,不论是"洋员"或"华员",都能清廉自守;后者管理国内民船贸易,则懒散草率,贪腐连连。

早在"新关"设立前的康熙二十四年(1685),中国就建立了四大海关:粤海关(广东)、江海关(江苏)、闽海关(福建)、浙海关(浙江)。它们都是由清朝官员管理。由于管理散漫松弛,受贿纵私成风,走私漏税一直十分严重,清政府应入的关税被层层私吞。1852 年,江南道监察御史梁绍南上奏称,经粤海关管辖的地域仅白糖、冰糖每年就进口不下五六千万斤,但在当时粤海关的记录上,仅得一千五六百万斤。梁绍南说:"近年以来绝少呈报(进口的白糖、冰糖),其为偷漏,更属显然。此外如进口之洋参,出口之绸缎,皆属大帮货物,近年税册,俱觉寥寥。广东如此,外省各关口均同此弊,概可想见。"

任人唯亲则是公开的事实。以粤海关为例,作为当时全国四大海关中最重要的海关,粤海关最高长官称为"监督",由皇帝从内府差使钦派。粤海关下辖总口 7

处,小口70多处,如大关总口、黄埔口、九龙口等,这些口岸的负责人和关键职位的人选来自两方面:一是由京官和粤地方官推荐,二是由海关监督的家人和手下巡役担当。据旧《粤海关志》记载,嘉庆二十三年(1818),钦派粤海关的一位监督,就将他的24位家人和41位手下巡役安插到粤海关下面的总巡口、黄埔口、江门口等各总口和小口担任各式要职。他们的薪水,由监督署办公费开支。这并不是个案,当时粤海关的监督都是这样做的。

当时,清政府征收的关税其实并不多,主要有两项:船钞和货税,而货税的税率极低。但是,粤海关的官员们巧立名目私设的各种税费却多得惊人。例如,黄埔口就向过往船舶货物私收进港费、离港费、停泊费、粮道捐、分头、火耗、验舱、贴写、领牌等近70项,所得统统被上下官吏私分。1763年,两广总督苏昌上奏称,粤海关各项陋规银两,"每年不下六七万两,从前原系丁役私收入己"。对于这些陋规银两的征收,外国商人强烈不满,屡次要求清政府减免,但往往旧的规费被上级明令缴公,新的规费名目又现,至于其他私相授受的贿赂,更无法统计,总归是"瞒上不瞒下"。

于是海关就成为清廷最著名的肥缺,被中外商人指责为清代官员腐败的典型代表,名目繁多、花样翻新的贪腐案件层出不穷,俨然是腐败的重灾区。为什么赫德一到任,就能"刷新关政",杜绝舞弊,而常关却还是吃拿卡要,涛声依旧?赫德到底用了什么样的点金之术,化腐朽为神奇,将海关(常关后来也归洋人管理)打造成廉洁高效的样板,成为天朝出污泥而不染的一枝奇葩?

还是让那条鲜鱼来告诉你答案。同样是送鱼,看看在赫德铁腕治下的洋关,有着怎样的遭际。那是闽海关的一位外班关员,午夜交班后提着一条鲜鱼兴抖抖地回家,被查岗的外籍副监察长半路撞见。洋监察可没有羊太守那样的慢功夫,他立即询问鲜鱼的来历,最后查实,这条鱼来自报关人员的馈赠。便在逐级呈报后,根据规制将这个可怜人儿清理出海关,永不录用。

赫德不会给予这个外班关员一丝同情,因为他已经给了他们太多。

有清一代，官员的俸禄一直是相对偏低的。早在康熙年间，御史赵璟就曾上奏，“计每月支俸三两零，一家一日，粗食安饱，兼喂马匹，亦得费银五六钱。一月俸不足五六日之费，尚有二十余日将忍饥不食乎？不取之百姓，势必饥寒”。这导致清代公务人员的薪水只能是点缀，加上送礼之风日盛，除了“三节两寿”（“三节”指春节、端午和中秋，“两寿”指官员自己和官员夫人的生日），更是创造出告别送别敬，冬天送炭敬，夏天送冰敬，不胜枚举，营私舞弊、贪污受贿便成了潜规则。有一位叫李慈铭的低级京官的“日记表明，从 1863 年到 1888 年，他的全部收入有将近一半来自馈赠”。

这一切，赫德都了然于胸。对于如何才能让手下人安心为海关工作，他这个“洋和尚”确实引进了“真经”——来自家乡的英国文官制度。那个同样产自家乡、漂洋过海而来的抽水马桶，不是让整个屋子都常年空气清新了吗？

清末海关税务司合影

先看关员的薪酬，赫德实行了与清政府完全不同的高薪养廉制。海关内外班职员的薪酬十分丰厚，比起朝廷官员，差距不可以道里计。就以那个外班关员为例，尽管外班相对内班地位较低，但在这个系列里最低一等的钤子手(即验货员)，每年薪俸也有600两，而做到最高层级的超等验估，每年的薪俸高达2400两。什么概念？一位当朝六品官员的年薪也不过500两左右。而且，海关工作稳定，待遇优渥，只要遵守制度不出岔子，就可定期升级加薪。关员告老还乡时，还可一次性领取相当于十年薪俸的退休金，这也是其他衙门没有的福利。

这就是赫德在海关推行的退休制度及养老储金制度。平时待遇优厚，退休了还有一笔可观的退休金作为养老保障，海关关员在岗时便无后顾之忧，可以安心工作、死心塌地地服务。而且，服务年限越长，养老储金积累越大，越到后来越舍不得放弃。如此，养老储金实际上成了促使海关关员保持操守、廉洁行政的保证金，无形中增加了对关员的管理效力。海关关员们在权衡利弊后，大都不想为贪污冒风险，客观上做到了“不想贪”。

大清也有明白人，顾炎武就说过：“人皆患吏之贪，而不知去贪之道，人皆喜吏之清，而不知致清之本。必欲去贪致清，在乎厚其禄均其俸而已。”但洋海关的种种优越待遇，却是当时其他机构所不能也无力提供的。

当然，世界上没有无缘无故的爱，享受了高福利，就必须严格遵守海关规章。若有人敢贪污，就会受到连坐处分，使敢于试法者望而却步，客观上做到了“不敢贪”。洋海关有着严密的税款完纳和呈报制度，每个业务流程和环节都不可能集于一两个人完成，使报关商人与海关关员相识相熟的程度降低到最小，即使有贪念的职员都无机可乘，想贪而贪不到，客观上做到了“不能贪”。

赫德既然敢对亲王许诺，要保证洋海关的纯洁性，必然对任何贪腐行为“零容忍”。他在《局外旁观论》中写道：“(我中国)制度本极精详，而日久尽为虚器。”因此，监督从他本人做起，这样就没有人可以不受监督，也没有事可以暗箱操作。此外，他多次强调制度的执行力，如果发现哪个职员不检点，一旦上报税务司，必然一查到底,绝不手软。端的是反腐倡廉严抓不懈,发现一起,查处一起。所以,各级海关人员无人敢越雷池,那个悲催的关员可以说一不小心,便生生将金饭碗给打碎了。

再来看看洋关是怎样用人的。与常关一向的任人唯亲不同,赫德统治下的海关,在全球范围内公开选拔招考。每一个新人的录用都慎之又慎,录用按考试成绩和有无发展前途的次序。赫德多次发话,“不够格的一个也不要,就是总税务司的儿子也不例外”。他是这么说,也是这么做的。

最近的一次考验来自他的广州牧师朋友。牧师希望赫德能够为其儿子乔治·俾士安排一个职位。赫德虽然碍于朋友的面子不好推辞,但他要求小俾士到海关伦敦办事处报名参加考试。赫德也的确把乔治·俾士的名字列在寄给金登干的推荐报考名单之中,同时他也捎去了一张字条。不过,和我们现在司空见惯的领导字条不同,上面赫然写着——“谁不符合我们的条件,就不录用”！结果,这位在伦敦大学深造过的毕业生不幸落榜了。可是,更多的出自哈佛、耶鲁、牛津、剑桥的高才生却被赫德罗致麾下。

“我为他和他的亲人感到抱憾。”这或许是赫德的真情实感,其实他没准还会得意于自己的严格按章办事,因为金登干告诉他:“小俾士先生是最不像样的,他是个跛子!”

呵呵,牧师朋友没说实话。

赫德也清楚,他之所以这么清正廉洁,除了个人修养,更有外在因素:一是前任的前车之鉴提醒他,清廷是绝不允许他犯错的;二是英国政府视海关为对华关系的基石,他的任何贪腐行为都会有损祖国利益;三是俄、法、德等国对海关总税务司宝座虎视眈眈,就等着他出丑闻,“彼可取而代之”。于是,赫德不得不模范遵守他自己亲手制定的一项项规定,一个带头奉公守法的海关首长,就这样在制度的藩篱下成长起来,以至于恭亲王奕訢曾经发出这样的感叹,“要是我们有一百个赫德就好了”。

杰出的人物无法复制，有一个赫德已然足够。因为，他的确没有辜负亲王的殷切希望。现在，海关税收达到了惊人的3000万两白银，比他入主海关时的600万两，增加了四倍。赫德栽培的天朝奇葩，创造了一个神话，几乎占了清政府财政收入的三分之一。而在这漫长的30年中，整个海关所发生的贪腐弊案，只有区区五起。

后海边的恭王府邸，依然桃红柳绿。只是，景物依旧，物是人非，赫德现在经常打交道的海关新朋友，已是总理衙门的新首领庆亲王。而王府主人，那个曾经有着何等高远抱负的大清“总理”，早已远离政治中心，隐居西山戒台寺十年了！

恭亲王没有别的选择，甲申易枢，他被慈禧借机“开去一切差事，撤去恩加双俸，家居养疾”，那何不顺着太后的心思，以养病为由，彻底不问政事，归隐山林呢？

唯一的安慰是保留待遇，“仍留世袭罔替亲王，赏食亲王双俸”，而聊以自慰的是，“忠勤谋国数十年”，他也是尽力了。

想当年，面对内忧外患深重的帝国，他唯有加紧改革。首先大胆借助西方力量，重用曾国藩、左宗棠、李鸿章等汉臣，结束了长达14年的太平天国动荡。同时，他推行新式练兵，开办新式军工，开拓新式外交，短短30年，近代陆海军已是有模有样，福州船政局、江南制造局、开平煤矿，还有影响后世发展至巨的铁路，都在他的主政下渐次诞生，一个与传统完全不同的中兴时代悄然呈现。尽管大清的综合国力与军事力量尚无法与老牌资本主义强国相比，但在亚洲的中心地位与大国气势，毕竟得到了相当程度的恢复。

这一切，总税务司和他领导的海关功不可没，不谈赫德个人的智慧和贡献，离开那些源源不断的真金白银，所有的洋务就无从谈起。可是，一花独放不是春，“海关税司一枝独清”又于事何补？时至今日，腐败愈甚，似乎再多的银两也无法填补这个帝国的千疮百孔。

更何况列强环伺，没有个消停的时候，英国人、俄国人、法国人，不断地掀起边疆危机，似乎看穿了这个帝国气数将近，连日本人也时不时兴风作浪。1894年8月，甲午战争爆发，从平壤到威海，北洋舰队节节败退。已经亲政的光绪帝极力主张再次启用三朝元老恭亲王，可显然年迈的他已是有心无力了。

战争全面爆发前一个月，日本军方已经表现出不耐烦的迹象，驻朝鲜的“英国总领事嘉托玛和海关总税务司柏卓安在外面行走时两次遭到身着军服的日本士兵的袭击”，这引起了赫德的忧虑。不过，在战争初期，他认为中国最终会取得胜利，“每1000个中国人中有999个人肯定大中国能够捣毁小日本。……如果这场战争持续得足够长久，我们必定会赢，中国人的坚忍、体格和数量将战胜日本人的锐气、训练和领导”。

但赫德乐观的预言并没有应验，随着中国一次又一次地败北，每一次都比上一次败得更惨，赫德已经寄希望于未来，他写道：

> 我一直都相信中国自己将以虽然缓慢但是健康的方式经历大变革的过程，在遥远的将来一切都会好起来。然而，我仍然认为，中国为日本所挫败，将使进步的轮子摆脱古老的泥坑，使中国能够自由地朝着正确的方向前进。

直至北洋舰队全军覆没，赫德已经无语，只能在文字上发泄他的不满，“海军衙门在过去的十年中，每年都得到大笔的拨款，应该有3600万两银子的余额。但是，瞧！它现在一文不剩，都让太后花在许多离奇的兴致上了！”

最让他痛心的是，随着这支号称“亚洲最强舰队”沉入大东沟海底，标志着亲王苦心经营了几十年的“洋务新政”，至此黯然收场。

这样的结局，赫德始料未及。他更没有想到的是，这场他曾经无比看好、全力辅弼的变革(洋务运动),会像小俾士先生的腿一样,被后世的学者揶揄为——“跛足运动”。唯一让他欣慰的是,那些学者们也表扬了他的洋海关廉洁高效,将之称为“世界行政管理史上的奇迹”。

如此看来,赫德也算对得起亲王,对得起大清了。

16

这一条漫长的邮政路

1896年3月20日，光绪帝在总理衙门所呈的《议办邮政折》上，用朱砂红笔批了“依议”二字，接着又在所附总税务司赫德所撰的开办邮政章程上，加批了一个“览”字。就是这寥寥的三个赭红大字，让赫德喜不自禁。“奉旨由我开办邮政。三十年的旧话，二十年的经验，最后终于成功了！”

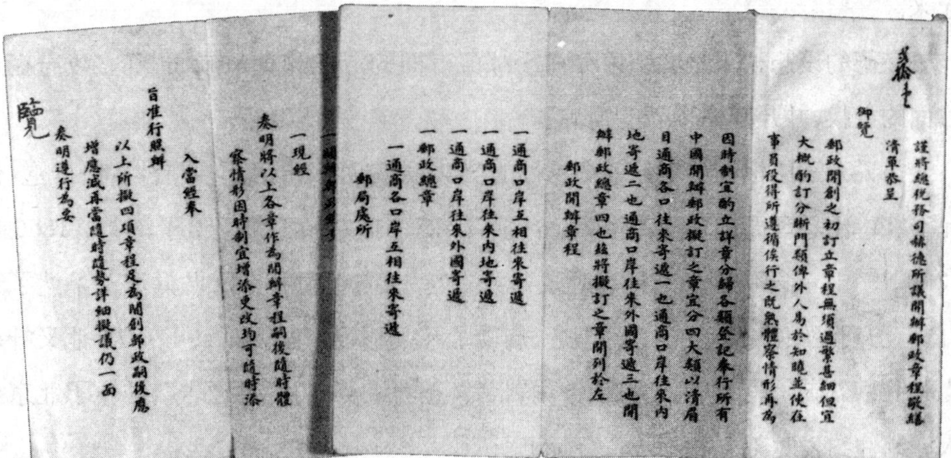
谨将总税务司赫德所议开办邮政章程敬缮
清单恭呈
御览
邮政开创之初订立章程无须过繁甚细但宜
大概酌订分晰门类俾外人易于知晓并使在
事员役得所遵循俟行之既熟体察情形再为
因时制宜酌立详章分归各类登记奉行所有
中国开办邮政拟订之章宜分四大类以清眉
目通商各口往来寄递一也通商口岸往来内
地寄递二也通商口岸往来外国寄递三也开
办邮政总章四也兹将拟订之章开列于左
邮政开办章程
一通商口岸互相往来寄递
一通商口岸往来内地寄递
一通商口岸往来外国寄递
一邮政总章
一通商各口岸互相往来寄递
邮局处所
一现经
奏明将以上各章作为开办章程嗣后随时体
察情形因时制宜增添更改均可随时添
入当经奉
旨准行照办
以上所拟四项章程足为开创邮政嗣后应
增应减再当随时随势详细拟议仍一面
奏明遵行为妥
览

奏折后附的是赫德拟开办邮政章程

三十年！朝如青丝暮成雪，赫德已从一个三十而立的青年，变成了一个诸病缠身的老人。放眼这个世界，还有第二个如此毅力超群的人吗？促成驻外使节，用了十数年;开办同文馆,“二十年的功夫没白费”;建言设立国家邮政,实际上,如果更准确一些,从他第一次来到北京算起,应该是 35 年。

那是 1861 年的夏天,26 岁的赫德刚刚署理大清国海关总税务司,便来到刚刚成立的总理各国事务衙门,谒见恭亲王。面对同样年轻的亲王,赫德耐心地向他讲解有关财政税收和海关方面的知识,深得称许,此后被连续召见多次,多项合理化建议被提上议事日程。然而,当赫德小心翼翼地向亲王提出开办国家邮政的设想后,却如同泥牛入海。

原来,中国自古就有官办邮驿,传递文书的驿站在全国早已形成网络。此外,民信局在国内城市中也十分发达,并取得了商民信任,实现了全国联网。因此在亲王看来,再由官府出面办什么公共邮政,实在是多此一举。

送信的管道虽多,奈何乾隆爷早就立下了“防夷五则”的规矩,其中一条就是不准中国人替外国人送信。这下就苦了那些在中国做买卖的洋人,特别是鸦片战争后五口通商,邮递的需求更旺,于是,“客邮”(外国邮局)便在各个通商口岸泛滥起来。

赫德的设想,“正是要结束存在于邮务方面的混乱和竞争局面,确立政府在这方面的主权,并开辟一项新的财源”。

虽说亲王压根顾不上这项全国性的公共服务事业,可经不住赫德软磨硬泡,便允准将本由总理衙门负责的汇集、分送各国使馆邮件的工作交给了海关。1866 年 12 月 19 日,赫德仿照西方处理邮政业务的办法,向上海和镇江两处海关下达了开办“京沪间经镇江的邮递服务”指令,启动了海关邮政作业。第二年春天,他又针对当时驻京外国侨民,以海关总税务司署名义签署了英文“邮务通告”,公布了北京至天津邮件封发时刻表和邮政资费标准。

这样一种主要为海关内部及在华外国官方或半官方人士服务的邮递业务,已经具有近代邮政的某些特征,堪称中国国家邮政的萌芽。

但对赫德而言,这纯属小打小闹,他领导的海关怎会满足于“兼办邮递”? 他在等待,直到一个合适的契机到来。

“经屡次之悬想,乃至光绪二年(1876)烟台议约之时,冀将一切规模妥为筹备。随由总理衙门派令总税务司,与英国公使威妥玛会商事件,议及设立国家邮政,并拟以其事载入约款,即时举行。不料条约告成之时,邮政语义卒被遗忘,是以此举迁延未办”。

这里的“悬想”,显然不是字面意义上的“凭空想象”,而是这个词的另一种释义——“挂念”,赫德念兹在兹的邮政大业,到底等来了一个重要的机遇,这就是“马嘉理事件”,或曰“滇案”。

在中英“滇案”谈判中,英国驻华公使威妥玛极尽讹诈之能事,赫德在施展浑身解数尽力调和的同时,也有他的“小九九”,号称为“补救通商大局”起见,他提出了开设“归总税务司管理”的“官信局”。所谓“官信局”,即国家邮政局,赫德希望借条约之力,为海关建立并控制国家邮政扫清障碍。

赴烟台之前,赫德曾两次与总理衙门大臣讨论“官信局”问题。总理衙门表态,“揆诸利害轻重,尚可开办”,让赫德去天津找李鸿章拿出具体办法。作为洋务派头面人物,李认为“信馆则仿照洋法逐步推行,与邮政无甚窒碍也”;“信局牵涉洋商,似非税务司管理不可”。于是拍板定调,“此节可由总税司办理”。

岂料,正式画押的《烟台条约》文本里,却没有将“由总税务司管理开办官信局”写进有关条文,令赫德大为失望。果真是“邮政语义卒被遗忘”吗?按威妥玛的说法,这是因为协议的三个部分均没有安排这一条的适当位置。而李鸿章则是另一个版本:“威妥玛连日谈判,不吭不声,直到条约快议定时,才对李鸿章说中国开办国家邮政‘闻已准行,请给伊一信为凭’。李鸿章告之‘信局无甚流弊,曾允试行’,但要中方给威妥玛一纸凭证纯属多余。”

真相已无法探究,反正由海关建立并控制国家邮政一案又搁置下来。这就是中国近代邮史上著名的“烟台议邮”。

邮政服务具有全民福利性质,必须由政府专营所保障,看来,现代邮政制度的基石在大清尚未奠定，赫德还是操之过急了。不过，就在“烟台议邮”的同时，赫德手下的洋税务司正率团在美国参加费城世博会，总算有中国人亲眼见识了什么叫“泰西邮政”。

他就是前文提到的宁波海关文牍李圭。作为第一个“睁眼看世界”的中国人，李圭将其观感辑录为《环游地球新录》一书，在介绍美国邮政的同时，也对大清的邮政提出了自己的想法。

> 邮政局，其为白石建筑，为楼四层，约五百间。设邮政大臣职与部臣等，故又称信部。各项总管数十人，司事不下千人，女多于男。国内各省、各城、各乡镇皆设局，复由择冲要处与官民萃集所在，遍设邮筒……闻西国往昔，亦若我中华驿站之制，专递公文，不递民间书信。至乾隆初年，始议以民为邦本，国无民不立，此制虽便于国，未便于民。各于通国地方，遍设邮局，派员经理，辖以大臣，无论公文、书信一体传递，民大称便……前数年各国议定，凡举邮政一切办法，举地球各国，同为一制，互相驰递。东瀛日本，亦在列焉……

回国后，李圭在不同的场合鼓吹：“夫邮政为政治大端，历来讲求损益，代不胜数。独泰西于百年来，竟合公私而一之，以为裕国便民计。”小小的海关秘书就有这般识见，遑论李鸿章大人？既然仿照泰西之法，在中国开办现代邮政实乃有百利而无一害，那么何不摸着石头过河，由海关来试办邮政，“仿照洋法逐渐推行”呢？

“烟台议邮”不了了之，但大势所趋之下，海关试办邮政已是迟早的事。1877年，赫德布置了几个口岸的税务司(如葛显礼、汉南、德璀琳等)，对当地的民间通信状况各写一份调查报告并提出建议。次年3月，他向总理衙门请假一年赴欧——

既参加巴黎博览会中国馆的开幕式，又秘密为清政府洽购军舰，顺便回家省亲并疗养。临行前，征得李鸿章同意，指派德璀琳以天津为中心，在天津、北京、烟台、牛庄、上海海关开始试办邮政。

德璀琳本就“胸有邮政蓝图”，受命“委办”邮政后，自是大展身手。先在各口岸设立“海关书信馆”，不久又印制出第一套大龙邮票。在邮件运输环节，不仅由上海轮船招商局及英国太古轮船公司负责免费代运，北洋舰队居然也客串起“邮船”角色，将离港时间预先通知牛庄和天津的海关税务司，以便免费带运邮件。在无航路可通或冬季封冰季节，则仿照先前北京、天津间邮差递送外国使馆邮件的办法，委派津海关雇佣信差，组成骑差邮路，“均穿制服，包括制服帽和镶有红边和白色盾形胸补的黑色号衣，上面有‘津海关信差’字样，由津海关税务司发给护照”。

这一切，德璀琳功不可没，无奈海关邮政仅限于通商口岸，本身人力不足，而原有的民信局存在多年，素有信誉，久为商民所信赖，致使海关书信馆开办初期，仅能收到外国客户的邮件，邮费收入极为有限。

为争夺市场，将中国客户的邮件抢到手，赫德与德璀琳计议，由海关另设一个代理邮政机构。德璀琳遂派华员文案吴焕，在北京、牛庄、烟台和上海开办邮务代理机构，定名为“华洋书信馆”。其开办及办事经费自负，邮件在试办期由海关免费运送，邮费暂由该馆自行规定，收入归己，“以便于和民信局竞争”。

吴焕乃候补知县出身，表面上言听计从，却有自己的一套打算，企图依靠海关之便利，“计划以上

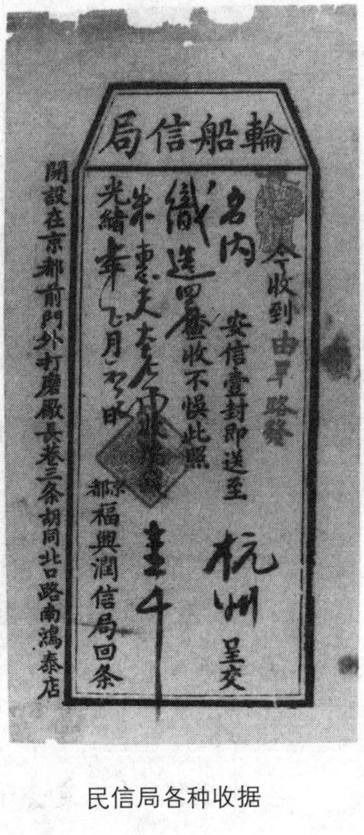

民信局各种收据

海为中心，在全国各大中城市普遍组织华洋书信馆，办理中国境内所有华洋邮政业务，其业务范围包括中外公私文件、信函、零星包裹、贵重物品、银钱汇兑，等等”，吴焕的计划一旦成功，很可能办成一个全国规模的商办邮政网络，这对于赫德通过华洋书信馆来谋取全国邮政大权威胁很大。

偏偏在这时，德璀琳聪明反被聪明误，本来试办邮政正是风光无限，却因为一封信件惹了祸，不仅耽误了自己的前程，也断送了吴焕的商机。

话说德璀琳以“海关邮务的主管”自居，动辄颐指气使，向各口岸税务司下达指令。有不服的税务司，难免就向总署告他的状，因赫德度假，彼时的署理总税务司裴式楷在北京主持邮政工作会议时，故意不通知德璀琳参加，给他难堪。

德璀琳受了赫德内弟的气，不知怎地，却向赫德的弟弟来吐苦水，于是，便有了下面这封耐人寻味的信件——

德璀琳致赫政函（1878年11月22日）

有关陆路邮运期间的邮政工作早应着手办理，但是，由于总税务司没有表态，以致使该办的事情拖到现在，最近，裴式楷的来访和总督表达的良好的愿望，以及衙门府里的重要人物均赞成这个计划，我才得以能进行有关的工作，我要尽可能把事情办得简单些，以便给您少添麻烦。

在总税务司不在近旁，既缺经过训练的人员又无经费的情况下，无论办什么事情都十分困难，很难令人鼓起勇气，采取行动，这不免使人想起波拿巴特（即拿破仑·波拿巴——引者注）在去曼伦古的路上横跨阿尔卑斯山的情景。

您现在承担的工作很多，关于办理邮政事宜的问题，正像您曾建议的那样，最好把它交给富有经验的助手去处理，这样的人一定要找到，我提议你去找詹姆斯·巴德。我认为您可与鲍朗先生洽商一下，安排他来承办这项特殊的任务。

我确信，他一定会干好，您也会帮他忙的，您很容易从法亚尔的人员中找到一名人员或找到一位通晓几国语言的人在造册处为他办事。

四十名信差已奔赴南方驻地。

第一班陆路信差班定于本月23日离开这里前往牛庄。

随函附上给贵关邮政处的备忘录一份,随后寄去邮票和更多的备忘录。

吴焕从现在起要同您共事,他将把有关书信馆的安排转告阁下,并由他监督实施。

德璀琳知道江海关税务司赫政一定会把信中的内容透漏给远在英国的赫德,他本希望能让总税务司明白他是如何辛苦,却不小心把邮务工作拖拉的被动局面归咎为“由于总税务司没有表态”。更有甚者,他在信的末尾还犯了一个大忌,居然将手下文案与江海关税务司平起平坐,还“监督实施”,这还了得?

按理说德璀琳不应该不懂这些忌讳,但我们不妨再看看他信函里居然自比拿破仑·波拿巴当年翻越阿尔卑斯山脉的壮举,一个骄纵过了头不自量力的人,犯下这样的低级错误,也就不足为奇了。

果然,赫德得悉消息后,致函德璀琳严厉追究:“谁让吴焕到处大办华洋书信馆的?”责令其清点华洋书信馆债务。这不啻给了雄心勃勃的德璀琳当头棒喝。他蓦然间清醒过来,马上查账追款,又是断绝与华洋书信馆的联系,又是下令将吴焕清理出海关,但显然为时晚矣。总税务司早就对他和李鸿章走得太近看不过去了,如此一来,双方的芥蒂更是有增无减。

1879年5月赫德回国,看到海关兼办的邮递业务在北方口岸取得初步成效后,便迫不及待地下令向所有的通商口岸推行。由于各口岸税务司们利用了海关这一便利条件,很快,各地海关的邮政业务也非常顺利地创办起来。总税务司仍不满足,令德璀琳在海关立即另行筹建新的邮政机构——海关拨驷达局,承揽北京、天津、牛庄、烟台、上海、镇江等口岸往来邮件,同时代寄经由口岸间的内地邮件。

洋员在邮局内办公

所谓"拨驷达",即英文 post 的音译。拨驷达局邮送工作正式展开后,赫德遂决定切断海关与各地华洋书信馆的联系,并于 1882 年下令停闭各口岸华洋书信馆,以使拨驷达局独揽华洋邮件。此后,海关邮局随着海关的增多而推广,到 1896 年初,已先后在北京、牛庄、天津、烟台、重庆、宜昌、沙市、汉口、九江、芜湖、镇江、上海、苏州、杭州、宁波、温州、福州、厦门、汕头、广州、琼州、北海、龙州、蒙古等 24 处设置邮局,大大拓展了邮政业务。

喜悦之余,赫德于是千方百计让清政府同意在全国设立一个统一的邮政机构,而且这个机构必须由海关,具体来说应由他本人来掌管。为达到这样的目的,赫德一方面走上层路线,另一方面让税务司们向各地督抚鼓噪,极尽威胁利诱之能事。

李鸿章曾经许下诺言,允许海关试办邮政,"并且答应试验成功时,由他正式出面建议改为国家邮政局”。事已至此,以他为首的一批洋务派便利用各种机会向清政府方面施加压力。

应该说赫德为了在全国设立一个官方邮政局还是动了不少脑筋的,他除了上述的活动外,还为未来要设的这个邮政局的一系列问题进行了周详安排。这可从1886年3月17日他致浙海关税务司的电函中看出:计划邮政总局设在上海,全国要设一系列分支机构:一等局5个,二等局5个,三等局9个,四等局24个。此外,对于维持这些机构的费用需要多少,邮局具体办理哪些业务,可能的收入有多少等问题,赫德都详细考虑并加以计划。与此同时,他有意识地逐步让浙海关税务司葛显礼来担任海关邮政事务方面的主要角色。

即便如此,清廷对正式开办国家邮政还是犹豫不决。以赫德数十年的经验,当然清楚“总理衙门只有在形势迫使其不得不做出改变的时候,邮政事业的开办才会有动力和资源”。甲午战败签订《马关条约》后,因需要大量赔款而又财政拮据,总理衙门终于意识到新式邮政“裕国便民”的功用。如此,在赫德不失时机的推动下,总理衙门奏请扩充海关邮务,正式开办国家邮政,并终于在1896年的3月20日得到光绪皇帝的批准。

这一天,便是大清国家邮政的诞生日,此后的20年,邮政业务统由海关管理,海关总税务司赫德兼任总邮政司。

总邮政司赫德将新的国家邮政业务建立在海关制度的基础上,每个海关的辖区,都被他当作邮政工作的地区单位,相应地,各地的海关税务司被任命为邮政司,管理辖区内的所有邮务事项。

赫德是战略家,宏观调控足矣,具体邮政事务的管理,委托给了葛显礼,由他来担任邮政总办。显然,现在已是鸟兽尽良弓藏的时候,有什么理由不收回授予德璀琳的邮政委办权呢?

由于资金不足,赫德“不得不雇用了一批低工资的、要是情况比较好的话他不会雇用的外国人员”。同样原因,总税务司不得不动用他的海关津贴来维持邮局的费用。在很多港口，邮局的办公设备只得借用海关的。这对海关的收入是个沉重的负担，但又是不得已而为之。要是没有海关和邮局之间的这种关系，中华帝国邮局就无法创办起来。而正是有了这层关系，才能保证不断地供应人员和资金。除了个别人，大部分人以前都没有做过邮政工作，但他们都在海关业务中受过训练，因此他们习惯了中国的条件和方法，也了解中国人的需要。

在赫德看来，“毫无疑问他们最有资格使西方的邮政方法适应中国人的需要。他们愉快地承担这个不平常的任务，并且将它当作一件自己爱做的事情，将这个任务进行下去……”

17

庚子议和

早在中日甲午战争期间,赫德就预料到外国的侵华政策一定会以百姓起义告终。他写道,“两千年来,中国人所接受的思想教育已经把他们的血液冷却下来了。但是,我觉得他们十分可能在某一天,以最狂怒的方式来表达他们的失望,把我们这些在北京的外国人全都消灭掉。人人都会说,要不是这些可恶的番鬼(外国魔鬼),我们就不会遭这份罪,趁我们自己还没有被毁灭,让他们先尝尝毁灭的滋味”。

六年过去了,赫德爵士的预言应验了。

这一年,是公元1900年。两年前,以救亡图存为宗旨的戊戌变法宣告失败,在列强瓜分中国的狂风恶浪前,中华民族面临亡国灭种。不久,一场巨大的排山倒海般的排洋风潮,在直隶、山东交界一带滥觞后,席卷华北,直捣京津。这场民乱事件的主导者,正是义和团,或称义和拳,他们打出的旗号是“扶清灭洋”。

慈禧也希望能借助义和团巩固权位,灭洋泄愤,便改过去的主剿为主抚,极尽笼络招抚之能事。既然朝廷这么给面子,广大拳民怎能不响应号召进京灭洋?不说京城洋人最多,就说那光绪在戊戌变法时效法外洋,这笔账就必须清算!于是在庚子年(1900)的6月,成群头戴红巾标志、扛着大刀长矛的团众,“不分昼夜,鱼贯而来……通衢人街,尽是大兵,团民滔滔而行”。

一夜之间,北京商铺里的洋货被销毁一空,凡是卖洋货的店面都被砸掉了,甚至连店铺招牌上都见不到一个“洋”字。“洋货铺”改叫“广货铺”，“东洋车”改叫“太平车”，“天主教”改叫“天猪教”。想象中的洋女人阴户，叫作“小妖洞”，那么强奸洋女人，就应该是“搅小妖洞”，光是念叨这几个字，都那么带劲儿！

拳民们的智慧远不止这些，他们把“洋人”的“洋”字都变成了“羊”，而教民就是披着羊皮的“二毛子”，其他按照与“洋”的接近程度，一直数到“十毛子”。不管你是几毛子，只要被逮到，只有一个结果——杀！有的拳民甚至将漂亮的女教民“挖坑倒栽填土，而裸其下体，入一蜡烛，取火燃之，以为笑乐”。

实际上，当义和拳蜂拥进入北京后，清廷也曾试图将这帮“乌合之众”归入其统辖和调度之中，但渐渐地，慈禧发现北京局势已完全失控。

一个月前，东交民巷使馆区还是歌舞升平，现如今，义和团日夜持械巡行街市，到处是打砸抢烧，甚至连西山英国公使别墅也被焚毁。

巨大的恐惧，堪堪袭来。虽说还未攻打使领馆，但赫德已经嗅到了血腥的味道。他致电两广总督李鸿章，疾呼，“京城局势危险已极，各使馆甚虞被击，均以为中国政府若非仇视外人，即系无力保护，倘稍有不测，或局面无速转机，各国必定并力大举。中国危亡即在旦夕，应请中堂电奏皇太后，务须将各使馆保护万全，并宣明凡有臣工仇视洋人之条陈，朝廷必不为所谣惑”。

事不宜迟，李鸿章当天即将赫德急电转达总理衙门，称“事关紧急，不敢壅于上闻。请速代奏”。说时迟那时快，未待回音，一切与外国人有关的事物都成了被攻击的对象。赫德考究的四合院，甚至远在北戴河的别墅，都被愤怒的拳民一把大火，化为一堆灰烬。总税务司匆忙中只拎着一个箱子，避入英国使馆。

易守难攻的使馆区成为在京外国侨民最后的避风港，“几千暴民在使馆周围彻夜呼喊野蛮的口号，威胁要杀尽洋鬼子”，红了眼的拳民几次试图冲破防线，都无功而返。在这场攻防战中，连当年的同文馆总教习，现在的京师大学堂总教习丁韪良都脱下道袍，背上步枪，参加到射杀义和团民的战斗中，而“年老的总税务司赫德满脸恐惧之色，背着一把大号柯尔特手枪”。

眼看着事态步步升级，在战争一触即发的关键时刻，清廷也不乏有识之士针对仇洋派发表了不同的见地：

> 我中华财赋，全视海关入款，若一失欢，则饷源立绌，此其不可失和者一。甲午之役，仅一倭国，尚不能与敌，若合数大国之师，协一谋我，众怒难犯，此其不可失和者二。义和团神术即足以敌洋人，然直隶有义和团，岂各海口、各直省均有义和团乎？此其不可失和者三。……

此时此刻，尽管京津一带已是天下大乱，中外双方却尚未正式开始交战，直到6月17日，中国最重要的要塞——天津大沽炮台被八国联军攻陷，列强又一次实施了不宣而战的对华战争行为。

朝廷上下一片混乱。

大沽炮台失守，意味着通往北京的门户被打开，“此时若再失了民心，真不能立国了”。可真要和这么多如狼似虎的列强抗衡，慈禧还真下不了决心，要知道，大清国连一个倭国日本“尚不能与敌”！即便如此，她还是在19日召开的御前会议上宣布24小时内将洋人驱逐出京。

清廷的驱逐照会并未提及宣战，只是宣布各国驻京公使为不受欢迎的人，这些照会除了给11位公使外，有一份是单独给总税务司的。值此非常时刻，太后也只好一视同仁了。

当总理衙门大臣送达12份照会时，“这十二份通牒像炸弹一样在使馆区炸开”！

关键时刻被清廷抛弃，赫德已经顾不上自怨自艾了。他在公使团召开紧急会议商讨对策前，致信英国公使窦纳乐，“我从来不赞成举手投降，但我一想到我们的妇女和儿童，就不断地思考怎样才能使他们得到安全的保障”。到底是总税务司，说话总是那么委婉，言下之意，按中方的要求去做得了。

长达六小时的会议充斥着争吵，空气仿佛凝固了，紧张到据说荷兰公使当场泪奔。当晚，各国公使复函清廷，请求延期。20日上午，公使团仍未接到复文，德国公使克林德便自告奋勇前去总理衙门理论，以向清廷提出抗议。他只带一名翻译乘轿出了使馆区，“轿顶以猩红和绿色绒布为装饰，显示外交官的地位”，不知是否要显示大丈夫气概，公使手拿左轮枪，命令轿夫不要把帘子放下，这样的后果自然很严重，途经东单牌楼时，脑袋被清军一枪打爆。

25年前，一个小小的副领事马嘉理被杀，都震惊中外。遑论堂堂一国驻华公使？克林德事件将清廷推到了悬崖边上，已没有退路。

当天下午最后通牒时间一到，所有电话线都被扯掉，总税务司署和同文馆等16个机关“咸遭焚炬”，“义和团和中国兵开始了对公使馆的攻击”！

6月21日，大清帝国发布诏书，向英国、美国、法国、德国、意大利、日本、俄国、奥斯马加国、西班牙、比利时、荷兰同时宣战。这是当时世界上最强大的11个国家，清政府真是作了一个疯狂的决策——等于是向全世界宣战。

不能不佩服总税务司，在这生死存亡的非常时刻，还在惦念着海关工作。他“利用代表危险物品的红色标志，不定期地把信送出包围圈”，然而，直到被围困整整一个月之后，赫德才收到总理衙门送来的一张纸条，告知南洋大臣任命造册处税务司戴乐尔为海关临时首脑，并询问他有何意见要转达。

赫德起草了致江海关税务司的电报，请总理衙门转发。这份后来编为总税务司第961(Ⅱ)号的通令，读来令人肃然起敬：

很高兴仍然活着！我授权你和戴乐尔继续开展总税务司的工作。尽量节约，有困难电告总理衙门。无法直接联系，还有气候等，都使这儿所有的人备受煎熬。

7月15日贷款的利息付了吗？厘金定期送到了吗……？

电文又过了将近一个月才被辗转送到上海。在这期间，外界的人普遍相信，各国使团被消灭了，所有困在使馆里的人都被屠杀殆尽！英国圣保罗教堂当局甚至已经定好日子，为“北京使馆惨案”的受害者做追思弥撒。

金登干在感情上无法接受，在理智上坚信总税务司仍然活着，他找到教堂主持，极力主张取消弥撒，因为缺乏能证明公使和使馆里所有人都确实死亡的证据。谁知大主持固执己见，指着几天前刊登在《泰晤士报》上的赫德讣告，这，不就是证据？

在金登干执着的奔走下，追思弥撒最终“无限期地延期了”。26年几千封函电的往返，海关伦敦办事处主任已经不仅仅是总税务司的下属，更成了贴心密友，赫德有什么心事，总愿意向他诉说。莫非两人真的已是心意相通？总税务司果真没有辜负金主任的一片苦心，不仅和他属下的海关洋员们“在可怕围困的严峻考验中幸存着”，而且用与众不同的观察，思考着这个帝国的前世今生，以及它的未来……

被国际法视为神圣不可侵犯的外国使领馆，惨遭蹂躏，从全权公使到翻译文员，皆命悬一线。虽“中外皆无成案”，却在20世纪初的中国北京，实实在在地发生了。

嘶嘶作响的炮弹在头顶飞来飞去，那种随时大难临头的恐惧和绝望，恐怕没有亲身经历的人，是无法了解那种滋味的。

总税务司的绝望，并不仅仅是害怕肉休的消失。

曾经，赫德是那样的骄傲。作为一位备受信赖的海关首长，他满意地看到，随着海关的活动遍及整个帝国，他领导的这个“具有统一力量的机构”，已经不单单是政府的财政支柱，更成为中央政府权威的标志和象征。总税务司当然有理由为自己喝彩！“我们40年的生存时间现在已成历史的一部分，我们所做的事情已经织入宇宙之网”。

可是，造化弄人，这个现在每天疲惫不堪，连一身换洗衣物都没有的爵士先生，这个被清廷以一纸单独照会无情抛弃的一品高官，对过去的荣光，还能有什么留恋？如今的总税务司，还有那些曾经骄傲地不可一世的外交官们，不都变成了一只只困兽？

这真是一场“中国闹剧”。“历史上还不曾发生过把全体外交使团都消灭掉的先例！”眼见在他“合理的指导帮助”下，这个古老的帝国从封闭状态中好不容易解脱出来，“进入了与世界各国不受限制的来往的现代状态”，可就像当年郭嵩焘衔命出使、铩羽而归一样，现实再一次无情地揭示，经过那么多年，中西方两种文明的对立依然尖锐，义和团事件的全面爆发，其根源不正是洋人、洋教与中国传统文化的格格不入？

他并不责怪义和团，它“无疑是官方煽动的产物，但是这个运动已经吸纳了群众的想象力，将会像野火一样烧遍中国各个角落。简单说来，它是一个纯粹的爱国的自发运动，其目标是使中国强盛起来！”

他只是哀其不幸，“可怜的中国，甚至到现在，还没有认识到真正改革的必要！……政府仍然还在睡下去，还在臆想着老办法是最好的，继续劲头十足地做着许多守旧的事！”

他甚至开始怀疑自己的价值，是的，“他现在已经65岁了，为中国全心全意地服务了40年。他的工作似乎是徒劳的，他所努力争取的一切，似乎都被破坏殆尽”。

1900年8月14日，这场“中国闹剧”画上了句号。也就在这天下午的4时许，一支英属印度军团的先头部队经西直门杀进内城，在被围困人群的欢呼声中，进入了东交民巷。

制造祸端的慈禧太后仓皇逃离北京，尽管她为了保住权位，献媚列强，重又发布主剿上谕，“此案初起，义和团实为肇祸之由，今欲拔本塞源，非痛加剿除不可”，但列强岂能善罢甘休？八国联军展开了疯狂的报复，这些“基督教国家卓越的军士们”烧杀抢掠奸淫，让北京再次沦为人间地狱。最狠的当属德军，因其公使被杀，德皇命令将清国作为野蛮国家来对待。

“大乱特乱。朝廷不知逃往何处，各国使团都与中国官方失去了联系”，在这一片不可救药的混乱中，得有人站出来。这个人，就是大清海关总税务司赫德。

受朝廷委托，大学士昆冈带着翻译官张德彝找到他，“称实觉对不住各国大臣及赫大人，国事如此之糟，我等前来奉求阁下，设法斡旋，以救眉急。重大事件我们不敢擅定，最急者，保护宗庙社稷，百万生民性命”。

昆冈纯粹是抱着试试看的态度。换成是他又会怎样做呢？经此一劫，多半是趁机退休回国安享晚年了。谁想赫总税务司就像料到他们会来一样，居然不谈任何条件就一口应承。这倒将昆大学士给惊住了，赫大人莫非是天人，怎会有如斯高尚的情操？

我们不妨来看看赫德自己是怎么说的：

> 已经发生了的一切使我深受其害，但是，情况就是如此，我们只能尽力而为！我要坚持为海关服务，为中国服务，为大众的利益服务。我认为我可以发挥作用，在这个三方交汇处，也只有我才能发挥作用，否则，我就会启锚离开……

作为总税务司，他的职责是留在北京，只要政府需要他，他随时准备效劳！赫德电告金登干“速寄两套公事房穿用的衣服”，他就要工作了！还好，海关洋员只有一人中炮身亡，总税务司署很快就在崇文门附近的高井庙恢复了临时办公。

这还真是感动了朝廷,“知该总税务司目击时艰,力维大局,数十年借材异地,至此具见悃忱。朕心实深嘉慰。现已派庆亲王即日回京,会同该总税务司与各国妥商一切”。

9月6日,庆亲王会同赫德商量如何“挽此大劫”。总税务司给出了两点建议:一是镇压在京义和团,以免有碍“和局”;二是建议“皇帝回京”,以便速开和议。由于各国公使或出京,或未到任,“且各国同床异梦,利害冲突,难以调和”,故和议之事一直无法进行。

一方面为之说情,一方面又毫不留情,这就是赫德的逻辑。凡成大事者,岂能让一干庸人猜透?就像总税务司坚持留下,当真是为了这个的利益,为了那个的利益?实际上,他是为了他自己的利益!嗜权如命的赫德之所以决心收拾残局,其终极目的还是要在这关键时刻掌握局势。

掌握局势必须有理论支撑。从使馆脱困后,总税务司忍受着前列腺的不畅,在他那用仓库改成的家里撰写了一系列的论文,“根据他在中国海关工作40年的经验,从其和中国官民、特别是清政府权力机构当权人物长期频繁的接触,站在中国募用人员和列强代理人的观点、立场上,提出如何处理义和团事件、如何处理好中外关系问题”。

这些字字珠玑的文章在庚子年的年底由《双周评论》合编出版,书名由赫德亲定为《这些从秦国来》,有好事者也贡献了一个书名:《这些从爱尔兰来》。

文章的发表,向欧洲提供了一种解决中国问题的思路。在欧洲盛行的瓜分中国论,受到他的批驳之后,便很少有人再坚持了,因为“那样一来,骚动、不幸就会贯穿于世世代代”。赫德也不同意改朝换代,认为这个办法将造成中国四分五裂。“他认为必须维持清政府的统治,并且竭力利用它,这是恢复安宁的最简捷的办法”。

真是说到了老太后的心窝窝上!

1900年12月24日，圣诞前夕。在京外国公使齐聚西班牙公使馆，“把一份联合报告交给中国政府的高级代表庆亲王”。这份联合报告被他们称作“定而不移之十二款”，也就是十二条“议和大纲”：

一，残害德使一事，由中国派亲王专使往德谢罪，并于被害处树立铭碑；二，严惩祸首，其残害凌虐各国人民之城镇，五年内停止科考；三，残害日本书记生事，须用优荣之典，以谢日本政府；四，于污渎发掘各国人民坟墓之处，建立碣碑；五，军火及专为制造军火之材料，不准运入中国；六，赔补外人及为外人执事之华人身家财产所受损失；七，各国驻兵护卫使馆；八，北京至海边须留出畅行通道，大沽炮台一律削平；九，由各国驻兵留守通道；十，张贴永禁军民人等仇视各国之谕旨；十一，修改通商行船各约；十二，改变总理各国事务衙门及各国公使觐见礼节。

庆亲王只是皇室代表，全权谈判代表还得是李鸿章。“对于列强们来说，李鸿章已不再是20年前的大人物了”，可对大厦将倾的帝国而言，李中堂仍是末世栋梁，尽管已是独木难支。庆亲王和李鸿章将列强开出的和议条件电告“临时居住在西安府的朝廷”，不日，西安来电谕示接受，命他们在和约大纲上画押。

这算是给列强的圣诞礼物吗？

和议开始启动，在前台唱戏的是亲王与李中堂，“但背后拉线的全是总税务司”，出于做好幕后工作的需要，他提出要求，“若令效劳，须将全案卷宗随时赐看。并请嗣后来往各文件均随时抄送”。整个谈判过程，于是一切尽在掌握。

所有条款中，赫德最关切的是“影响最为深远的”第六款——赔款。

赫德与八国联军官员举行议和会议

为确定赔款总额，公使团由英、德、荷、比四国组成“赔款委员会”，研究赔款的标准和范围，又由英、法、德、日四国组成“财源调查委员会”，摸清掌握清政府的最大偿付能力。或许是两个委员会涉及六个国家的多位委员，实在是人多嘴杂、争来吵去，不管是赔款总额，还是偿付赔款的办法，都难以达成一致意见。

如此，便急需一个权威人士的可靠情报来作参考，以便在赔款问题上协调一致，扭转这一混乱状况。还用猜这个人是谁吗？“在关于中国的一切事情上，没有一个活着的人比赫德爵士更有权威，他担任中国海关总税务司已有三十七年以上”。

考虑到甲午战争已经使中国人背上了苦不堪言的重债，赫德强调，“无论如何，中国总要被加上一个沉重的负担，希望列强会把它减至最轻，同时本着同情和迁就的精神对待这位不幸的负债人”。他向赔款委员会提交了一份意见书，对中国的财源提供了全面详细的资料，并在征询奕劻和李鸿章的意见后，阐述了对庚子赔款最好偿付方式及担保办法的见解。

总税务司必须为中国谋得一些好处，这是他的职责所系。但是，在想方设法减轻雇主负担的同时，赫德也时刻提防着其他列强。要知道，中国海关就是英国的禁脔，这块肥美的肉，不容他人染指。

因此，谈判一开始，赫德就保持着高度的警觉。由于11个国家的代表各怀鬼胎，意见不一，所以进展缓慢。当国际共管中国财政渐成趋势时，赫德嗅出了压制海关的意味。他担心，如果“成立一个欧洲国际委员会管理中国财政，则可能使海关处于不利的地位”，说不定总税务司将不复存在。“如果还允许中国享有完整的行政管理权，独立进行工作，那么，总税务司这位大人物今后会成为比过去更大的人物”。

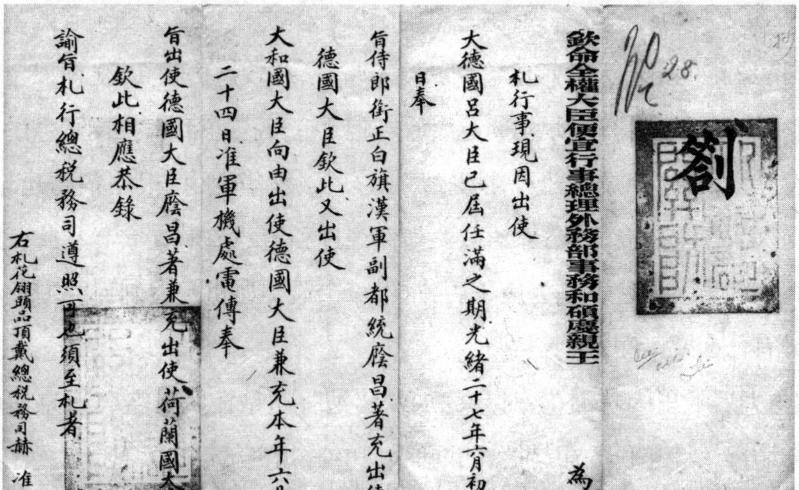
欽命全權大臣便宜行事總理外務部事務和碩慶親王　為
札行事現因出使
大德國呂大臣已屆任滿之期光緒二十七年六月初二
日奉
旨侍郎銜正白旗漢軍副都統廕昌著充出使
德國大臣欽此又出使
大和國大臣向由出使德國大臣兼充本年六月
二十四日准軍機處電傳奉
旨出使德國大臣廕昌著兼充出使荷蘭國大臣
欽此相應恭錄
諭旨札行總稅務司遵照可也須至札者
右札花翎頭品頂戴總稅務司赫　准此

外务部关于出使德国大臣之事给税务司赫德札文

赫德当然希望成为更大的人物，他不能允许染指海关的情况发生，他要竭力避免列强共管中国财政。不顾年岁已高和疾病缠身，总税务司立下了这样的誓言：“我要竭力呆下去，直到有个结局，因为我若隐退，会使‘洪水’泛滥。”

洪水没有泛滥，一切复归平静。只是，中国为实现这一和平，付出了沉重的代价。

这场旷日持久的“和议”，是在1901年9月7日的西班牙公使馆落下帷幕的。

中国全权代表和11个国家代表签署了《辛丑条约》,清政府向列强赔偿关平银4.5亿两,年息4厘,分39年还清,以海关税收等作抵押。

这就是中国近代史上著名的异常耻辱的“庚子赔款”。

作为谈判的幕后策划者,赫德可没忘了借机给海关扩权,以常关税来补海关税收担保之不足,真是一个不错的理由。于是,“各通商口岸的常关均归海关管理”顺理成章地列入了条约。

“庚子赔款”又被西方人称为“拳乱赔款”(Boxer Indemnity),代表大清国谈判的李鸿章,在签字回来后大口大口吐血。赔款数量居然是按中国当时的人口计算,四亿五千万人,每人一两!一纸条约,每一个中国人都实实在在地感受到了赔款的存在,蒙受了国家无能的奇耻大辱。这笔巨款连本带息,总数达白银10亿两以上,相当于清政府年财政收入的12倍,堪堪将这个原本就千疮百孔的帝国,推向了悬崖之边。

更有甚者,克林德被杀地点,熙来攘往的京城繁华处,将根据条约建起一座石质牌坊,碑上左华文,右德文,双语叙述事件经过和清廷道歉文字。从此,往来车马行人都将从牌坊下通过,“是为庚子后,京中一个最明显也是最刺目的国耻污点!”

这又有什么要紧呢?

“慈禧太后眼里闪着泪花,对赫德加以奖勉”,还是在两宫銮驾返京途中,清政府就发布谕旨,以“总税务司赫德,随同商办和约,颇资赞助”,封他为太子少保。

这是一个外国人所能获得的最高荣誉!在给金登干的信中,赫德回味了太后接见的美好时刻:

> 皇太后谈话的声音悦耳和娇柔,对我很恭维。我说很多人早就准备接替我的位子了,但皇太后说,她就是要我。她还谈到英王的加冕典礼,她祝英王陛下万福。

总税务司的巅峰时刻,离盛极而衰的日子,也就为时不远了……

18

总税务司的对手

1906 年 5 月,《新民丛报》主笔梁启超针对时下的热点,撰写了题为《关税权问题》这篇评论,此文开头即列出新闻事实:

> 四月十六日上谕:户部尚书铁良,著派充督办税务大臣;外务部右侍郎唐绍仪,著派充会办税务大臣。所有各海关所用华洋人员,统归节制。钦此。

紧接着,在第二段,梁启超即对此事作出简洁明快的判断:

> 此事于理宜行乎?曰:宜。于时事可行乎?曰:未可。

为了支持上述判断,梁启超在后面详细回顾了 50 年来中国关税权的演变历史:列强是怎样逐渐控制了中国的关税权,而腐败的清王朝又是如何一步步出让这项主权的。以此证明,关税权的现实状况,不是仅凭一纸任命书而能够轻易改变的。

饮冰室主人不愧眼毒笔辣,事情的一步步发展,果然不出所料。

上谕的出台背景,实在是因为赫德走得太远。甲午战后,海关的权势,已臻登峰造极，让朝野人士大感不安。总税务司赫德“权足倾国”，几成清政府的“太上皇”。这种喧宾夺主的现象，成为清末新政中重拳出击的目标。

这道改变海关隶属关系的谕旨是以札文的形式在 5 月 9 日发给赫德的，由于保密工作无懈可击，一向消息灵通的他居然蒙在鼓里。

1906 年赫德与胡燏棻在北京皇城根下合影

海关改由税务大臣管理，也就是说，一向由外交部门统辖的海关，改归财政部门统辖了！这是个晴天霹雳！引起了各国政府特别是英国政府、舆论界及海关洋员的极大震动。而事处风暴中心的赫德，似乎非常平静，既不作公开评论，也没有表现出怨愤。自打两年前商部收回了海关主办国际博览会的展出权后，他就预感到会有这么一天。

那一年，在史称“清末新政”的改革浪潮中，海关的处境已变得十分微妙。它的顶头上司总理衙门早已在 1902 年改称外务部,海关行政体制面临一系列不可预知的变化。

所谓撤衙改部,并非清廷的主动行为。由于甲午战争的惨败,洋务运动宣告彻底失败,总理衙门的地位也一落千丈。列强认为总理衙门机构臃肿,已不能有效地处理突发外交事件,因此在签订《辛丑条约》时规定:将总理各国事务衙门改为外务部,“班列六部之前”,专门办理与列强的外交。同时,按照列强的要求,清政府陆续增设了商部、学部、实业部、铁路局、陆军部、海军部等机构来行使原总理衙门的部分职权,从而使各机构更加专业化。外务部也成为名副其实的专业外交机构,这和近代国际惯例已是完全一致。如此一来,外务部下属的海关总税务司署,似乎也不能再像过去那样任性,不务正业了。

而此时,已近古稀之年的赫德已到达权力的顶峰,清朝的最高统治者慈禧太后多次召见他,并封以“头品顶戴”等头衔,但赫德从无上恩宠的背后似乎嗅到某种危机,他“需要有蛇那样的机智,鸽子那样的温顺”,才能化险为夷。

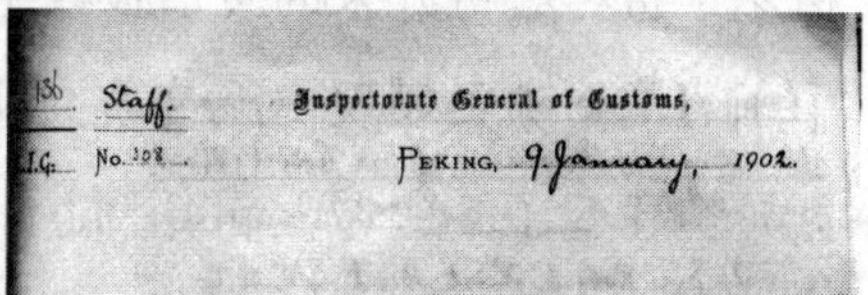
136 Staff. Inspectorate General of Customs,
I.G. No. 108. PEKING, 9 January, 1902.

Sir,

I append for your Archives copy of a Declaration deposited by me in the Customs chest here respecting my non-ownership of houses and lands standing in my name, and transferring the same, in the event of my withdrawal from the Service, to whoever is appointed by the Chinese Government to succeed me as Inspector General.

I am,
Sir,
Your obedient Servant,
Inspector General.

R. Bredon, Esquire,
Deputy Inspector General,

1902 年 1 月 9 日赫德为离任后所有财产移交中国政府事致裴式楷函

但该来的终究还是来了。美国 1904 年圣路易斯博览会仿佛一剂清醒剂,让他彻底认识到,中国的涉外事务已经不需要他所领导的海关了!或许,中国政府也不需要他这个洋客卿来出谋划策了。

圣路易斯世博会是美国为隆重纪念“路易斯安娜购地”100 周年而举办的。自三年前起,美国就广撒英雄帖,向世界各国频频发出邀请。这一次,清廷打破常规,拟自行组团前往,这成为中国官方参加世博会的鲜明标志。在接到正式赴会邀请后,清政府便任命贝子溥伦为中国代表团正监督(团长),外务部同时札行赫德,曰本次参会拟派正监督一员,副监督两员,“惟副监督二员内应用税务司一员派充此任,尤以美国人为合宜”。

接到札文后,赫德明白,由海关全权代表参会的日子一去不返。虽心有不甘,但他还是平静地奉令行事,在全海关美国籍税务司中遴选出柯尔乐来担任副监督一职。

毕竟,在副职中尚有一席之地。

平心而论,虽然海关洋员风光不再,沦为了配角,但赫德对这届博览会还是一如既往地尽心尽力,他按照惯例要求各海关口岸协助柯尔乐收集展品。谁知柯尔乐费尽心机弄来的所谓极具中华特色、中国情调的展品却引起非议。原来,中国展馆里除了表现中国传统文化的古董瓷器、琴棋书画、笔墨纸砚外,还标新立异地建起了一座城隍庙,里面不但有凶神恶煞似的判官,还有各种刑具、杀人刀具、刑场照片等。各种惟妙惟肖的雕像也粉墨登场,计有:小脚女人、妓女、烟鬼、犯人、乞丐等,不一而足。或许在海关洋员眼里,缠足的三寸金莲具有某些东方情调。

对此,国内的有识之士多有烦言,不少大臣也上奏说以后应由商部派遣熟悉商情的官员,会同驻该国的使臣办理。

尴尬的清政府痛下决心,趁势将承办世界博览会这项职能从海关全部收回。

“赫德之赛会”,演出到此结束。

圣路易斯博览会成为海关的绝唱,是坏事,也是好事。赫德已有足够的时间来思考,他明白这一纸皇帝敕令迟早要来,是他的“年纪及行将退休加速了这事”。

因此,敕令发布时,赫德平心静气地接受。“这个敕令任命铁良为海关督办,唐绍仪做他的同僚。所有的海关事务与海关官员由他领导。我对此不感惊讶,但没想到这么快！到处都是我离职的流言蜚语，这么做不仅不奇怪，而且在我离开之前这样做也许是明智的。”

他居然还有闲心恭维一下对手。

“铁良，满人，是一个温和进步派”，他并不陌生，“唐绍仪，汉人，是广东极端维新派的领袖”，这，或许才是他真正可怕的敌人。

44岁的唐绍仪正是如日中天的光景，30年前他在费城“赫德之赛会”上的亮相，是他到美国后的第三个年头，也是他与海关结下不解之缘的肇始。

这以后的日子，正如那些少年访客们回答海关秘书时所表示的那样，他“一意攻书”，先小学后中学，一路念到哥伦比亚大学，孰料尚未毕业，朝廷就以留学生“中学荒废，不堪管束”为由，将四批120个幼童全部召回。

幼童奉诏回国之际，曾与幼童朝夕相处的美国教师、监护人和友人，由耶鲁大学波特校长执笔，致函总理衙门，对幼童在美国的表现给予了高度评价。

> 贵国派遣之青年学生，自抵美以来，人人能善用其光阴，以研究学术。以故于各种科学之进步，成绩极佳。即文字、品行、技术以及平日与美人往来一切之交际，亦咸能令人满意无间言。论其道德，尤无一人无优美高尚。其礼貌之周至，持躬之谦抑，尤为外人所乐道。职是之故，贵国学生无论在校内肄业，或赴乡村游历，所至之处，咸受美人之欢迎，而引为良友。凡此诸生言行之尽善尽美，实不愧为大国国民之代表，足为贵国增荣誉也……

人虽召回，然而，幼童已出落成青年，西方民主共和的思想在唐绍仪身上打下了深深的烙印。

1883年，唐绍仪被派去清廷藩属下的朝鲜海关帮办税务，担任税务司穆麟德(德籍)的秘书、翻译。次年朝鲜发生甲申政变，一名亲华将军被亲日派打伤，避居海关公署。

当此非常时刻，唐绍仪手执洋枪，在门前一夫当关。

一哨人马匆匆而来，被唐绍仪大声喝止。那意气凛然的勃发英姿，让带头之人不由刮目相看。这个人，就是正以“帮办军务身份驻藩属国朝鲜”的袁世凯。

袁世凯勒令士兵后退，亮明身份后，对唐绍仪在兵变中舍身护主的义气胆识赞赏有加。这是袁唐结交之始，两人惺惺相惜。

当袁世凯被任命为驻朝鲜总理交涉通商大臣时，立刻想到了唐绍仪，调来做自己的西文翻译兼随办洋务委员，实际上就是副手。在他提携下，唐绍仪很快升任驻朝鲜交涉通商书记官，官居“五品顶戴”，成为袁在朝鲜期间的“主将”。几年后，袁更是力荐唐绍仪担任龙山商务委员，即驻汉城领事。

一条飞黄腾达的道路由此展开，这一年，唐绍仪27岁。

中日甲午战开前，朝鲜已是黑云压城。袁世凯预感大势已去，连发三封急电，请求回国，嘱咐唐绍仪代理其职，看管公署，静观其变。在唐绍仪手持刀枪骑马护送下，袁化装离开汉城，直到在仁川登上英国军舰“平远”号，方长出一口气。

哪知日本人闻讯后，立即派出军舰火速追击，必欲杀袁而后快。无奈茫茫大海，不见“平远”舰踪影，于是，一腔仇恨发泄到中国驻朝鲜总理公署身上。1894年7月23日，日军在围攻朝鲜王宫的同时，对公署发起进攻。敌众我寡之下，唐绍仪机敏地从后院逃脱，暂避英国总领事署。后在英人帮助下，乘船赴天津与袁世凯会合。

在朝鲜长达十年的患难与共，尤其是这次变起俄顷的非常事件，令袁唐成为义结金兰的拜把兄弟。这以后，伴随着袁世凯的节节高升，唐绍仪也随之青云直上。及至李鸿章去世，袁世凯擢升为直隶总督兼北洋大臣。

袁接任后下发的第一道人事命令，便是令39岁的唐绍仪升任天津海关道(海关监督)，由他来执掌这大清国最著名的“肥缺”。

成为“道台大人”的唐绍仪，与别的傀儡式海关监督不同，他利用通洋文洋法的优势，直接与洋人沟通，不仅极力维护常关主权，还将天津海关治理得井井有条，为财政亏空的清政府提供了比上一任多出许多倍的关税白银。

直到三年前，英国出兵西藏，要挟达赖和班禅私签《拉萨条约》，妄图将西藏从中国领土中分割出去，一时朝野哗然。朝廷急命唐绍仪为三品京堂候补加副都统衔领议约全权大臣，赴印度谈判。经过十数轮舌战，最终英方在条约中承认了中国对西藏的主权地位。

西藏谈判，一战成名，唐绍仪晋升外务部右侍郎，进入清廷外交决策的行列，也进入了赫德的视线。

在给金登干的信中，赫德倾吐了他对新上司尤其是唐绍仪的担忧。“唐一开始就对亲英的情绪不感愉快，而他的外国教育或许会导致他把海关推进窘困地步。但这将由我的后继者来对付，而不是我自己。”

是谁给了唐绍仪外国教育？早知现在何必当初啊?！赫德只有告诫自己：“如果我被激怒并马上辞职，可能会出现很多混乱，立即产生不良效果，但我如果冷静对待，我也许会使事情井然有序。”

不过，他还是清醒地意识到接下来会发生什么，“我猜想，他们采取的第一步行动是收回海关。新的搭档铁与唐会因此一开始得到美誉。事已至此，不管我的气数是否已尽，外籍税务司制度正进入转折时期！”

越是清醒越是痛苦，接到谕旨的第11天，赫德蓦然发现他一开始的平心静气都是假装的，他坐卧不宁，被“海关将劫数难逃”的念头折磨得难以自拔，他知道，唯一的办法是列强的联合一致、出面干涉。

可这又有多大的胜算呢？赫德将他难以言官的隐衷，又一股脑儿地倒给了金登干。

> 大部分公使支持英国可能提出的要求，可是，一些公使则将保持中立。他们的态度会坚定中国旨在由他们自己管理他们的海关的念头。铁腕人物唐绍仪将浴血奋战，而且他很了解外国人，不会被轻而易举地排挤出去。英国说："你们必须信守诺言，由英国人担任总税务司，你们还必须遵守《借款合同》，不得对海关作任何变动"，中国则回答说："所有的协议继续有效，但海关是我们自己的事情，我们要按自己的意愿指派总税务司。"

赫德的兵棋推演证明了他数十年的修为，面对公使团的诘难，唐绍仪的回答好似赫德信函中假定情节的翻版！

"由于总税务司是中国的雇员，中国政府有权控制他的行动。"

清政府在这件事上形成了共识，那就是必须削弱海关的权力。改变海关行政隶属关系，完全是中国的内政，无转寰余地。

更大的动作，还在后面。

唐绍仪信佛，借义于著名僧人"唐三藏"，时人多在日记、书信中用隐语"三藏"、"和尚"称谓之。但他作风果敢泼辣，似乎与行事温吞的唐僧不搭界。而铁良姓铁，却一向温和。这两人搭档，倒也相得益彰。

1906 年 7 月 22 日，铁良和唐绍仪联袂宣布，遵旨成立税务处。唐绍仪是会办大臣，理应辅佐正职，但实际工作却是由他主持。

新官上任照例要发表谈话，唐绍仪向外界声称："此次奉命办理海关税务，实为收回税权之一大关键。且海关为中国海关，聘用洋员自应归中国节制。今虽时事艰难，无所措手，亦当力任其难。"

两天后，税务处"酌调人员，以资差委"，从户部、外务部抽调了 20 多名精明强干的官员,并从海关选拔了一批阅历丰富的高级华员,“使政府这一新部门(税务处)有条不紊地开始工作”。

税务处的设立,切断了总税务司与外交机构的联系,换言之,不再让总税务司干预外交事务了。

这无疑剪除了总税务司的一大翅膀。

时值酷暑,赫德正在避暑胜地北戴河休养。这一纸札文,击碎了他最后的幻想。

两个多月来,他清醒地分析了各种形势,5月9日的谕旨只是设置两位税务大臣而已,还没有设立什么机构。如果事情还是照老样子进行,那也不过是多了两个新上司而已,还不至于马上出现什么害处。

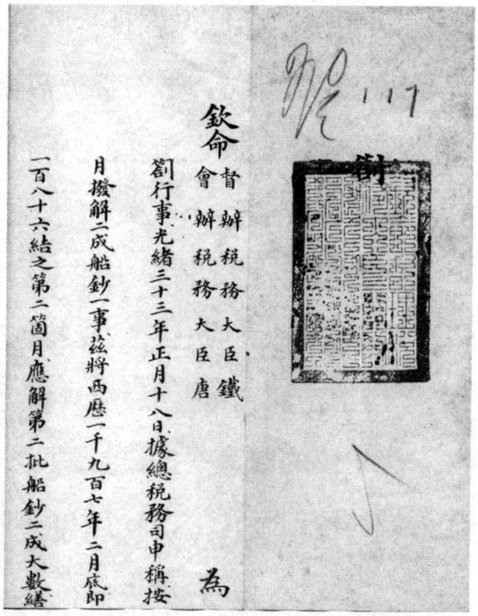
欽命
督辦税務大臣鐵
會辦税務大臣唐　為
劄行事光緒三十三年正月十八日據總税務司申稱按
月撥解二成船鈔一事茲將西歷一千九百七年二月底即
一百八十六結之第二箇月應解第二批船鈔二成大數繕

1906 年税务大臣关于船钞拨解事给总税务司赫德札文

他极力抚慰海关洋员的“人心惶惑”,告诉他们要坚定信心,新上司绝不会对他们长期在中国海关忠实有效的服务视而不见。这好像也是说给他自己听的。

现如今,一切语言都是那么苍白!眼睁睁地看着唐绍仪——这个“受过外国教育的广东先驱挤进海关”,他意识到,“作为太上顾问的日子已经一去不复返。中国不再需要依赖别人了”。在“中国人治中国”这一众所瞩目的时代发展趋势下,就算列强出面干涉,也无济于事。何况各缔约国从一开始就步调不一,有一些国家“竟是幸灾乐祸,对于总税务司的羽翼可能被剪除掉而暗自得意”。

赫德这么能掐会算,也没有想到不久以后,一场羞辱不期而至。

9 月 9 日,赫德第一次拜访税务处,主管大臣铁良和唐绍仪像约好似的,均避而不见,只是由两名从海关调来的关员出面接待。

赫德威风了几十年,清政府官封其一品,挂太子少保尚书衔,随便进出各贵官衙门,畅通无阻,如履平地。谁又敢给这个老佛爷的大红人设门槛呢?哪曾想这次以名刺拜见铁、唐两位大人,竟吃了一个闭门羹。

赫德不胜讶异,派人打听其故,唐绍仪传话:"总税务司服官中国四十余年,对于官制、官规,尚不习乎?税务总署,实为全国税务之最高衙门,税务会办大臣,实为总税务司之直接上司,照例下官见上官,初次必须用手折,绍仪虽不肖,亦不敢违朝廷体制。"

很显然,这就是传说中的下马威。无奈之下,赫德只好改用手折求见唐大人。以往他拜访各衙门长官,均受特殊礼遇,自中门长驱直入。这次唐绍仪故意中门紧闭,让赫德走侧门,进门后让其旁坐,自己端坐正中。

唐绍仪的刻意安排,起到了预想的效果。向来备受荣宠的赫德难堪至极。他当天就写信给金登干,描述了他那五味杂陈的感受。

> 这次拜访帮助我认识到,从外务部转辖税务处而产生的变化意味着什么。税务处的出现意味着总税务司的放逐。它包含着一种痛苦的因素,我担心,它不会使我的日常工作称心如意。

5月9日,7月22日,9月9日,马不停蹄的忧伤撕扯着这个72岁的老人,他开始萌生去意,"不想呆到超过复活节",但为了挽救岌岌乎殆哉的海关帝国,他必须接受这一改变,在新机构的统辖下,站好最后一班岗。如此,海关将继续存在,外国成分将继续保留,尽管处于从属地位,但只要它有用,并被人需要,这就足矣。

就算是"感受到中国人占优势并在形式和事实上会增长",又有什么要紧呢?唐绍仪一向就是雷厉风行的美国式做派,不大给人留余地、讲情面,又何必再耿耿于怀,自己和自己过不去呢?赫德退而求其次,幻想着总税务司署的良好工作不会被取消或消失,"它的公务将继续,其诚实与效益将经久不衰,并深植于中国式的行政渠道里”。

立威宣示后，自总税务司以下，各海关税务司陆续进京听训，除了“处处放慢脚步，并留心观察新长官的计划、工作方法和可能进行的种种迹象外”，还能有什么别的选择吗？威风数十年的洋员们不得不有所收敛，只有摆正自己外国雇员的位置，才能保住以往的待遇。唐绍仪接下来的事情就好办多了，节制海关洋员，设立税务学堂，接管邮政事务……

海关帝国的根基，一块块碎裂。

海关首长的末日，进入倒计时。

19

赫德之死

1908 年 4 月 13 日上午，北京永定门火车站的月台，弥漫着伤感的气息。据《北华捷报》、《泰晤士报》报道，十几个西方国家的驻华使节，清廷勋戚权贵、各部臣僚、总税务司署职员，及名流士绅、工商买办、各界人士数百人，聚集于此，为赫德送行。

赫德与私人乐队合影

人生自古伤离别，赫德私人组建的海关乐队反复演奏各国国歌，送别主人。乐声中没有一个西方人“不含着眼泪道别”。而赫德竟也无语凝噎，他知道自己或将一去不返。

专列在呜咽的汽笛声和《友谊地久天长》的终结曲中缓缓启动。大清国海关最高首长、73岁的赫德爵士因病卸职回国，尽管他在名义上还保留着总税务司的头衔，但实际上，他对中国海关长达45年之久的统治，结束了。

1908年的赫德

登车前，赫德在月台上转过身来，留给中国的不仅是一个苍凉的姿势，也留下了一个庞大的海关帝国。

这个帝国脱胎于两次鸦片战争的硝烟之中，贴着外籍税务司制度的标签。正是这种骑着大炮炮管进来的标签，将原本独立自主的中国海关异化为一个怪物！明明还是隶属于大清国的行政机关，却在金发碧眼的洋人操控之下。这具体形硕大、盘根错节，被时人称作“洋关”的怪物，就好比海底深处的大章鱼，很不安分，不时将其触手伸得很长。按理说海关的职能就是管理贸易、征收关税，但“洋关”的胃口绝不仅限于此，它呼风唤雨，深深卷入清政府的政治、经济、军事、外交、教育等各个层面，举凡内债、外债、邮政、同文馆、调停谈判、军火采购、海军建设，这些貌似与海关毫不相干的事，均被其收入囊中，甚至连中国参加海外博览会，也被它一手包办，时人称之为“赫德之赛会”。

没错，以一个洋人的名字来命名，足见其能量之大。某种程度上，赫德就是晚清中国海关的代名词。当年那个就为“图个发迹”的爱尔兰小镇青年，会想到他在踏上中国土地九年后，就受命担任总税务司，从此开始他把持中国海关长达近半个世纪的“赫德时代”吗?

在这漫长的岁月里,相对于大清王朝的日薄西山,赫德一手创建的海关帝国大厦却一天天成长。在他卸任之前,羽翼之丰满,臻于极致。

帝国的总部是设在北京的总税务司署,堪称清政府里唯一没有贪污腐败的衙门。它有一整套来源于英国文官制度的管理体系,形成了以英人为主、洋员控制的海关网络,拥有洋员1345人、华员10625人,管辖着46个海关、50处常关、182座灯塔、798座望楼、2800处大小邮商,每年为大清国提供白花花的3000多万两白银,占财政收入的三分之一强。

在这个帝国供职的洋员共来自全世界20多个国家和地区,“除了非洲的黑人和美洲的印第安红人外,几乎哪一国人都有”,宛如一个小“联合国”。因此“国际官厅”成为它的绰号。

“仅仅这样一个机构的管理工作,就是令人生畏的巨大任务!”而总税务司总是充满热情地全力以赴。这就是赫德的帝国,在这里,他是说一不二的“王”。他曾经不徇私情,拒绝给广州的牧师朋友之子安排职位。如今,他把他在中国打下的“江山”交给了内弟裴式楷。

这是一个在中国获得最高地位和最大名气的外国人。然而,正如一千个人眼里有一千个哈姆雷特,有人抨击他控制中国海关,是不平等条约关系的实践者;有人赞美他以洋客卿的身份,促进了中国的近代化,是大清国改革开放的总设计师;也有人揶揄说——否认罗伯特·赫德先生是一个天使,就是亵渎神明。

赫德的火车渐行渐远,将一切褒贬抛诸脑后。他可不像莎翁笔下那个多愁善感的英国忧郁王子,这个嗅觉灵敏、行事决断的“国王”很清楚,“赫德时代”随着他的离去,彻底画上了休止符。

在中国的最后日子,赫德不仅诸病缠身,而且他的权力显然也在不断的缩小之中。一向标榜廉洁的他,把海关的重要职位全部换成自家亲戚,或许,他能信任的人已经不多。

临行前,病榻上的赫德在便笺上写下了这样一首意味深长的小诗:

你嬉戏已够,

你吃饱喝足

该是你离去的时候了!

这不是总税务司的原创,而是古罗马诗人贺拉斯创作的讽刺诗,这首原供罗马精英们用于晚会消遣的小诗,寄托了赫德无限凄怆的感触。

不知道谙熟中国文化的赫德在抄录这首诗的时候,有没有联想到这样一句中国谚语——天下没有不散的宴席。

是的,天下没有不散的宴席,是到了告老还乡、写写回忆录的时候了。所幸,他的总税务司头衔一直被保留着,这多少有些安慰。

赫德终于回到了自己的故乡,这个在中国前后生活了 54 年的老人,已是风中残烛,似乎已经很难分辨自己到底是中国人还是英国人了。不过当他执掌海关帝国的时候,可一点也不含糊。

还记得那个大清国外交官郭嵩焘吗?斯人早已化作尘灰,可那番别有用心的问话,却历久弥新,始终刻在赫德的脑海里。

郭嵩焘当年是这样发问的:“君自问帮中国,抑帮英国?”

赫德立即回答:“我与此都不敢偏袒。譬如骑马,偏东偏西便坐不住,我只是两边调停。”

谁曾想那郭嵩焘打破砂锅问到底,继续逼问:“无事可以中立,有事不能中立,将奈何?”

赫德未及思忖,只好含蓄地支吾道:“我固英国人也!”

这区区六个字,正是他的本能,赫德是这么说,也是这么身体力行的。但是,尽管他使出浑身解数,对大英帝国忠心耿耿;尽管他找寻一切机会,让英国人民了解他的“海关成就”,可他想要得到的,却远远没有期望的那么多。

不是吗?!“通过他为中国的服务,通过他为文明世界的服务,他将荣誉与好处带给了英国”,可是,自己的祖国啊,却视而不见,“迟迟不愿承认他的价值和工作”,直到他担任总税务司长达16年之久,“直接和间接地为英国的利益做出大量的工作,这才获得圣迈克尔和圣乔治英国文官勋章。10年之后,他才被授予大十字勋章,过了4年,被封为男爵”。

其实更加准确的称谓应该是“从男爵”,地位还要在“男爵”之下,虽说可以世袭,却并不属于贵族!聊以自慰的是,他终于实现了少年时代获封一个爵位的梦想,人们从此可以在他大名前面冠以Sir(爵士)的尊称了。

相较之下,大清似乎更加慷慨,待他更加不薄。从1864年被授三品按察使,1869年被授二品布政使,直到被授“享有殊荣的一品红顶顶戴,一品二等花翎双龙宝星,赏三代一品封典”,不仅他本人,连他的父辈祖辈都捎带上了。尤其是慈禧太后,各种恩宠,厚赏不断,甚至封他为太子少保。

“外人加宫保衔,于此为创典矣!”而维多利亚女王授予他的从男爵,怎么看都像是不得已给点甜头,要不实在对不住他的劳苦功高。同为“女王”,王与王之间的差距,怎么就这么大呢?!

好在公道自在人心。“牛津大学授予他民法博士,都柏林大学授予他法学博士,而他自己的大学则任命他为第一位荣誉校长,经常请他出席宴会和招待会。伦敦市、贝尔法斯特市和汤顿自治市都热烈地欢迎他,都举行仪式授予他荣誉市民”。赫德很感激这些尊敬和荣誉,但与之形成鲜明对比的,是回国后“他自己的政府却没有任何公开的表示!”

“合家团圆,老朋友相聚。昙花一现似地在公共场合抛头露面,一些不必要的荣誉”，这些普通人孜孜以求的东西，并不是赫德最想要的。“他宁愿在事件中永远发挥作用，而不愿远视之。”但这只能是一厢情愿，他年事已高，体力不支，无法处理日益繁重的事务；他一身是病，失眠、头晕加上消化不良，使他感到生命快要走到尽头了。

赫德依然怀恋他在北京的家，“讨厌伦敦的宅邸，宁愿住在北京的那座有着阳台游廊的平房里”。只有回忆起“那些熟悉的环境，珍贵的友情以及寂静愉快而有序的安定生活”，总税务司才会泛起一丝难得的笑意，也“只有一谈起海关事务，他才会像服用了春药一般眼睛发亮”。

赫德在自己花园里举行招待会

中国海关离开了他，不是也在照常运转？回国不久，在接受路透社记者采访时，赫德如是发表对时局的观感：“归至今日，中国庶政，固已革故鼎新，惟不能过于操切，但当循序渐进，终必达其称雄之目的……”

操不操切，似乎已经由不得赫德了。就在裴式楷刚刚代理总税务司不久，一件直接影响海关的重要事件终于发生，这就是唐绍仪在北京开设海关税务学堂。看来，中国人意图通过培养自己的年轻人，以后担任海关高级职位，逐步取代洋人。对这样的举动，赫德表示理解，“中国人的中国，是时代的观念”，他虽然已经老了，但并不顽固。唯一让他接受不了的，是“中国高级官员严厉批评赫德以前没有在(海关)内班部门培养一批高级中国职员”，至于其他知识阶层的指责中伤，那是由来已久了。

赫德必须作出回应，他有的是时间慢慢梳理过去发生的点点滴滴。“要理解这整整 50 年来我的行为，或要公正的对它进行批评，就必须经历过我的生活，做过我的工作，面临过我的职责。而现在回想起来，我自己都看到许多我不该做的事，许多我应该做的事，和许多我应该用另外方式做的事，但是每一步都是当时情况自然的结果”。

这样的辩解倒也在理，谁又能超越时代局限呢？至于不让中国人上位，赫德更是有话要说，“1861 年，在北洋三口通商大臣崇厚的要求下，我的确任命了一位(中国)帮办，他在天津海关呆了三个月——他不肯工作，所以我辞退了他。他后来成了直隶的县官，一二年后发生了钱财方面的麻烦”。

真不愧是“有 50 年衙门经历”的中国通，赫德不直说牵涉贪腐，而说“钱财方面的麻烦”，这不正是这个古老帝国的千年痼疾吗?！总税务司继续回忆：“从那以后，我又物色了两位税务司人选，但是江苏巡抚丁日昌将其中一位拘禁入狱，使他失去了机会。”

唐阿七病死在上海都超过十年了，还有人在念叨着他，想当年为了一个五品官银铛入狱的阿七，破财免灾后靠经营东山再起，又因乐善好施、赈济有功，被光绪帝授予三品衔，也算死得瞑目了。

赫德回国不到半年，就传来光绪帝崩殂的噩耗，尽管他“死的时候仍然是个宫中囚犯”。更“重要的是，皇帝死后不到 24 小时，那个威风凛凛的慈禧太后也去世了，享年 73 岁”。

对于赫德来说，这个消息是一次重大的打击！类似这样的打击，已经发生过多次。

记得应该是打唐阿七病逝起，一个接一个老相识相继去世，让年逾花甲的赫德心有戚戚焉。

先是恭亲王。

这一年是 1898 年，和亲王同龄的李泰国也是死在这一年，但死亡对晚年穷困潦倒的原海关总税务司而言，不啻为一种解脱，赫德也只是感伤一下而已。恭亲王就大不一样了，当 5 月 29 日傍晚时分，什刹海西北角的恭王府传出悲号时，赫德意识到，爱新觉罗家族失去了最有才干的王爷，大清再也没有“像恭亲王那样明白帝国可能的未来和帝国自身的弱点”的人才了。

当然，也再也没有人亲切地称呼他“我们的赫德”了。

亲王对赫德有着知遇之恩，如果不是亲王重用，他哪里有机会施展才干？彼时，中国海关散沙一盘，还没有近代海关的雏形，走私漏税、贪污腐败日盛一日，中央政府实际上收不到多少银两。正是在赫德的苦心经营下，海关税收以几何级数增长，与其说是报答了恭亲王的信任，不如说是延续了清王朝的气数。

但这又于事何补呢？洋务办了几十年，依然是列强环伺、外辱日盛，到了亲王闭眼时，国事已是一天不如一天。

伤感归伤感，赫德还是很快振作了起来。虽说大清这艘载浮载沉的破船失去了一位舵手，但他不是也自比为一位久经风浪的掌舵人吗？海关需要他，这个气息奄奄的帝国更需要他。

再是李鸿章。

那是 1901 年的 11 月 7 日，慈禧、光绪一行还在回銮途中，京师传来电报，“合肥相国，已于今日午刻逝世”。刹那间，“两宫并震悼失次，随扈人员，乃至宫监卫士，无不相顾错愕，如梁倾栋折，骤失倚恃者”。李鸿章之死，令“太后及帝哭失声”，也令赫德感慨万千。

大清国原本没有“外交”概念，所有的外事统统归于“洋务”。洋务派首领李鸿章不可避免地成了大清国的“职业外交家”，得以和“业余外交家”赫德频频过招。

1875年，英国翻译马嘉理在所谓的游历中被云南人杀死。李鸿章“密饬海关税务总司设法刊布外国新闻纸，将滇案本末布告各国使臣”，在赫德的协助下于翌年签订了《中英烟台条约》，成功地借助国际舆论制约英国，迫其罢兵。

1879年，总税务司赫德兼任总海防司，总辖南北洋海防的呼声日高，李鸿章以此事既关内政，又关外交，而“赫德为人阴鸷，虽食厚禄受高职，其意仍内西人而外中国”为由，略施小计，遂罢此事。

两个外交家或合纵连横，或各为其主，“亦敌亦友”地斗了一辈子！时而互相攻讦，时而惺惺相惜，而赫德最替李中堂大人不值的是，国人将屡受屈辱的愤恨，一股脑儿地发泄在这个与洋人斡旋了一生的“罪人”身上。一直到死，李鸿章都被冠以卖国罪名。

慈禧和光绪那么伤心，无非是以为失去了唯一可以与洋人周旋的人，而赫德虽也感到震撼，却并不以为然，少了李中堂，不是还有他吗！就像和八国联军谈判时，在前台唱戏的是庆亲王与李鸿章，但背后拉线的还不全靠他这个总税务司？

但这一次却不一样了！光绪尤其是慈禧之死，对他这个日暮途穷的老人来说，打击是致命的。

对于这位“机敏而老练的老妇人”，赫德推崇备至。这不是他一人的观点，而是在华洋人的共识。担任多年美国驻华公使的田贝，曾以赞赏的口吻说：“摄政的太后，在她的族人中，一向是第一个最能了解中国与其他国家的关系问题的人物。”但赫德除了推崇，更有感恩，不仅是因为那些令人眼花缭乱的封赏，更因为只有慈禧“清楚地知道他为中国所进行的一切活动，知道他对海关机构和政府的价值”。更加妙不可言的是：“他的公职期刚好和慈禧太后在朝廷和国家事务中的统治期相偶合，尽管这只是一种感情上的约束力，但有其价值。只要老佛爷还活着，她在海关里就有一位朋友和捍卫者。”

可是，现在，老佛爷死了！

或许，一切都该结束了！

……

祸不单行，坏消息总是一个接着一个。1909 年 11 月 5 日，裴式楷电告赫德：“新近成立的通讯部门——邮传部——正计划接管邮政局的工作，并且指派一名中国人负责。”邮政局是海关主持的一个很有成效的部门，也是赫德努力了几十年才争取来的。孩子喂大了却被人抱走，赫德的感受不言而喻。离开了海关，邮政局有足够的资金维持生存吗？

转眼就到了 1910 年，朝廷任命安格联暂行代理总税务司。裴式楷真是一个扶不起的阿斗，若不是他在税务会办大臣唐绍仪那里温顺得像绵羊，又何至于此。

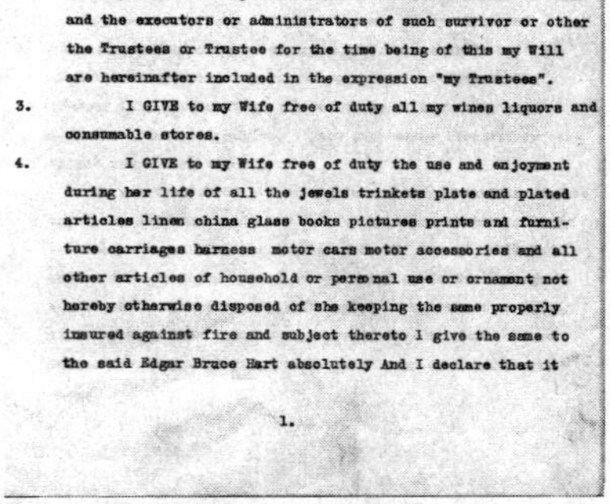
THIS IS THE LAST WILL AND TESTAMENT
-of me-
SIR ROBERT HART of No.38 Cadogan Place in the County of London Baronet,G.C.M.G. Inspector General of the Chinese Imperial Maritime Customs and Posts.

1. I REVOKE all testamentary dispositions heretofore made by me.

2. I APPOINT my Wife my son EDGAR BRUCE HART and my brother-in-law SIR ROBERT EDWARD BREDON EXECUTORS and TRUSTEES of this my Will and they and the survivors and survivor of them and the executors or administrators of such survivor or other the Trustees or Trustee for the time being of this my Will are hereinafter included in the expression "my Trustees".

3. I GIVE to my Wife free of duty all my wines liquors and consumable stores.

4. I GIVE to my Wife free of duty the use and enjoyment during her life of all the jewels trinkets plate and plated articles linen china glass books pictures prints and furniture carriages harness motor cars motor accessories and all other articles of household or personal use or ornament not hereby otherwise disposed of she keeping the same properly insured against fire and subject thereto I give the same to the said Edgar Bruce Hart absolutely And I declare that it

1.

1910 年 7 月 28 日赫德订立遗嘱

既然中国人已经学会了如何与外国人打交道，自己的历史使命也该结束了。进入辛亥年以后，赫德的身体每况愈下，精神萎靡，自感来日无多，在给自己的继任者安格联的信中哀叹，“我的身体一直很不好，日益衰弱，所以我担心再也回不到中国了”。

六天后，1911 年 9 月 20 日，这个被孙中山称为在中国最有影响的外国人在英国南部白金汉郡的马洛去世。在其绝笔中,他恋恋不忘他一手擘画的海关帝国。

我清楚地意识到,生命正渐渐离我而去。遥想走过的岁月,我为我的经历深感自豪和幸运。我从一个去中国为女王陛下服务的英国外交官成为这个国家的政府大臣,这件事竟然如此神奇地发生在我的身上,我不禁为命运深深折服,但我仍然在为女王陛下服务,我永远是她和大英帝国的忠实臣民,当然我也在为中国服务。

这个国家让我感到如此陶醉,如此怀念,又如此伤感。它是那样的善良,那样的自足,可是又受到不公正的待遇。我竭尽全力地帮助过它,我希望我的继任者也像我一样帮助它,即使是为了英国的利益也该如此。

英国不能失去中国,不能失去中国海关!中国对我们太重要了,有了它,英国在全世界的贸易和统治才是完整的。

安格联能掌握中国海关吗?他明白自己的使命吗?中国的选择正确吗?

实在是难以瞑目!安格联能看管好自己留下的遗产吗?

20天后,他服务了半个世纪的那个东方帝国在武昌烽火中坍塌。

1914年5月25日,上海外滩汉口路海关大楼前,举行了一场盛大的铜像揭幕仪式。而次年的这一天,恰是丧权辱国的“二十一条”签字日。

基座上的铭文是:

前清太子太保尚书衔总税务司,英男爵赫君德,字鹭宾,生于道光乙未,卒于宣统辛亥,享遐龄77年,总关榷者48载。创办全国邮政,建设沿海灯塔,资矜式于邦人,备资询于政府,诚意,谦忍,智果,明通,立中华不朽之功,膺世界非常之誉。

竖立铜像的创意，出自粤海关税务司庆丕。

原来，赫德去世后，洋员们如丧考妣。为纪念他的“丰功伟绩”，由庆丕发起，决定为其铸一铜像，并专门成立了赫德铜像募捐委员会，共募得经费白银 15000 两。离开中国六年后，赫德又“回来”了，登上江海关港务科办公处前的塔基，低着头，背着手，若有所思……

征引及参考文献

一、档案资料

1. 杨坚，钟叔河编. 郭嵩焘日记. 湖南人民出版社，1981

2. 聂宝璋编. 中国近代航运史资料. 上册. 上海人民出版社，1983

3. 钟叔河编. 郭嵩焘：伦敦与巴黎日记. 岳麓书社，1984

4. 中国第二历史档案馆，中国社会科学院近代史研究所合编. 中国海关密档：赫德·金登干函电汇编(1874—1907). 中华书局，1995

5. 厦门海关档案室编. 厦门海关历史档案选编. 厦门大学出版社，1997

6. [美]布鲁纳，费正清，司马富编. 步入中国清廷仕途——赫德日记(1854—1863). 傅曾仁等译. 中国海关出版社，2003

7. [美]布鲁纳，费正清，司马富编. 赫德与中国早期现代化：赫德日记(1863—1866). (上下册). 陈绛译. 中国海关出版社，2005

8. 蒋廷黻. 近代中国外交史资料辑要. 湖南教育出版社，2008

9. 上海市档案馆编. 上海档案史料研究. 三联书店，2014

10. 英国外交部档案

11. 中国第一历史档案馆馆藏总理各国事务衙门档案

12. 中国第一历史档案馆馆藏军机处档案

13. 中国第二历史档案馆海关总税务司署档案

14. 美国国务院行政文件. 中国部分第 26 卷

15. 总税务司在北京——赫德中国海关书函 1868—1907. 第一卷

16. [英]魏尔特. 中国近代海关历史文件汇编(又名《中国海关起源、发展和活动文件》)

二、论著文集

1. [美]马士. 中华帝国对外关系史. 商务印书馆,1958

2. 中国史学会主编. 洋务运动. 第二册. 上海人民出版社,1961

3. 马克思恩格斯全集. 第 15 卷. 人民出版社,1963

4. 顾廷龙. 李鸿章全集(三). 上海人民出版社,1987

5. [加]葛松. 李泰国与中英关系. 厦门大学出版社,1991

6. 罗尔纲. 太平天国史. 中华书局,1991

7. [英]魏尔特. 赫德与中国海关. 厦门大学出版社,1993

8. [美]汪荣祖. 走向世界的挫折——郭嵩焘与道咸同光时代. 岳麓书社,2000

9. 陈诗启. 中国近代海关史. 人民出版社,2002

10. 廖宗麟. 中法战争史. 天津古籍出版社,2002

11. 赵长天. 孤独的外来者——大清海关总税务司赫德. 文汇出版社,2003

12. 中国海关学会编. 赫德与旧中国海关论文选. 中国海关出版社,2004

13. [美]费正清,刘广京编. 剑桥中国晚清史. 上下卷. 中国社会科学出版社,2006

14. 赵柏田. 赫德的情人. 上海人民出版社,2011

15. 赵长天. 大清王朝的英籍公务员:赫德传. 人民文学出版社,2012

16. 海关洋员与近代中外关系国际学术研讨会论文集. 广州,2013 年 11 月

17. 中国历代战争史. 第 17 卷. 中信出版社,2013

18. 杨智友. 海关密档:民国海关事件掠影. 浙江大学出版社,2013

19. 姚永超,王晓刚编著. 中国海关史十六讲. 复旦大学出版社,2014

20. 杨智友. 大事件:帝国海关风云. 中国海关出版社,2015

后记

人到中年，貌似内心很难被什么震撼到，直到《看历史》原主编唐建光先生不远千里，造访敝馆之后。

那是 2011 年的一个夏日，万里无云，一碧如洗，一如唐主编捎来的 7 月号《看历史》封面。由于我申报的海关选题在该刊主办的“新历史记录者写作计划”里脱颖而出，唐主编和他的助手特地前来考察。其实，在我的策划报告中，尚未有成型的构思，只有一些影影绰绰的创作冲动，以致唐主编每每谈及关键之处，心虚的我便王顾左右而言他。

拿到那笔丰厚的写作基金后，我不由不将全部的注意力，投向这份号称是“中国第一本以历史为切入点的新锐新闻杂志”。拜读了大半年唐主编慷慨惠赠的《看历史》后，我发出这样的慨叹，原来，历史还能以这种方式来写！还可以这么轻松地读！

当我充分享受着高品质阅读体验的时候，我明白了这份期刊的存在价值。是啊，要让更多的人喜欢历史，就必须用他们能够接受的方式。这实在是让包括我在内的为数不少的历史从业人员汗颜了。我一遍又一遍地反复展读，想揣摩出那些几乎全是主流新闻媒体资深记者的主笔们，怎么就像个个都拥有魔笔，将历史文章写得那样出神入化？

我都有些想打退堂鼓了。作品最后是要通过编辑部和出版社两道关卡的，以我的文字功夫,能过得了向以挑剔苛刻著称的唐主编这一关吗?

记得现代史学泰斗白寿彝先生说过,过去文史不分家,那何以现在文史通才并不多见呢?主要是当今的学林中人在认识上存在误区,认为文史是两途,治史就不必在文字上下功夫。这个认识上的误区,造成历史从业人员往往文学修养不够,难以胜任普及历史知识的重任。

这真是一针见血啊,说到了我的痛处。为此,白先生有这样一段名言,让我记忆犹新,“人们一般的印象是:认为专家不愿意写通俗的文章怕降低身份。不是的,他们不是不愿意写,而是好多专家写不出来。难写呀,是不是深入才能浅出呀!通俗不是粗浅,要更好地把内容表达出来,让更多的人能够接受,这确实不容易,不下功夫是不行的。”

诚哉斯言!这的确不是一件容易的事。尽管我知道“文史通才”的标准于我实在是遥不可及,但白老的谆谆教诲,一直是我努力的方向。敝馆也就是笔者供职的中国第二历史档案馆,庋藏着数以万卷计的海关档案,成为近代中国海关历史的凭证。多年来,我一直想利用馆藏,结合自身研究,为读者贡献一部既有较高学术价值,又有很强可读性的佳作。眼下有了这么好的机会,我又怎么能轻言放弃呢?

经过半年多的努力,终于涉险过关,《海关密档:民国海关事件掠影》这本小书也得以面世。虽说出版方反馈说该书的反响还不错,但究竟这本书的水准有没有达到我心仪的高度呢?每思及此,内心总是忐忑得很。

之所以旧事重提,一是因为“文史两途”的现象依然故我,在此有感而发;二是时至今日,我发现正是在该书的写作过程中确立了我的文风,尽管有些东施效颦;第三个也是最重要的一个原因,就是没有《海关密档》这本书,或许也不会有现在的《晚清海关》。

话说梳理完民国海关事件,我继续出发,将视线投向了晚清海关的风云变幻。相应地,我在海关档案里爬梳剔抉的同时,为新作寻找出版机构也开始提上议事日程。

如果说《晚清海关》的主人公赫德“抓住了好机会的裙边”，那么我也是在不经意间，便捕捉了一个非常偶然的机会。在这里，不能不感谢江苏省委组织部人才处，他们在对“333 人才工程”培养对象进行管理时，与时俱进，于 2014 年年初建立了一个名为“江苏文化英才群”的微信群，为江苏省文化口子上各行各业各层次的学术带头人，提供了一个联系交流的平台。我因为于 2011 年有幸入选为该工程的培养对象，故而在单位人事处的力邀下，加入该群，忝列其中。

彼时，作为一个微信盲，我还啧有烦言。记得是细心的人事处宋庆阳女士，将一纸如何操作的详细说明，放在了我的办公桌上。

一不小心成为了“英才”，自然得先扒拉扒拉咱们这个“高大上群”都是些何方神圣？直到我被文艺圈里的那些高颜值亮瞎双眸时，一只刻有“海纳百川”字样的紫砂杯“头像”吸引了我的眼球。不为别的，就为昵称下方的这么几个字————“江苏人民出版社曹斌”。

关键时刻还得靠组织啊！

立刻，马上，我请求添加曹斌为朋友。和曹先生接上头后，除了将有关自我介绍材料通过电子邮件发出外，我还将《海关密档》一书快递给了他。

同在南京，而且我的住所与江苏人民出版社近在咫尺，按理说我应该第一时间登门拜访才对。但我转念一想，还是先让《海关密档》作为敲门砖吧！如果它能打动阅书无数的曹先生，可以省下我多少口舌啊！经过并不太漫长的等待，终于，从曹先生热情洋溢的电话里，我知道《海关密档》一书应该是成功地扮演了我赋予它的角色。接下来，各种细节按下不表，反正从见面洽谈到提交选题，从上会通过到签订协议，在古道热肠的曹斌先生牵线下，在责任编辑戴亦梁老师的关心指导下，一切都进行得异常顺利。

这次愉快的经历貌似偶然，其实也是冥冥之中就注定了的。原来，在与江苏人民出版社原副总编刘卫先生会晤时，我才得知多年前该社与敝馆曾有过多次友好合作，我这次只不过是再续前缘而已。

由于多种原因，这本小书延宕至今。尽管它离我心目中史识、史才、史笔相兼并彰的佳作标准相去甚远，但我仍要向助力它面世的各位朋友，以及多年来一直关心支持我的家人、领导、同事、同学，表示最由衷的谢意！对了，说句题外话，也就在我履行合同写作期间，那些对本书提供帮助的师友，大多都升了职。看来，《晚清海关》又何尝不是一本幸运之书呢？

杨智友

2016 年 5 月 21 日

于南京国展中央花园

图书在版编目(CIP)数据

晚清海关/杨智友著. —南京:江苏人民出版社,2017.2

ISBN 978-7-214-19856-3

Ⅰ. ①晚… Ⅱ. ①杨… Ⅲ. ①海关—贸易史—中国—清后期 Ⅳ. ①F752.59

中国版本图书馆 CIP 数据核字(2016)第 288745 号

书　　名	**晚清海关**
著　　者	杨智友
责任编辑	戴亦梁
责任校对	陈　颖
责任监制	王列丹
装帧设计	黄　炜
出版发行	凤凰出版传媒股份有限公司 江苏人民出版社
出版社地址	南京市湖南路1号A楼,邮编:210009
出版社网址	http://www.jspph.com
经　　销	凤凰出版传媒股份有限公司
照　　排	江苏凤凰制版有限公司
印　　刷	南京新洲印刷有限公司
开　　本	718毫米×1000毫米　1/16
印　　张	16.5　插页1
字　　数	229千字
版　　次	2017年2月第1版　2017年2月第1次印刷
标准书号	ISBN 978-7-214-19856-3
定　　价	40.00元